GANZHEITLICH HEILEN

Buch

Reiki ist eine uralte Methode zur Aktivierung universaler Lebensenergie. Diese Energie, die allem Lebendigen innewohnt, stellt eine
besondere Form von Lichtenergie dar. Es handelt sich um die subtilste und kraftvollste Schwingung im Universum. Ihr Vorrat ist
unerschöpflich. Wenn wir mit ihr arbeiten, sind wir an ein unendlich großes Reservoir kosmischer Energie angeschlossen. Barbara
Simonsohn führt in ihrem Buch vor, wie Sie mit dieser Energie Ge-
sundheitsprobleme, seelische Krisen und Beziehungskonflikte ursächlich und ganzheitlich beheben können. Sie macht verständlich,
warum nur das authentische, von dem Japaner Dr. Mikao Usui wieder entdeckte Reiki die Fähigkeit besitzt, ausschließlich positiv wirkende, universale Energie zu aktivieren. Ihre Erklärungen bieten
Anfängern einen ersten Einstieg und Fortgeschrittenen vertiefende
Übungsmöglichkeiten.

Autorin

Barbara Simonsohn, geboren 1954 in Hamburg, studierte Sozialwissenschaften und erwarb ein Diplom in Politologie. Sie gab Umweltkurse an der Hamburger Volkshochschule, lernte biologischen
Land- und Gartenbau und beschäftigte sich intensiv mit dem
Thema Ernährung. 1982 schloss sie bei Dr. Barbara Ray eine Ausbildung als Lehrerin des authentischen Reiki ab und gibt seitdem
im In- und Ausland Seminare zur Aktivierung universaler Lebenskraft. Zu ihren Veröffentlichungen gehören: »Papaya – Heilen mit
der Wunderfrucht«, »Gerstengras«, »Stevia«, »Die Heilkraft der
Afa-Alge« und »Hyperaktivität – Warum Ritalin keine Lösung ist«.

Bei Goldmann ist von Barbara Simonsohn bereits erschienen:

Die Heilkraft der Afa-Alge (14189)
Hyperaktivität – Warum Ritalin keine Lösung ist (14204)

BARBARA SIMONSOHN

DAS AUTHENTISCHE
REIKI

Wirksame Hilfe bei den
körperlichen und seelischen
Problemen der heutigen Zeit

GANZHEITLICH HEILEN

GOLDMANN

Umwelthinweis:
Alle bedruckten Materialien dieses Taschenbuches
sind chlorfrei und umweltschonend.
Das Papier enthält Recycling-Anteile.

Originalausgabe Juli 2001
© 2001 Wilhelm Goldmann Verlag, München
in der Verlagsgruppe Random House GmbH
Umschlaggestaltung: Design Team München
Umschlagfoto: Zefa / SIS
Satz: Uhl + Massopust, Aalen
Druck: Elsnerdruck, Berlin
Verlagsnummer: 14210
Redaktion: Birgit Förster
WL · Herstellung: WM
Made in Germany
ISBN 3-442-14210-5
www.goldmann-verlag.de

1. Auflage

Inhaltsverzeichnis

Zur Autorin

Barbara Simonsohn, geboren 1954 in Hamburg, studierte Sozialwissenschaften und erwarb ein Diplom in Politologie. Sie gab Umweltkurse an der Hamburger Volkshochschule, lernte biologischen Land- und Gartenbau und beschäftigte sich intensiv mit dem Thema Ernährung. Seit 1978 veranstaltet sie Seminare zum Thema ganzheitliche Persönlichkeitsentwicklung. Von 1980 bis 1990 besuchte Barbara Simonsohn mindestens ein Mal im Jahr die berühmte Findhorn-Gemeinschaft in Schottland, wo sie das authentische Reiki durch Gary Samer kennen lernte. 1983 erwarb sie den 1. Grad bei Brigitte Müller und Gary Samer. 1984 schrieb sie den ersten Artikel über Reiki im deutschsprachigen Raum für die Zeitschrift »Esotera«. Seit 1985 ist Barbara Simonsohn Lehrerin für den 1. und 2. Grad. Ihre Ausbildung als Lehrerin erhielt sie 1985 von Dr. Barbara Ray in der Schweiz und in den USA. Barbara Ray steht in direkter Reihenfolge von Dr. Usui, der diese Wissenschaft universaler Energie im 19. Jahrhundert wieder entdeckt hat. Dr. Ray wurde von Hawayo Takata ausgebildet und eingestimmt und ist Vorsitzende der T.R.T.A.I. (»The Radiance

Technique® Association International«). Im Jahr 1984 wurde Barbara Simonsohn im Buddhistischen Zentrum Hamburg die Initiation des Medizin-Buddha durch einen hohen tibetischen Lama zuteil. 1985 bekam sie die Kalachakra-Initiation durch S. H. dem Dalai Lama in Rikon, Schweiz, und erhielt dort die Initiation des Buddha Avalokiteshvara, des Buddhas des grenzenlosen Mitgefühls. 1998 nahm sie an den Belehrungen S. H. des Dalai Lama in Schneverdingen teil mit Initiation in das Herz-Sutra.

Seit dem Abschluss ihrer Ausbildung gibt Barbara Simonsohn Vorträge und Seminare zum authentischen Reiki im In- und Ausland und hat weltweit Tausende von Schülern. Sie hat Seminare in Spanien, den USA (Kalifornien und Hawaii) und auf Haiti gegeben. Barbara Simonsohn hat das Buch »Der Reiki Faktor« von Dr. Barbara Ray mitübersetzt sowie die erste Ausgabe des offiziellen Handbuchs von Die Radiance Technik®.

1986 hat Barbara Simonsohn den 4. Grad und 1992 den 5. Grad dieser uralten Methode zur Aktivierung universaler Energie erworben. Ende 2000 trennten sich die Wege von T.R.T.A.I. und Barbara Simonsohn. Daraufhin setzte sie ihre Ausbildung bei Dr. Willy Fraefel in der Schweiz fort, einem autorisierten Lehrer des authentischen Reiki für alle sieben Grade, und erwarb im Jahre 2001 den 6. Grad und die Lehrbefähigung für den 3. und 4. Grad. Sie bildete sich in der traditionellen japanischen Art, Reiki-Behandlungen nach Dr. Usui zu geben, fort. Im Sommer 2001 schloss Barbara Simonsohn ihre Ausbildung bei Willy Fraefel, Schweiz, und Gary Samer, Australien, ab. Somit ist sie befähigt und autorisiert, alle sieben Grade des siebenstufigen Systems des authentischen Reiki zu unterrichten sowie Lehrer für alle sieben Grade auszubilden.

1995 erschien Barbara Simonsohns erstes Buch über Die Fünf »Tibeter«, 1996 folgte ihr erstes Reiki-Buch. »Das authentische Reiki«, das mittlerweile vergriffen ist. Es folgten vier Bücher zum Thema Ernährung (Papaya, Ananas, Gerstengrassaft, Afa-Algen) und ein Buch über hyperaktive Kinder und heilsame Methoden, um ihnen zu helfen. Zurzeit arbeitet sie an dem Buch »Fünf-Minuten-Gute-Nacht-Geschichten« für Kinder. Sie schreibt Artikel für verschiedene Zeitschriften wie »Bio«, »Esotera«, »Erfahrungsheilkunde«, »Natur & heilen«, »Natürlich leben« und »Balance«.

Seit 1988 ist Barbara Simonsohn Mutter eines Sohnes, Michael, und seit 1994 auch einer Tochter, Freya. Sie lebt mit ihren Kindern und zwei Katzen in einem Haus mit großem Bio-Garten in einem Vorort von Hamburg.

Blicke ich zurück,
so ist mein Leben unter dem Zeichen
dieses Wunsches nach Zauberkraft gestanden;

wie die Ziele der Zauberwünsche
sich mit den Zeiten wandelten,
wie ich sie allmählich der Außenwelt entzog
und in mich selbst einzog,
wie ich allmählich dahin strebte,
nicht mehr die Dinge,
sondern mich selbst zu verwandeln...

Dies wäre der eigentlichste Inhalt
meiner Lebensgeschichte.

HERMANN HESSE

Vorwort

Während meiner Vorbereitung auf meine Diplomprüfung als Politologin hatte ich psychisch einiges »zu verdauen«. Meine Beziehung war am Ende, meine Mutter war wegen Depressionen in der Psychiatrie, und ich hatte gerade eine Abtreibung hinter mir, weil der Vater das Kind nicht wollte. Damals, mit 24, hatte ich noch nicht das nötige Selbstbewusstsein, allein ein Kind großzuziehen. Auf Grund dieser Stresssituation entwickelte ich Herzrhythmusstörungen. Dem naturheilkundlich orientierten Arzt fiel nichts Besseres ein, als mir ein starkes Psychopharmakon zu verschreiben. Das aber wollte ich nicht nehmen und warf es weg. »Zufällig« traf ich meine Zwillingsschwester in der vollbesetzten U-Bahn. Sie wohnte damals am anderen Ende von Hamburg, einer Millionenstadt. Meine Schwester empfahl mir, es mit Meditation zu versuchen. Sie meditierte schon seit vielen Jahren und war seitdem wesentlich fröhlicher und ausgeglichener geworden. Zwar befürchtete ich, dass Meditation bei mir nicht funktionieren würde, weil ich damals so kopflastig und skeptisch war. Doch wider Erwarten half die Meditation mir sofort. Ich konnte mich sogleich tief entspannen und habe seitdem nie wieder Herzrhythmusstörungen gehabt!

Ein Jahr später bekam ich zum Geburtstag ein Buch von Tom Hawken mit dem Titel »Das Wunder von Findhorn« geschenkt. In diesem Buch beschreibt der Autor eine Lebensgemeinschaft von Menschen aus aller Welt, die sich zusammengefunden haben, um ein liebevolles Zusammenleben mit Menschen, Pflanzen und Tieren auszuprobieren. Als ich das Buch las, dachte ich: »Schade, das ist sicherlich nur ein Roman, den sich jemand ausgedacht hat.« Auf der letzten Seite fand ich dann die Adresse der »Findhorn-Gemeinschaft« im Norden Schottlands (Findhorn-Community, Forres, Moray, Scotland IV 36 OTZ, Großbritannien).

Ohne zu überlegen meldete ich mich dort für meinen gesamten Jahresurlaub an und wurde nicht enttäuscht, im Gegenteil, ich wurde sogar positiv überrascht. Schon am ersten Tag meines fünfwöchigen Aufenthaltes wurde ich wie eine alte Freundin behandelt, und es war für mich wie ein Nachhausekommen oder eine Familienzusammenführung. Findhorn wurde für mich zur zweiten Heimat, und ich verbrachte zehn Jahre lang jedes Jahr einige Wochen in dieser Lebensgemeinschaft von rund dreihundert Mitgliedern und Tausenden von Gästen aus der ganzen Welt.

In Findhorn gibt es einen Arbeitsbereich »Ganzheitliche Gesundheit«, in der ganzheitliche Heilmethoden an Mitglieder und Gäste vermittelt und Kranke behandelt werden. Dort bringen viele Therapeuten aus Kalifornien die neuesten Heilmethoden aus ihrer Heimat ein. In einem Jahr war ich nach Findhorn gekommen, um mich als »Sacred Dances«-Lehrerin für spirituelle Kreistänze ausbilden zu lassen. Gleich am zweiten Tag verstauchte ich mir so heftig den Fuß, dass ich die Ausbildung abbrechen und mich von Findhorn-Heilern behandeln lassen musste und von ihrem schnellen Heilerfolg fasziniert war. So kam ich mit ganzheitlichen Heilmethoden in Kontakt. Ich lernte die »Pränatale Therapie« nach Robert St. John und Gaston St. Pierre und wandte sie mit großem Erfolg zu Hause in Deutschland an. Als ich im nächsten Jahr wieder in Findhorn war, fragte ich den damaligen Leiter des Bereichs »Ganzheitliche Gesundheit«, Gary Samer, ob er von dieser Heilweise auch so begeistert sei und ähnliche Erfolge habe. Er schmunzelte wissend und sagte: »Ja, die Methode ist toll, aber es gibt etwas noch Einfacheres und gleichzeitig noch Wirksameres, die beste Heilmethode, die ich je kennen gelernt habe. Das ist Reiki.« Zuerst war ich gar nicht begeistert, schon wieder etwas Neues kennen zu lernen. Aber als Gary mir dann eine Behandlung anbot, konnte ich einfach nicht »nein« sagen. Ich hatte damals keine körperlichen oder seelischen Probleme, fühlte mich aber nach der einstündigen Behandlung eine Woche lang »wie auf Wolken« und war gleichzeitig sehr kreativ, produktiv und geerdet. Ich brauchte nur vier Stunden Schlaf und hatte so viel körperliche Kraft, dass ich Treppen im Laufschritt nahm und stundenlang nasse Algen für den Kompost auf einen Lastwagen schaufeln konnte. Außerdem traute ich mir zu, die englischsprachige Findhorn-Zeitschrift »One World« zu redigieren, der zuständige Redakteur war verreist. Von meinem neuen Lebensgefühl und Tatendrang fasziniert, meldete ich mich noch von Findhorn aus für ein 1.-Grad-Reiki-Seminar in Hamburg an. Angeboten wurde es von Brigitte Müller, die bei Mary McFayden gelernt hatte, einer von Frau Takata selbst ausgebildeten Kanadierin.

Das Seminar und die täglichen Selbstbehandlungen wirkten kleine Wunder. Mein Selbstbewusstsein wuchs, ich brauchte viel weniger Schlaf, hatte mehr Energie und Tatendrang, und nachdem ich zuvor vier Erkältungen im Jahr hatte, waren es nun höchstens noch zwei. Mein Immunsystem war offenbar viel stabiler als früher. Ich hatte keinerlei Verstopfung mehr, unter der ich viele Jahre gelitten hatte, konnte mit Stress deutlich besser umgehen, meine kleinen Warzen an den Fingergelenken waren schon nach zwei Wochen Behandlungspraxis verschwunden, ich hatte plötzlich mehr Appetit auf gesundes Essen, mochte keine Schokolade mehr und hatte Lust, mich sportlich zu betätigen. Zwar wusste ich auch vorher schon, dass ich mich körperlich mehr betätigen sollte. Aber es war bei der Mitgliedschaft in einem Fitness-Studio geblieben, in das ich nach einer Woche schon nicht mehr ging, für das ich aber noch ein ganzes Jahr lang Beitrag bezahlen musste. Heute jogge ich jeden Tag, bei Wind und Wetter! Trotz meines niedrigen Blutdrucks von 90 zu 60 hatte ich keine Beschwerden wie Schwindelgefühle und Antriebsschwäche mehr. Erstmals im Leben konnte ich mich an meine Träume erinnern, die immer visionärer wurden und mich in Kontakt mit meinen Lebensaufgaben brachten.

Während ich früher die Angewohnheit hatte, unangenehme Dinge vor mich herzuschieben, weshalb sie oft eskalierten, bemerkte ich nun, dass ich Unangenehmes meist sofort erledigte und viel weniger Zeit mit Spekulationen über den möglichen Ausgang eines Unternehmens verbrachte. Plötzlich hatte ich den Mut und die Kraft, Unangenehmem ins Auge zu blicken. »Konfrontieren« nennen das die Psychologen. Selbst eine Absage konnte ich als Erfolg werten, ohne dass mein Selbstwertgefühl litt, weil ich wusste, dass ein Projekt mit der Person oder Firma nicht gut gehen würde und ich meine Energie nicht für etwas verschwendete, das sowieso keine Aussicht auf Erfolg hatte. »Frustessen« hörte auf, und ich habe jetzt seit vielen Jahren mein Idealgewicht von 56 Kilogramm bei 173 Zentimetern Körpergröße. Jetzt mit 47 Jahren habe ich eine bessere Figur als mit Mitte zwanzig, und das ohne jede Anstrengung wie Diäten und Fastenkuren! Mit anderen Worten, ich verwandelte mich mit Reiki und der täglichen Behandlung mit universaler Energie binnen kurzer Zeit in einen neuen Menschen. Und ich weiß, dass diese Reise zu dem wundervollen Menschen, der ich wirklich bin, noch nicht zu Ende ist.

Auch bei den Menschen, die ich mit Reiki behandelte, konnte ich ähnliche Erfolge beobachten. Viele konnten ihr Immunsystem soweit stärken, dass sie Krankheiten aus eigener Kraft besiegen konnten, unter denen sie manchmal Jahre oder Jahrzehnte gelitten hatten. Es schien keine Krankheit zu geben, bei der Reiki oder universale Energie nicht half. Auch auf der seelischen Ebene wirkte diese Methode und heilte mit der Zeit zum Beispiel Ängste und Depressionen oder auch Schlafstörungen, Allergien und Migräne. Außerdem beobachtete ich bei den Menschen, die ich behandelte, dass sich ihr Selbstwertgefühl verbesserte und sie stärker in Kontakt kamen mit ihrer spirituellen Natur und den Aufgaben, die sie sich in diesem Leben gestellt haben.

Ich war von den Auswirkungen universaler Energie auf mich und meine Klienten so begeistert, dass ich anderen von dieser tollen Methode erzählte und gefragt wurde, wo man sie denn erlernen könnte. Damals, 1983, gab es in Deutschland noch sehr wenige Reiki-Lehrer, und diese

Methode war so gut wie unbekannt. Gary Samer aus Findhorn, ein Amerikaner, fragte mich, ob ich nicht Seminare für ihn in Deutschland organisieren wolle. Um »Reiki« bekannter zu machen, schrieb ich für die Zeitschrift »Esotera« einen langen Artikel über dieses Thema, der im Oktober 1984 erschien. Es war der erste Artikel über Reiki in den deutschsprachigen Ländern und bewirkte eine große Nachfrage nach dieser uralten Methode zur Aktivierung universaler Energie. Gary Samers Seminare waren ausgebucht.

Im nächsten Jahr wiederholte ich das 1.-Grad-Seminar und erwarb wenig später den 2. Grad bei Gary Samer. Nachdem ich schon viele seiner Seminare und Vorträge übersetzt hatte, eröffnete mir Gary Samer, dass er mit einer australischen Frau nach Australien gehen würde. »Das kannst Du doch nicht machen! Es warten so viele Menschen darauf, den ersten und zweiten Grad bei Dir zu machen«, war meine erste Reaktion. »Warum lässt Du Dich nicht selbst zum Lehrer ausbilden? Du bist doch schon tief in das Thema eingestiegen, kannst die Seminare fast auswendig und hast viele praktische Erfahrungen gesammelt«, war seine Antwort.

Zunächst traute ich mir das nicht zu. Außerdem erschien mir die Lehrerausbildung damals wegen des hohen Dollarkurses – ein US-Dollar war 3,64 DM wert! – unerschwinglich. 10 000 Dollar oder 36 400 DM, wo sollte ich die hernehmen? Auch in dieser Situation kam mir meine Zwillingsschwester zu Hilfe. Sie schrieb heimlich einen »Bettelbrief« an gemeinsame Bekannte, in dem sie ihnen erklärte, dass ich eine sehr gute Ausbildung für eine Tätigkeit, die mich erfüllen würde, machen könnte, dass ich nur nicht genug Geld dafür hätte, und ob sie mir einen zinslosen Kredit dafür gewähren könnten. Als ich von dieser Aktion erfuhr, war ich zunächst wütend auf meine Schwester, aber ich hatte in kürzester Zeit das benötigte Geld für die Lehrerausbildung zusammen. In nur sieben Monaten konnte ich alles geliehene Geld an meine Gläubiger, die an mich und meinen Weg geglaubt hatten, zurückzahlen.

1985 wurde ich von Dr. Barbara Ray als Lehrerin im »Offiziellen Reiki-Programm®« ausgebildet und halte seither Vorträge und führe Seminare und Fortbildungen im In- und Ausland durch. Dr. Barbara Ray gehört zu den 22 Lehrern, die noch direkt von Frau Hawayo Takata eingestimmt und ausgebildet worden waren, eine der Nachfolgerinnen von Dr. Usui, dem Wiederentdecker dieser uralten Methode zur Aktivierung universaler Energie in sich und anderen. Mein erstes Seminar veranstaltete ich in Berkeley, Kalifornien, mit ausschließlich HIV-positiven homosexuellen Teilnehmern, damals eine Herausforderung für mich. Mittlerweile habe ich mehr als 5000 Menschen in den 1. Grad und etwa 2000 Menschen in den 2. Grad eingeführt. Noch wie am ersten Tag bin ich fasziniert von meiner Tätigkeit und freue mich über jeden, egal welcher Nationalität oder welchen Alters, den ich in den Gebrauch universaler Energie einstimmen kann und der danach diese Selbsthilfemethode für sich und andere erfolgreich einsetzen kann.

Von Dr. Ray wurde ich nicht nur als Lehrerin für den 1. und 2. Grad ausgebildet, sondern auch in den 3., 4. und 5. Grad eingestimmt. Ende 2000 haben sich die Wege von Dr. Ray und mir getrennt, nachdem sie im Namen der T.R.T.A.I. (The Radiance Technique® Association International) darauf beharrte, nur »ihr« Reiki als das Einzige authentische anzusehen und alle anderen Richtungen abzuwerten. Sie hat vergeblich versucht, den Begriff »Das authentische Reiki« in Deutschland schützen zu lassen.

Meine Ausbildung für alle sieben Grade habe ich mittlerweile bei Willy Fraefel in der Schweiz und Gary Samer in Australien erfolgreich abgeschlossen, die das siebenstufige authentische Reiki vermitteln und kompetent in das vollständige Energiesystem eingestimmt sind. Ich bin jetzt in alle sieben Grade des authentischen Reiki eingestimmt und autorisiert, alle diese sieben Grade einschließlich der Lehrerausbildung auf allen Stufen weiterzugeben.

Ich hatte mich schon vorher auf die Suche nach dem »authentischen Reiki« gemacht und bin fündig geworden. Bei dieser Methode ist es sehr wichtig, dass ausschließlich universale Energie aktiviert wird, weil nur diese subtilste Energie im Universum immer harmlos und unterstützend ist, den Betreffenden in Kontakt mit seinen wirklichen Bedürfnissen bringt, keine Überdosis kennt und keine Nebenwirkungen hat. Wie Sie sehen, ist es sehr wichtig, bei Reiki auf Qualität zu achten. Dankbar, dass ich in Dr. Ray eine kompetente Lehrerin hatte, begann ich, mich für das Reiki, das traditionell in Japan vermittelt wird, zu interessieren. Im Gegensatz zu dem, was die Lehrer, die von den Organisationen T.R.T.A.I. und Alliance ausgebildet wurden, behaupten, starb die Reiki-Bewegung in Japan während des Zweiten Weltkriegs nicht aus und wurde von Frau Takata in den Westen »gerettet«, sondern die Reiki-Organisation, die Dr. Usui gründete, besteht bis zum heutigen Tage weiter und wird zurzeit von einem Herrn Kendo geleitet.

Wenn Sie dieses Buch lesen, werde ich in Japan gewesen sein, nicht nur, um Dr. Mikao Usuis Grab zu besuchen, sondern um mich von einer Lehrerin, die noch direkt von Dr. Usuis Nachfolger, Dr. Hayashi, ausgebildet wurde, in die verschiedenen Grade einstimmen und für ihre Weitergabe ausbilden zu lassen. Und ich wurde von Arjava Frank Petter, dem Wiederentdecker des Original-Handbuches von Dr. Usui und Dr. Hayashi, in die traditionelle Art, Reiki in Japan zu vermitteln, eingewiesen.

Als Mutter zweier lebhafter Kinder von sechs und zwölf Jahren, mit Bio-Garten und Haustieren, die einige Jahre allein erziehend und berufstätig war, bin ich dankbar dafür, mit dem authentischen Reiki eine Methode gefunden zu haben, in der ich jederzeit innerhalb weniger Minuten meine inneren Kraftreserven erschließen und wieder in Kontakt mit heiterer Gelassenheit, Geduld und innerem Frieden kommen kann. Ich habe jetzt eine Meditationstechnik zur Verfügung, die ich mitten im Alltag, wenn ich sie gerade dringend brauche, einsetzen kann und die mich sofort wieder in meine Mitte bringt. Mit Reiki hat sich meine Lebensqualität und Lebensfreude auf eine Weise verbessert, wie ich es früher nicht für möglich gehalten hätte. Und ich weiß, dass ich noch nicht am Ende meiner Reise zu meiner wahren Natur angekommen bin!

Nach den vielen Jahren, die ich nun schon das authentische Reiki unterrichte, bin ich immer wieder begeistert, wie schnell sich Menschen nach nur kurzer Zeit durch Aktivierung universaler Lebenskraft entwickeln und zu dem werden, was sie eigentlich sind: Wesen, die in Kontakt mit ihrer inneren Harmonie, Liebe und Weisheit stehen, diese Qualitäten immer mehr ausstrahlen und dadurch auch andere immer mehr an ihr wahres Wesen erinnern.

Einleitung

»Erkenne dich selbst«, heißt es in der Aufschrift des Tempels zu Delphi. Eng damit ist die Frage nach dem Sinn unseres Lebens verbunden. Wenn wir nicht wissen, wer wir sind, werden wir weiter »im Dunkeln tappen«, das heißt von Unglück, Ängsten und Depressionen begleitet sein! Wer sich ausschließlich mit seinen materiellen, vergänglichen Ebenen identifiziert, seinem Körper, Gefühlen und Gedanken, wird die Erfahrung machen, dass ein solches Leben keine Erfüllung, kein dauerhaftes Glück bringt. C. G. Jung sprach davon, dass die meisten Menschen in den westlichen Industrieländern materiell im Wohlstand leben, aber an »immaterieller Verelendung« leiden würden. In der Bibel heißt es, man solle sich Reichtümer in den Himmeln erwerben, nicht auf Erden. Bekanntlich sind materielle Güter vergänglich, und wir können sie nicht in die nächste Existenz mitnehmen. Wäre es nicht sinnvoller und auch vernünftiger, in etwas zu investieren, was Bestand hat? Was bleibt und ständig wächst, ist unsere Ausstrahlung, das innere Licht, und wir sind aufgerufen, Lichtarbeit auf den inneren Ebenen – den »Himmeln« – zu leisten und in das zu investieren, was ewig und unsterblich ist.

Nach meiner Erfahrung reicht es nicht aus, sich einmal klar zu machen, wer wir sind: Kinder Gottes, von Gott geliebt und wie Gott unsterblich. Es ist wichtig, dieses Wissen unserer Gotteskindschaft oder der Tatsache, dass wir in unserer Essenz Geist sind, jeden Tag, jede Minute zu leben. Solange wir in der Illusion des Getrenntseins von Gott leben, werden wir unglücklich sein, uns streiten und Kriege führen, Ängste und Depressionen entwickeln und uns kraftlos und leer fühlen. »Die Wahrheit macht euch frei.« In meinen Augen liegt das Atemberaubende am authentischen Reiki darin, uns die *Erfahrung* zu verschaffen, wer wir wirklich sind: Frieden, Liebe, Freude am Sein, heitere Gelassenheit, Glückseligkeit.

Damit ist nicht gesagt, dass es reicht, den 1. Grad zu absolvieren, um dauerhaft zu wissen, wer wir wirklich sind. Aber durch jede Behandlung, die wir uns selbst geben oder von anderen bekommen, tauchen wir tiefer in das Bewusstsein von unserer wahren Natur ein, und wir identifizieren uns immer mehr mit ihr. Wenn ich sage: »Ich habe einen Körper, ich habe Gedanken und ich habe Gefühle«, muss es ja irgendeine Instanz geben, die sagen kann: »Ich habe.« Wenn wir Körper, Gedanken und Gefühle wären, wäre das nicht möglich. Genau um diese Instanz geht es! Wenn wir uns mit ihr, unserer wahren Natur, unserem Geist oder unserer Göttlichkeit, immer eins fühlen, hören wir mehr und mehr auf, uns mit unserem Körper, unseren Gedanken und Gefühlen zu identifizieren.

In der Bibel heißt es: »Liebe deinen Nächsten wie dich selbst.« Wenn dies so einfach wäre, wie es sich anhört, würde zumindest in den christlichen Ländern der Himmel auf Erden herrschen. So einfach scheint es also nicht zu sein, dieses Postulat zu leben. Jahrtausendelang haben wir außerdem den zweiten Teil dieses Postulats »verschluckt«, das heißt, nicht gelebt. Jeder hat aber schon am eigenen Leibe erfahren, dass wir anderen nichts geben können, was wir nicht auch bereit sind, uns zuzugestehen. Ich schlage daher vor, den Satz umzudrehen und zu sagen: »Liebe dich selbst wie deinen Nächsten.« Wenn wir uns selbst wertschätzen und lieben und dieser Liebe auch Taten folgen lassen, werden wir ganz natürlich Liebe ausstrahlen und unseren »Nächsten«, alle, denen wir begegnen, lieben. Wenn wir also mit dem authentischen Reiki unsere Liebesfähigkeit von innen heraus entwickeln und uns täglich in einer Ganzbehandlung in universaler, bedingungsloser Liebe »baden«, uns mit der Frequenz bedingungsloser Liebe verwöhnen, werden wir gar nicht anders können, als diese Liebe auf unsere Umgebung auszustrahlen und dadurch auch andere daran zu erinnern, wer sie wirklich sind. In Bezug auf universale Energie und ihre Aktivierung durch das authentische Reiki können wir ruhig egoistisch sein, weil nicht nur unsere Umgebung – Familie, Arbeitskollegen usw. – davon profitiert, sondern letztlich alle Lebewesen auf diesem Planeten! Spätestens seit Rupert Sheldrake wissen wir, dass wir im Bewusstsein alle miteinander verbunden sind. Jede Minute, die ich Lichtarbeit mache oder meditiere, hilft allen Menschen weltweit, ihr Bewusstsein zu entwickeln und den nötigen Bewusstseinswandel weltweit herbeizuführen.

Wir sind viel mehr, als wir ahnen. Im Grunde unseres Wesens sind wir eins mit Gott. Unser wahres inneres Wesen ist Vollkommenheit. Wenn wir ein Kind Gottes sind, sind wir mit grenzenloser Kraft und grenzenlosen Möglichkeiten ausgestattet. »Ihr werdet das tun, was ich getan habe, und mehr«, hat uns Christus in der Bibel versprochen, und »euer Glaube wird Berge versetzen«. Warum sind Spontanheilungen möglich? Weil sich Menschen nicht mehr mit Krankheit und Siechtum identifiziert haben, sondern mit ihrem Geburtsrecht strahlende Gesundheit. Warum geschehen immer wieder »Wunderheilungen« (Beispiele hierfür gibt es zahlreiche, dokumentiert z. B. im Buch von Masaharu Taniguchi, »Die geistige Heilkraft in uns. Wesen, Grundsätze und Erfolge des geistigen Heilens«, Turm-Verlag, Bietigheim/Württemberg, 4. Auflage 1999). Weil Menschen sich des Wunders bewusst werden, wer sie wirklich sind, und sich mit ihrer wahren Natur identifizieren. Erfolgreiches Behandeln heißt immer, die inneren Krankheitsursachen zu eliminieren. Genau dies hat Christus getan: Kranke durch Handauflegen geheilt, sogar Tote zum Leben erweckt. Und sein Ratschlag für ein Leben ohne Krankheit lautet: »Sündiget fortan nicht mehr«, das heißt, schneidet euch nicht mehr ab vom Bewusstsein Eurer Göttlichkeit, sondern lebt sie.

Mit dem authentischen Reiki erleben wir, wer wir wirklich sind, und erwecken unser Bewusstsein über unsere wahre Natur. Schon in der Bibel heißt es, wir seien »Kinder des Lichts«. Unser wahres Wesen ist Geist. Die heiligen Schriften aller Religionen erzählen uns über die Geistbedingtheit allen Daseins, die Gotteskindschaft des Menschen und die Vollkommenheit des Lebens.

Wenn wir wissen, wer wir sind, wissen wir das auch von unseren Mitmenschen. Wenn wir dauerhaft im kosmischen oder Einheitsbewusstsein wären, käme es uns absurd vor, uns zu streiten oder gar Kriege gegeneinander zu führen. Es wäre genauso absurd, als würden wir uns bei vollem Bewusstsein ein Stück vom eigenen Finger abschneiden. Kein vernünftiger Mensch würde auf eine solche Idee kommen. Erst wenn der Menschheit dieser Sprung zum Einheits- oder kosmischen Bewusstsein gelingt, wird die Erde zu einem friedlichen Platz, und wir haben den Himmel auf die Erde gebracht. Die Reiki-Methode lädt uns ein, ein »Leben aus dem Geiste« (siehe auch das Buch von Masaharu Taniguchi, »Leben aus dem Geiste«, Bauer-Verlag, Freiburg im Breisgau, 10. Auflage 1994) zu führen.

Wir befinden uns jetzt am Beginn eines neuen Zeitalters, dem Wassermann-Zeitalter. Der Wassermann wird durch zwei parallel verlaufende Wellen symbolisiert. Dieses Symbol bedeutet: Wir werden beide Gehirnhälften aktivieren, und Verstand und Intuition werden in Zukunft Hand in Hand zusammenarbeiten. Ein anderes Symbol für den Wassermann ist der Wasserträger, der ein Füllhorn mit Wasser über die Erde ausgießt. »Wasser« steht symbolisch für »Weisheit«. Jeder Mensch wird in ständigem Kontakt mit der Instanz von Weisheit und Allwissenheit in sich sein. Auf alle Fragen, die uns bewegen, werden wir Antworten in uns finden. In allem, was wir tun, werden wir »den Himmel auf die Erde bringen«, eine Schwingung von Licht und Liebe einbringen.

Vor diesem Hintergrund ist es für mich kein Zufall, dass das authentische Reiki am Beginn dieses neuen Zeitalters bei uns Verbreitung findet. Wir integrieren damit unsere Gehirnhälften und stärken unsere Verbindung zu unserem Höheren Selbst, der Instanz von Weisheit in uns. Außerdem erhöhen wir unsere Schwingungsfrequenz und schwingen uns ein auf die hohen Frequenzen von Energie wie bedingungslose Liebe und Einheitsbewusstsein, die sich zurzeit auf der Erde manifestieren.

Universale Lebenskraft –
eine ganz besondere Art von Energie

Der Hauptzweck von Reiki ist nicht nur das Heilen von Krankheiten, sondern die Verstärkung vorhandener Talente, das Gleichgewicht des Geistes, die Gesundheit des Körpers und damit das Erlangen von Glück.

DR. MIKAO USUI

Dr. Mikao Usui, der Wiederentdecker dieser Methode zur Aktivierung universaler Lebenskraft, gab ihr den Namen »Reiki«. Das authentische Reiki aktiviert ausschließlich eine ganz besondere Art von Energie, nämlich universale Lebensenergie oder kosmische Lebenskraft oder Lichtenergie. »Rei« heißt »universal« oder »ganzheitlich«, und »Ki« heißt »Lebenskraft«. »Ki« bezeichnet die allem Lebendigen innewohnende Lebensenergie. Das japanische Wort »Ki« oder Lebenskraft ist Ihnen vielleicht aus dem Wort »Aikido« bekannt, einer fernöstlichen Selbstverteidigungsmethode. Es entspricht dem chinesischen Wort »Chi«, was Ihnen aus den Begriffen »Tai Chi« oder »Chi Gong« vielleicht vertraut ist. Tai Chi wie Chi Gong sind Meditationen in Bewegung, die die Chi- oder Lebenskraft aktivieren und auch zur Heilung von Krankheiten eingesetzt werden. »Universal« heißt: überall vorhanden. Das ganze Universum ist erfüllt von universaler Energie. Es gibt also keinen Mangel an universaler Energie, wir müssen lediglich lernen, uns Zugang zu dieser Energie zu verschaffen. Ihr Vorrat ist unerschöpflich.

Sicherlich haben Sie einmal von der berühmtesten Formel der Welt gehört: $E=mc^2$. Auf diese Formel baute Albert Einstein seine Relativitätstheorie und Quantenphysik auf. Sie besagt, dass Energie (E) und Materie (m) im Prinzip austauschbar oder ein und dasselbe sind, nämlich Energie, dass also alles Energie ist. Wenn diese Formel Gültigkeit hat, und bisher hat sie noch niemand widerlegen können, schließt sie alles mit ein, auch uns! Wir bestehen demnach auch aus Energie. Allerdings bestehen wir aus verschiedenen Schwingungsfrequenzen von Energie, aus ganz langsamen – der materiellen oder körperlichen Ebene –, den schneller schwingenden Frequenzen der emotionalen und mentalen Ebene und den ganz schnellen, hohen Frequenzen von Energien der höheren Bewusstseinsebenen. Um die Aktivierung der höchsten Frequenz von Energie – reines Licht, kosmische oder universale Energie – geht es beim authentischen Reiki.

Die Russen nennen universale Energie »Bioplasma«, die Kahunas auf Hawaii »Mana«, die Hindus in Indien »Prana« – vielleicht haben Sie einmal von »Prana-Atmung« oder »Prana-Heilung« gehört – und die Christen nennen diese höchste Schwingung im Universum »Licht«.

In der Bibel heißt es »Ihr seid das Licht der Welt«. Dieser Satz, der Christus zugeschrieben wird, bedeutet: Wir bestehen nicht nur aus den äußeren Ebenen, aus Körper, Gefühlen und Verstand, sondern auch aus der höchsten Frequenz von Energie im Universum – aus reinem Licht. Licht ist unsere wahre, innerste Natur, unsere Essenz, unser wirkliches und unsterbliches Wesen. Der Satz »Ihr seid das Licht der Welt« ist ein Appell von Christus an uns Menschen, uns mit diesem unsterblichen Licht in uns zu identifizieren, indem wir alle eins, also Brüder und Schwestern, sind. Wenn wir dies tun, wissen wir, dass wir in unserer Essenz unsterblich sind, und verlieren damit unsere Angst vor dem Tod. Außerdem erkennen wir, dass wir in diesem Licht mit allen Menschen, ja, allen Lebewesen, verbunden und verwandt sind, und fangen endlich an, uns wie Brüder und Schwestern zu verhalten. Streitigkeiten und Kriege gehören dann der Vergangenheit an und auch Umweltzerstörung und Tierquälerei. Es herrscht dann Frieden in der Familie und auf der Welt, kein Kind stirbt mehr auf Grund von Hunger, und wir tun unseren Tierbrüdern und -schwestern nichts mehr zu Leide. Wenn jeder Mensch das dafür nötige Bewusstsein – kosmisches oder Einheitsbewusstsein – erreicht hat, sind diese Gedanken nicht mehr länger Utopie.

In der Präambel der amerikanischen Verfassung heißt es: »Alle Menschen sind gleich geschaffen.« (»All men are created equally.«) Ist damit die körperliche Ebene gemeint? Wohl kaum. Es gibt kleine, große, dicke, dünne, hellhäutige und dunkelhäutige Menschen. Wie sieht es mit der emotionalen Ebene aus? Auch hierfür trifft diese Aussage nicht zu. Ich habe in der Frühchenabteilung der Säuglingsstation eines Krankenhauses gearbeitet und festgestellt, dass es introvertierte und extrovertierte Babys gibt und einige Babys fast den ganzen Tag schlafen, während andere stundenlang schreien. Wie sieht es auf der gedanklichen Ebene aus? Auch hier stellen wir fest, dass es Unterschiede schon bei kleinen Kindern, ja sogar Neugeborenen gibt. Einige Kinder sind »helle« und aufgeweckt, andere haben einen niedrigeren Intelligenzquotienten. Auf diesen – äußeren Ebenen – trifft die Aussage, wir seien alle gleich erschaffen, also nicht zu. Sie stimmt jedoch, wenn wir sie auf die geistige oder spirituelle Ebene anwenden.

Nur in unserer Essenz, in dem Licht, mit dem jeder Mensch geboren wird, sind wir tatsächlich alle gleich erschaffen!

Unsere Fähigkeit, Lichtenergie oder universale Energie, diese höchste Frequenz von Energie im Universum, in uns und anderen zu aktivieren und auszustrahlen, wird durch Reiki dauerhaft verstärkt. Es handelt sich, wie bereits beschrieben, um die natürlichste Energie der Welt, mit der wir schon geboren wurden. Außerdem wird mit Hilfe dieser Technik der Zugang zu dieser Art von Energie in unsere Hände gelegt. Allein durch Handauflegen bei uns oder anderen Menschen und Lebewesen wird nach einem kompetent durchgeführten Einstimmungsprozess ausschließlich universale Lichtenergie aktiviert. Diese Energie ist immer ungefährlich, unterstützend und bringt uns und andere in Kontakt mit unseren wahren Bedürfnissen.

Wir arbeiten mit der Kraft bedingungsloser Liebe, der höchsten Frequenz von Energie im Universum, die die einzige Kraft ist, die heilt, sobald wir unsere Hände in die Nähe eines Lebewesens bringen. Es ist dieselbe Kraft, mit der eine Mutter »arbeitet«, wenn sie ihrem kleinen Kind, das Bauchweh hat, liebevoll die Hände auf den Bauch legt. Der Vorteil bei Reiki: Wir brauchen jemanden nicht zu mögen oder gar zu lieben, um mit dieser Frequenz zu arbeiten! Einmal richtig eingestimmt, funktioniert die Verbindung zu universaler Energie für alle Zeiten, selbst wenn wir diese Technik zwanzig Jahre nicht einsetzen sollten. Und auch eine Mutter würde davon sehr profitieren, weil sie wesentlich mehr Heil-Energie für ihr Kind zur Verfügung hätte und auch Menschen helfen könnte, die sie nicht bedingungslos liebt wie ihr eigenes Kind.

Das Wort »Reiki« ist nicht geschützt, und es wird daher alles »Mögliche« und leider auch »Unmögliche« unter dieser Bezeichnung angeboten. Wenn ich hier und im Weiteren von »Reiki« spreche, meine ich stets das ursprüngliche, intakte Energiesystem, wie es von dem Wiederentdecker Dr. Mikao Usui und seinen autorisierten Nachfolgern vermittelt wurde. Dieses Reiki nenne ich daher auch »authentisches Reiki«. Es handelt sich um ein Energiesystem, bei dem wir die Garantie haben, ausschließlich mit der höchsten Schwingung im Universum zu arbeiten, nämlich mit universaler oder Lichtenergie, die die natürliche und harmonische Entwicklung und Entfaltung jedes Lebewesens, so wie sie in ihm von vornherein als »Same« angelegt ist, fördert und unterstützt.

Universale Energie, die wir mit dem authentischen Reiki aktivieren, hat vielfältige, ausschließlich positive Eigenschaften. Und ihr Vorrat ist unerschöpflich! Je mehr wir mit dieser Energiefrequenz arbeiten, desto mehr fließt nach. Wenn wir mit universaler Energie arbeiten, sind wir an ein unendlich großes Reservoir kosmischer Energie angeschlossen. Wir arbeiten nicht mit persönlicher Energie auf der körperlichen, emotionalen oder mentalen Ebene – also mit Körperkraft, Gefühlen und Gedankenkraft –, sondern mit überpersönlicher Energie. Wenn wir jemand anderen mit dieser Energie behandeln, können wir uns nicht verausgaben oder erschöpfen. Im Gegenteil, wir aktivieren und harmonisieren uns dabei selbst mit universaler Energie. Es handelt sich um ein »Win-Win-Game«, ein Spiel, bei dem beide Seiten gewinnen.

Universale Energie wirkt immer unterstützend, sie ist vollkommen sicher und unschädlich in der Anwendung, es gibt keinerlei Überdosis oder negative Begleiterscheinungen. Kosmische Lichtenergie bringt uns in Kontakt mit unseren wahren Bedürfnissen, sie fließt von allein dahin, wo sie am meisten gebraucht wird, löst Blockaden und harmonisiert auf allen Ebenen. Nicht nur unsere körperliche Ebene profitiert von dieser Art von Energie, sondern unsere gesamte Körper-Seele-Geist-Einheit. Universale Energie wirkt immer ganzheitlich.

Aus der Physik ist der Satz bekannt »Höhere Schwingungen überlagern niedrige«. Wir haben es bei universaler Energie mit der höchsten Schwingung im Universum zu tun. Es handelt sich gleichzeitig um die subtilste und kraftvollste Frequenz von Energie. Sie geht zum Beispiel durch alle Arten von Materialien ungehindert hindurch. Wenn wir jemanden behandeln, spielt es keine Rolle, wie viel Kleidung er trägt oder ob wir einen Selbstheilungsprozess durch ein Gipsbein hindurch unterstützen wollen. Es gibt absolut nichts, was den Fluss dieser Energie stören oder behindern könnte, weder Materialien, zum Beispiel Schmuckstücke, noch gedankliche oder emotionale Energie. Es ist auch egal, ob jemand dieser Behandlungsmethode skeptisch gegenübersteht oder an einen Erfolg glaubt. Und es spielt für den Behandlungserfolg auch keine Rolle, ob wir die Person, die wir behandeln, mögen oder nicht. Selbst wenn wir gefühlsmäßig nicht im Lot sind, können wir jemandem mit Gewinn eine Behandlung mit universaler Energie geben. Sobald wir unsere Hände bei uns selbst oder anderen auflegen oder nur in die Nähe bringen, haben wir nach einem kompetent durchgeführten Einstimmungsprozess die Garantie, dass ausschließlich universale Energie im anderen und in uns aktiviert wird. Wir werden erleben, dass diese kraftvolle Energie mit der Zeit auch die Disharmonien auf unserer emotionalen Ebene harmonisiert.

Ein großer Vorteil, wenn wir wie beim authentischen

Reiki ausschließlich mit universaler Energie arbeiten, besteht darin, dass diese hohe Energiefrequenz uns wirksam – nämlich hundertprozentig – davor schützt, beim Behandeln eventuell vorhandene negative Schwingungen aufzunehmen. In dem Moment, in dem wir mit unseren Händen in die Nähe eines Menschen kommen, aktivieren wir ausschließlich universale Lichtenergie, die alle dichteren, negativen Schwingungen transformiert. Es macht also nichts, wenn der Behandelte depressiv ist oder wir ihm vielleicht nicht sympathisch sind. Diese charakteristische Eigenschaft universaler Energie ist besonders für sensible Menschen vorteilhaft. Sie können so offen und mitfühlend sein, wie sie möchten, und werden trotzdem keinerlei negative Energien aufnehmen.

Durch die Einstimmungen im authentischen Reiki wächst unsere Ausstrahlung. Wir strahlen mehr Licht und Liebe aus! Je mehr positive Energie wir ausstrahlen, desto weniger negative Energie nehmen wir im Alltag auf. Menschen mit negativen Gefühlen wie Depressionen oder Aggressionen können uns nicht mehr so leicht energetisch beeinflussen. »Wie du in den Wald hineinrufst, so schallt es heraus.« Wenn wir durch das authentische Reiki eine bessere Ausstrahlung bekommen, ziehen wir ganz natürlich immer mehr positive Menschen und Ereignisse an. »Gleich und gleich gesellt sich gern«, oder: »Menschen mit gleicher Wellenlänge ziehen sich an.« Das haben Sie sicherlich auch schon erlebt: Wenn Sie sich schlecht fühlen und meinen, alle anderen müssten jetzt besonders nett zu Ihnen sein und Sie mit Streicheleinheiten verwöhnen, passiert genau das Gegenteil. Menschen ignorieren Sie oder sind sogar noch unfreundlich zu Ihnen! Wenn Sie aber gut gelaunt sind und innerlich ein Liedchen pfeifen, lächeln Ihnen auch Wildfremde zu, und Sie erleben nur Positives. Es handelt sich um das kosmische Gesetz der Resonanz.

Irgendwann werden wir mit Hilfe universaler Energie durch unser Sein, unsere Ausstrahlung, fähig sein, Menschen wieder Hoffnung zu geben und sie daran zu erinnern, wer sie wirklich sind! Dies ist unsere Aufgabe im Leben: Licht ins Dunkel zu bringen und nicht, uns »ins gemachte Nest zu setzen«. Es ist kein großes Kunststück, fröhlich und gut gelaunt zu sein, wenn die Menschen um uns herum fröhlich sind und uns nett behandeln. Freundlich zu bleiben, Geduld zu haben und Liebe auszustrahlen, wenn wir uns in einer schwierigen Situation befinden, ist dagegen schwieriger, aber mit Reiki wird es immer mehr zum Kinderspiel. Das Tempo unserer eigenen Entwicklung liegt in unseren Händen! Das heißt, wie häufig wir diese Technik anwenden und uns mit universaler Energie versorgen, entscheidet, wie schnell sich unsere Persönlichkeit entwickelt und wir zu dem werden, der wir wirklich sind.

Universale Energie ist »transzendent«, das heißt, sie überschreitet die Wahrnehmungsfähigkeit unserer fünf Sinne. Wir können diese subtile Schwingung nicht mehr direkt wahrnehmen, zum Beispiel fühlen oder sehen. Wenn wir etwas wahrnehmen, wie Schwere, Kribbeln oder Wärme, sind es die Auswirkungen dieser Energie, die von Mensch zu Mensch und von Mal zu Mal unterschiedlich sein können. Es geht bei dieser Methode nicht um Wahrnehmungen und Gefühle während der Behandlung, sondern um Ergebnisse, die auch mit zeitlicher Verzögerung auftreten können. Diese Veränderungen richten sich immer nach den wahren Bedürfnissen des Empfängers, die auch von Person zu Person und von Situation zu Situation anders sein können. Beispielsweise habe ich mir einmal vor einer Party eine Ganzbehandlung gegeben, um gut gelaunt und fit zu sein. Darüber bin ich eingeschlafen und viel zu spät aufgewacht, um noch auf dieses Fest gehen zu können. Zuerst war ich frustriert, weil mir so viel an der Veranstaltung gelegen hatte, und ich habe gedacht: »Hätte ich mir die Behandlung nicht gegeben, wäre ich jetzt auf dieser tollen Party!« Dann bin ich in mich gegangen und habe festgestellt, dass ich in letzter Zeit viel zu wenig Schlaf und viel zu viel Stress hatte. Mein Körper hatte sich einfach »geholt«, was er *wirklich* brauchte, und es war nicht das geschehen, was ich *glaubte* zu brauchen. So bringt uns universale Energie immer in Kontakt mit unseren *wirklichen* Bedürfnissen. Manchmal werden wir durch diese Energie zum Beispiel müder, manchmal wacher.

Am Anfang meiner Lehrtätigkeit hat mich die Tatsache verunsichert, dass wir universale Energie nicht direkt wahrnehmen können. Wie konnte ich meinen Zuhörern und Seminarteilnehmern die Existenz dieser Energie »beweisen«? Mittlerweile habe ich mich damit abgefunden und bin froh darüber, dass man diese subtile Energie auch durch noch so ausgeklügelte Messinstrumente, die ja immer noch der materiellen Ebene angehören, nicht nachweisen kann. Wenn man diese Energie nachweisen könnte, wäre es ein Beweis dafür, dass es sich nicht um die feinste Schwingung, nämlich transzendentale, reine Lebensenergie, handeln kann.

Wenn wir Fragen zu Reiki oder universaler Energie haben, können wir ab dem 1. Grad einfach eine Hand auf das Herzzentrum oder eine andere Position legen und uns fragen, welche Eigenschaften universale Energie besitzt. In diesen Eigenschaften liegen alle Antworten verborgen.

Universal bedeutet ganzheitlich, alle Gegensätze vereinend und umarmend, harmlos, harmonisch, bedingungslos, grenzenlos und auf alle und alles anwendbar. Reiki verschafft uns Zugang zu dieser Energie und entwickelt unser Bewusstsein in Richtung Klarheit, Frieden, bedingungslose Liebe, Weisheit, heitere Gelassenheit, Ewigkeitsbewusstsein, Licht, Fülle und Harmonie.

Merkmale universaler Energie

»Reiki« ist nicht gleich »Reiki«. Wichtig ist in diesem Energiesystem die Qualität der Einstimmungen. Je weniger Lehrer zwischen Dr. Hayashi oder Frau Takata und dem Lehrer, bei dem Sie ausgebildet wurden, stehen, desto besser. Ich sage meinen Seminarteilnehmern und den Besuchern meiner Vorträge immer: Sie brauchen bei dieser Methode Ihren Verstand nicht an der Garderobe abzugeben, im Gegenteil! Lassen Sie ihn bitte »angeknipst«. Es handelt sich nicht um ein Glaubenssystem, eine Weltanschauung oder eine Religion.

Im Folgenden führe ich eine Reihe von Merkmalen auf, die Kennzeichen des ursprünglichen, authentischen Reiki-Systems sind. Diese Kriterien sollten Sie zur Überprüfung anlegen. Ist auch nur ein Merkmal nicht gegeben, so handelt es sich aller Wahrscheinlichkeit nach nicht um das ursprüngliche Energie-System, das ausschließlich universale Energie aktiviert. Universale oder kosmische oder Licht-Energie ist immer ungefährlich und unterstützend. Sie bringt uns in Kontakt mit unseren wahren Bedürfnissen, und es gibt von dieser Energie kein »zu viel«, keine Überdosis. Wenn wir mit dieser Energie arbeiten, können wir uns bei der Behandlung anderer nicht verausgaben, und wir können auch keinerlei negative Schwingungen aufnehmen.

1. *Universale Energie und das authentische Reiki zur Aktivierung dieser Energie wirken immer zum Wohle des Empfängers, nie negativ.*

Universale Energie bringt den Empfänger immer in Kontakt mit seinen wahren Bedürfnissen und unterstützt seinen natürlichen, in ihm angelegten Selbstverwirklichungs- und Entfaltungsprozess von innen heraus. Es können allerdings, wie auch bei anderen ganzheitlichen (Selbst-) Heilungsmethoden oder ganzheitlichen Methoden der Persönlichkeitsentwicklung »Heilungskrisen« oder das »Aufflackern alter Symptome« auftreten und auf der emotionalen Ebene eine Kombination mit bisher unverarbeiteten Erlebnissen. Es kann also subjektiv betrachtet erst einmal »schlimmer« werden, bevor es *wirklich besser* wird! Wir werden aber immer in der Lage sein, mit diesen Krisen – sie heißen in der chinesischen Kalligrafie »Chance zur Wandlung« – konstruktiv umzugehen. Unsere Fähigkeiten hierzu haben sich mit dem authentischen Reiki wesentlich verbessert. Beim authentischen Reiki arbeiten wir direkt mit unserem »Höheren Selbst« oder der Instanz von Weisheit in uns zusammen, die genau weiß, was und wie viel sie uns »zumuten« kann und was und wie viel wir »verdauen« können. Die genannten Symptome treten auf, damit wir sie endgültig hinter uns lassen können, begleitet von den dazu erforderlichen Lernerfahrungen.

Der »Sinn« universaler Energie und des authentischen Reiki ist nicht, dass wir in Zukunft von einer rosaroten Wolke zur anderen schweben und keine Probleme mehr haben, sondern, uns bei den notwendigen Lernerfahrungen zu unterstützen und zu begleiten. »Je größer unsere Probleme, desto größer unsere Chance, zu wachsen und zu lernen.« (Ron Smothermon) Nach Rüdiger Dahlke und vielen anderen Autoren wie Chris Griscom oder Louise Hay erschaffen wir uns alles im Leben selbst, um zu wachsen und zu lernen. Krankheiten haben nie eine Ursache allein auf der körperlichen Ebene, sondern bringen uns in Kontakt mit einer Lektion, die wir auf andere, sanfte Art und Weise noch nicht gelernt haben. Wenn wir einen Schnupfen haben, dann haben wir vielleicht die Nase voll von etwas oder jemandem, und wenn wir Halsschmerzen haben, so haben wir vielleicht Gefühle heruntergeschluckt, die wir besser hätten zum Ausdruck bringen sollen. Wenn wir die Lektion, die mit einer bestimmten Krankheit verbunden ist, gelernt haben, brauchen wir sie nicht mehr! Das Wunderbare an universaler Energie ist: Wir werden niemals überfordert! Vielleicht werden die Probleme größer, aber gleichzeitig wächst unsere Fähigkeit, sie zu lösen.

Wenn wir Heilungskrisen bei uns oder dem, den wir behandeln, auftreten, sollten wir die Behandlung nicht abbrechen, sondern im Gegenteil, zur Unterstützung des Betroffenen öfter und länger behandeln, damit dieser möglichst schnell seine Krise überwindet.

2. *Wenn wir mit ausschließlich universaler Energie arbeiten – und nur diese Energie wird beim authentischen Reiki aktiviert –, gibt es keinerlei Einschränkung bei der Anwendung.*

Universale Energie ist immer ungefährlich, es gibt kein »Zuviel« und keinerlei negative Begleiterscheinungen. Sie bringt uns immer in Kontakt mit unseren wahren Bedürfnissen. Wenn Sie von einem Reiki-Lehrer hören, dass alte Menschen, Kinder und Kranke nur eine bestimmte Zeit behandelt werden dürften, dann seien Sie skeptisch. Es kann sich dann nicht um ausschließlich universale Energie handeln, denn diese ist immer ungefährlich! Sie können sich oder andere 24 Stunden oder länger mit universaler Energie versorgen, und Sie oder andere werden nur davon profitieren. Gerade, wenn jemand Probleme hat, lautet die Devise: »Je länger, desto besser.« Universale Energie ist die subtilste, sanfteste und gleichzeitig kraftvollste Energie im Universum. Sie wirkt immer und überall zum Wohle der Beteiligten, und es gibt keine Krankheit oder kein Thema, das universaler Energie gegenüber »resistent« wäre!

3. *Wenn wir ausschließlich mit universaler Energie arbeiten, wie sie beim authentischen Reiki aktiviert wird, kann der Behandelnde sich durch die Anwendung nicht erschöpft oder ausgelaugt fühlen.*

Wir arbeiten beim authentischen Reiki ausschließlich mit universaler Energie, deren Vorrat unerschöpflich ist. »Universal« heißt nämlich »überall vorhanden«. Es handelt sich um überpersönliche Energie, und das ganze Universum ist voll davon! Wir haben es also mit einer Energie zu tun, die unbegrenzt ist, von der kein Mangel herrscht und an deren unerschöpflichen Vorrat wir uns mit dem authentischen Reiki anschließen. In dem Buch »Die Prophezeiungen von Celestine« heißt es, dass unsere menschlichen Beziehungen daran kranken – ob als Eltern-Kind-Verhältnis, in einer Partnerschaft oder im Arbeitsleben –, dass die Menschen vergessen haben, wie man sich an universale Energie anschließt, und dass sie daher unbewusst versuchen, einander persönliche Energie abzuzapfen. Man kann sich Beziehungen ausmalen, in denen jeder versucht, dem anderen Energie zu »stehlen«! Da die persönliche Energie – Körperkraft, gedankliche und emotionale Energie – begrenzt ist, hat jeder das Gefühl, nicht genug zu bekommen.

Im Reiki arbeiten wir nicht mit der persönlichen und damit begrenzten Energie unserer äußeren Ebenen – Körper, Gefühle und Verstand –, sondern mit transzendentaler Lichtenergie. Je mehr wir mit dieser höchsten Frequenz von Energie arbeiten, desto mehr harmonisieren und aktivieren wir uns selbst auf allen Ebenen. Auch als Behandler sind wir nach einer Anwendung universaler Energie harmonisiert, aktiviert oder entspannt, je nach dem, was wir in diesem Moment gerade brauchen. Bei der Behandlung profitieren beide Parteien. Am meisten profitieren wir von mehreren Behandlungen hintereinander oder am gleichen Tag, vielleicht sogar in einer Gruppe, in der universale Energie potenziert aktiviert wird.

4. *Wenn wir ausschließlich mit universaler Energie, der höchsten Frequenz von Energie im Universum, arbeiten, wie es beim authentischen Reiki der Fall ist, können wir bei der Anwendung keinerlei negative Schwingungen anderer aufnehmen.*

Universale Energie ist die stärkste Energie im Universum. Höhere Schwingungen überlagern oder transformieren niedere, heißt es in der Physik. Universale Energie ist somit in der Lage, alle niedrigeren Frequenzen zu transformieren. Es spielt also keine Rolle, ob derjenige, den wir behandeln, eine positive Ausstrahlung hat, ob er uns mag oder ob er kerngesund ist. Beim authentischen Reiki sind wir geschützt vor der Aufnahme negativer Schwingungen.

Wenn wir einmal von einem kompetenten Lehrer richtig eingestimmt sind und unsere Hände in die Nähe eines Lebewesens bringen, wird ausschließlich universale Energie in uns und anderen aktiviert, die alles Negative umwandelt und neutralisiert.

Ich bin befreundet mit einer staatlich ausgebildeten Masseurin. Als sie anfing zu meditieren, merkte sie, dass sie alle möglichen negativen Schwingungen ihrer Patienten aufnahm. Ein Patient hatte zum Beispiel starke Kopfschmerzen. Nach der Massage ging es ihm gut, doch meine Freundin hatte Kopfweh. Sie hatte die Symptome des Patienten übernommen, weil sie durch die Meditation sensibler geworden war. Dies wurde zu einem solchen Problem, dass sie vorübergehend ihren Beruf aufgeben musste. Als sie den 1. Grad im authentischen Reiki erlernt hatte, war dieses Problem über Nacht verschwunden, und sie konnte wieder in ihren Beruf als Masseurin zurückkehren. Sie fühlt sich nach den Massagen nicht schlechter, sondern besser als vorher. Außerdem ist sie noch erfolgreicher geworden. Sie praktiziert zwar die gleichen Griffe wie vorher, ihre Massagen wirken aber jetzt ganzheitlich, auf allen Ebenen, und Menschen reden mit ihr über Gott und die Welt und schütten ihr Herz aus!

5. *Wenn wir ausschließlich mit universaler Energie arbeiten, wirkt diese Energie, unabhängig davon, wie die Beteiligten sich gerade fühlen und ob sie an den Erfolg einer Behandlung glauben.*

Die Wirkung universaler Energie ist nicht von der körperlichen Verfassung der Beteiligten abhängig, von Konzentration, einer bestimmten inneren Einstellung oder dem

Zustand der Gefühle. Universale Energie ist kraftvoller als diese äußeren Ebenen und in der Lage, die Energie dieser Ebenen umzuwandeln.

Wenn wir uns körperlich oder seelisch schlecht fühlen, haben wir uns in der Vergangenheit wahrscheinlich zurückgezogen, um uns zu regenerieren. Genau das Gegenteil sollten wir tun, wenn wir in das authentische Reiki eingestimmt sind! Gerade wenn wir uns seelisch oder körperlich nicht so gut fühlen, wäre es eine hervorragende Idee, jemanden anzurufen und ihm eine Behandlung anzubieten. Nach so einer Behandlung fühlt sich nicht nur der andere besser, sondern auch wir selbst. Weil wir ausschließlich universale Energie aktivieren, ist unser körperlicher und seelischer Zustand für den Erfolg einer Behandlung völlig egal. Und wir machen die wichtige spirituelle Erfahrung, dass wir immer etwas zu geben haben, egal, wie wir uns fühlen, und zwar das Wertvollste überhaupt, nämlich universale Energie!

6. *Universale Energie, die beim authentischen Reiki ausschließlich aktiviert wird, wirkt immer ganzheitlich.*

Universale Energie fließt von ganz allein dorthin, wo sie am meisten gebraucht wird und wo die Ursache von Problemen, auf der emotionalen oder körperlichen Ebene, liegt. Oft werden dem Betroffenen diese Ursachen deutlich, und er bekommt mit der universalen Energie neben dieser Klarheit auch die Kraft – wenn er will –, seine Einstellung zu ändern oder eine Lernerfahrung zu machen, die mit dem Problem zusammenhängt. Die Willensfreiheit des Einzelnen wird dabei nicht beschnitten. Es handelt sich beim authentischen Reiki also nicht um ein »Herumdoktern« oder um ein Unterdrücken von Symptomen, sondern um eine umfassende Transformation ihrer Ursachen. Die Dauer eines (Selbst-)Heilungsprozesses ist daher auch nicht vorherzusagen. Sie hängt ab von der inneren Bereitschaft des Einzelnen, aus einer Situation zu lernen oder nicht. Es kann schnell gehen oder auch lange dauern, je nach dem, wie bereit der Betreffende ist, eine Lernerfahrung, die mit einer bestimmten körperlichen oder seelischen Krankheit verbunden ist, zu machen oder nicht. Von der Krankheitsdauer oder der Schwere einer Krankheit hängt die Heilungsdauer nicht ab. Der Behandler stellt universale Energie zur Verfügung, heilt aber nicht, sondern überlässt den Selbstheilungsprozess dem anderen. »Heilsein« heißt »Ganzwerdung«, das heißt, alle Teile seiner Persönlichkeit integriert zu haben und seine göttliche Natur zu leben. Die endgültige Heilung ist unsere Erleuchtung! Man könnte auch sagen, das authentische Reiki ist ein Weg zur Erleuchtung, mit Heilung auf der körperlichen und seelischen Ebene als willkommener Begleiterscheinung.

7. *Wenn es sich ausschließlich um universale Energie handelt, und nur sie wird im authentischen Reiki aktiviert, sind weder Reinigungs- noch Harmonisierungsübungen vor und nach der Behandlung nötig.*

Universale Energie reinigt und löst Blockaden auf – auf allen Ebenen. Wer mag, kann sich vor und nach der Behandlung aus hygienischen Gründen die Hände waschen. Die beste Reinigung auf allen Ebenen für uns und denjenigen, mit dem wir die Anwendung teilen, sind möglichst häufige Anwendungen.

Eine Harmonisierung der »Aura«, des feinstofflichen Energiekörpers, nach der Behandlung ist bei Anwendung ausschließlich universaler Energie völlig unnötig, da wir während der gesamten Behandlungszeit eine Harmonisierung auf allen Ebenen erreichen. Auch brauchen wir unsere Hände nach der Behandlung nicht unter kaltem Wasser abzuspülen, da wir beim authentischen Reiki keinerlei Schwingungen des anderen aufnehmen können.

Natürlich brauchen wir bei der Behandlung auch keinen Schmuck oder Uhren abzulegen. Wir können uns immer daran erinnern: Beim authentischen Reiki haben wir es mit der subtilsten, aber auch kraftvollsten Energie im Universum zu tun! Wenn wir eine hörbar tickende Armbanduhr haben oder eine lange Kette mit schwerem Anhänger, die beim Behandeln stören könnte, so können wir sie ablegen.

8. *Wenn ausschließlich universale Energie aktiviert wird, und das ist beim authentischen Reiki der Fall, braucht weder der Behandler, noch derjenige, der die Anwendung bekommt, irgendetwas zu glauben oder sich auf irgendetwas zu konzentrieren.*

Bei der Aktivierung universaler Energie spielt Glauben oder Nichtglauben für die Wirksamkeit keine Rolle. Wenn wir atmen, müssen wir auch nicht daran glauben, dass Sauerstoff etwas Gutes ist. Die Wirksamkeit universaler Energie ist völlig unabhängig von unseren Gedanken und Gefühlen, also der mentalen oder emotionalen Ebene. Babys, Tiere und Pflanzen, die gar nicht an etwas glauben können, profitieren genauso von dieser Energie wie Erwachsene. Universale Energie ist die stärkste Energie im Universum und damit auch stärker als unsere Gedanken und Gefühle. Die Wirkung universaler Energie wird auch nicht verstärkt, indem wir uns dauernd sagen: »Ich mache jetzt Lichtarbeit«, oder: »Ich arbeite jetzt mit universaler Energie.« Wenn wir universale Energie anwenden, brauchen wir uns also nicht zu konzentrieren. Universale Energie wirkt beim Energieausrichten oder Fernbehandeln auch bei Menschen, die überhaupt nicht wissen, dass sie behandelt werden.

9. *Wenn wir ausschließlich mit universaler Energie arbeiten, und das ist beim authentischen Reiki der Fall, ist es unnötig, vor dem Energieausrichten die Erlaubnis des Betreffenden einzuholen.*

Universale Energie kann niemals schaden, sie ist immer ungefährlich und unterstützend für den Empfänger. Mit universaler Energie können wir nicht manipulieren. Es sind also keinerlei Vorsichtsmaßnahmen nötig.

Es handelt sich keineswegs um ein »Eingreifen in sein Karma«, wenn wir ab dem 2. Grad jemanden Lichtenergie senden, ohne dass derjenige etwas davon weiß. »Karma« bedeutet nur: »Was du säst, wirst du ernten.« Wenn wir Distelsamen säen, wachsen daraus Distelpflanzen, und wenn wir Apfelkerne legen, Apfelbäume. Es gibt also auch positives Karma! Wenn eine Frau, die den 2. Grad erlernt hat, ihren Ehemann durch Energieausrichten unterstützen möchte, oder jemand mit dem 2. Grad einem Politiker Energie ausrichten möchte – wo liegt das Problem? Universale Energie wirkt immer unterstützend für den Betreffenden, vollkommen ungefährlich und harmonisch.

Ich habe meinen Vater zwei Jahre lang fernbehandelt, ohne dass er davon etwas wusste. In meinen Augen ist es

»positives Karma«, dass er zwei Töchter gezeugt hat, die fähig und willens sind, ihn mit universaler Energie zu unterstützen. Hätte ich ihn gefragt, ob er eine Behandlung haben möchte, hätte er damals vielleicht »nein« gesagt. Er wusste gar nicht, was universale Energie bewirkt, hatte sich dafür auch nicht interessiert, und die meisten Erwachsenen haben einfach Angst vor Unbekanntem. Mein Vater überwintert oft mit seinem Wohnmobil in Südspanien oder Marokko. Wenn er dann einen Hexenschuss hat, und das hat er fast jedes Mal, fragt er unsere Mutter in Hamburg, ob sie uns – meine Schwester und mich – bitten könnte, das wieder zu machen, was wir auch sonst gemacht haben. Unser Vater weiß zwar immer noch nicht, was wir genau machen, aber er weiß aus Erfahrung, dass es ihm gut tut und seine Beschwerden verschwinden.

10. *Wenn wir ausschließlich mit universaler Energie arbeiten, was beim authentischen Reiki der Fall ist, wirkt diese Energie immer gleichzeitig auf allen Ebenen.*

Universale Energie hat die Eigenschaft, immer dorthin zu fließen, wo die Ursachen von Disharmonien liegen, egal auf welcher Ebene. Wir brauchen nicht zu wissen, ob die Migräne der Person, die wir behandeln, hauptsächlich körperliche oder seelische Ursachen hat, universale Energie »weiß« das! Wir haben es beim authentischen Reiki mit dem besten Therapeuten der Welt zu tun, einer Instanz von allumfassender Weisheit. Universale Energie transformiert mit ihrem Licht alles Dunkle, alle Blockaden, egal ob auf der mentalen, emotionalen oder körperlichen Ebene. Diese Energie, die wir mit dem authentischen Reiki ausschließlich aktivieren, fließt automatisch dorthin, wo sie am meisten gebraucht wird, bringt uns in Kontakt mit den wahren Ursachen unseres Problems und gibt uns die Kraft, unsere Einstellung zu überprüfen und die Weichen in unserem Leben anders zu stellen, sodass unser Problem sich auflösen kann.

Wenn wir zum Beispiel Schnupfen haben, ist es nützlich, sich zu fragen: »Warum habe ich jetzt Schnupfen? Von wem oder wovon habe ich vielleicht die Nase voll?« Während wir mit universaler Energie arbeiten, sind wir in Kontakt mit unserem Höheren Selbst oder der Instanz von Weisheit und Allwissenheit in uns, die uns ständig – 24 Stunden am Tag! – beim Lernen und Wachsen hilft. Mit Sicherheit bekommen wir eine Antwort, vielleicht während der Behandlung in Form eines Satzes oder eines Bildes oder später zum Beispiel im Traum oder während wir einem Gespräch lauschen oder in der S-Bahn die Schlagzeilen der Tageszeitungen studieren. Manchmal ist die Antwort unbequem. Dann können wir fast sicher sein, dass sie von unserem Höheren Selbst stammt.

Meine Schwester hatte einmal ein Problem. Ich empfahl ihr, kurz vor dem Einschlafen ihr Höheres Selbst zu bitten, ihr einen Traum mit der Lösung für ihr Problem zu schicken. Diese Methode funktioniert bei mir fast immer. Morgens rief sie mich frustriert an, weil sie sich an keinen Traum erinnern konnte. Ich riet ihr, Geduld zu haben und aufmerksam für Botschaften zu bleiben. Mittags rief sie mich wieder an, diesmal ganz begeistert. Ihre damals einjährige Tochter übte laufen und hatte sich an einem Bücherregal festgehalten. Dabei war ein Buch herausgefallen und aufgeschlagen. In der Kapitelüberschrift stand die Lösung des Problems, das meine Schwester hatte! Unser Höheres Selbst hat eine unbegrenzte Phantasie, uns Botschaften mitzuteilen, und hatte in diesem Fall Shantila, ihre einjährige Tochter, als Überbringerin der Botschaft benutzt.

11. *Wenn wir ausschließlich mit universaler Energie arbeiten, was wir beim authentischen Reiki tun, harmoniert diese Methode mit allen Therapieformen, Methoden für persönliches Wachstum, Weltanschauungen, Religionen und Meditationstechniken.*

Universale Energie aktiviert die natürlichste Energie in uns und anderen, mit der wir auf die Welt gekommen sind. Wir selbst stehen ja auch nicht im Widerspruch zu irgendwelchen Behandlungsweisen. Diese Energie harmoniert daher mit allen Behandlungsformen, egal ob schulmedizinisch ausgerichtet oder alternativ-ganzheitlich, allen Methoden der Persönlichkeitsentwicklung, allen Weltanschauungen und Religionen und allen Meditationstechniken. Bei schulmedizinischen Behandlungsformen, etwa Medikamenten oder Chemotherapie, werden die positiven Effekte dieser Behandlung verstärkt und die möglichen negativen Begleiterscheinungen gemildert.

Manchmal fragen mich Teilnehmer, ob das authentische Reiki mit ihrem christlichen oder buddhistischen Glauben harmoniert, oder Atheisten machen sich Sorgen, ob sie jetzt an Gott glauben müssten. Das authentische Reiki harmoniert mit allen Religionen, und auch Menschen, die nicht an Gott glauben, können diese Methode erfolgreich anwenden. In meiner Ausbildung habe ich von Dr. Ray gelernt, dass Dr. Usui, der Wiederentdecker dieser uralten Methode zur Aktivierung universaler Energie, christlicher Mönch gewesen sein soll. Wenn man die Dokumente betrachtet, die Frank Arjava Petter in Japan gefunden hat, so stimmt dies wahrscheinlich nicht. Die Aussage, das Dr. Usui Christ war, hat aber die Akzeptanz von Reiki in den USA zur Zeit des Zweiten Weltkrieges und danach wesentlich verbessern können. Die US-Amerikaner wären einer buddhistischen Methode aus dem Land ihres Kriegsgegners Japan sicherlich nicht besonders aufgeschlossen gegenüber gewesen. Für mich ist die Essenz aller Religionen dieselbe, nämlich, dass wir Kinder Gottes und damit göttlich sind. Die universale Energie bringt uns mit unserer göttlichen Natur mehr in Kontakt, sodass wir unser göttliches Wesen nicht länger als schöne Idee betrachten, sondern als Wirklichkeit, die wir auch in unserem Alltag immer mehr leben.

Wenn Sie erfahren, dass eine Technik eines oder mehrere dieser elf Merkmale und Kriterien nicht erfüllt, kann es sich nicht um die ursprüngliche Energie, das authentische Reiki, handeln, das ausschließlich universale Energie, die subtilste und kraftvollste Schwingung im Universum, aktiviert. Adressen von Lehrern in ihrer Nähe, die im authentischen Reiki eingestimmt und ausgebildet sind, können Sie über die Kontaktadresse im Adressenteil bekommen. Was Reiki betrifft, sollte Ihnen das Beste gerade gut genug sein, geht es doch um die harmonische Entwicklung Ihrer Energiezentren und um Ihr persönliches Wachstum!

Einstimmungen

Das »Herzstück« jedes Reiki-Seminars sind so genannte »Einstimmungen« oder Einstimmungsprozesse. »Einstimmung« heißt, etwas mit etwas anderem in Einklang und Harmonie bringen. Bei Reiki bezeichnet dieses Wort bestimmte Teile dieses Energiesystems, die dazu dienen, die Ausstrahlungskraft eines Menschen dauerhaft zu steigern, die Energiezentren oder Chakren harmonisch zu entwickeln und universale Energie in den Händen zu konzentrieren. Man könnte also auch von einem »Quantensprung« in unserem Bewusstsein sprechen. Der Lehrer, der mit den Seminarteilnehmern diesen Einstimmungsprozess teilt, muss dafür von jemandem eingestimmt worden sein, der selbst alle sieben Grade dieses siebenstufigen Energiesystems innehat und damit Zugang zum gesamten Energiesystem hat.

Es gibt im Reiki-System insgesamt sieben Grade mit zusammen zwölf Einstimmungsprozessen, die voneinander verschieden sind. In manchen Reiki-Richtungen werden der 5. bis 7. Grad auch zu einem, dem 4. Grad, zusammengefasst. Im 1. Grad bekommen die Teilnehmer insgesamt vier Einstimmungen.

Bei den Einstimmungen sitzt der Seminarteilnehmer auf einem Stuhl und hält seine Hände in der so genannten Einstimmungsposition, Handflächen aneinander auf Höhe des Dritte-Auge-Zentrums. Der dazu ausgebildete und kompetent eingestimmte Lehrer wendet bestimmte kosmische Symbole in einer bestimmten, überlieferten Reihenfolge an. Dabei wird unser System von feinstofflichen Energiezentren harmonisiert und aktiviert, sodass wir durchlässiger für feinstoffliche Energie werden, und wir kommen mehr in Kontakt mit der Schwingung universaler Lichtenergie in uns. Unsere Kapazität, diese transzendentale Energie auszustrahlen und in uns und anderen zu aktivieren, wächst dauerhaft. Wir sind ab dem 1. Grad in der Lage, jederzeit durch Handauflegen bei uns, anderen, bei Tieren oder Pflanzen ausschließlich universale Lichtenergie zu aktivieren. Wenn diese Verbindung durch den Einstimmungsprozess einmal hergestellt ist, geht sie nie wieder verloren.

Für den Einstimmungsprozess brauchen wir in keiner bestimmten körperlichen oder seelischen Verfassung zu sein, und wir brauchen auch nicht an den Erfolg der Einstimmung zu glauben. Der Lehrer, der die Seminarteilnehmer einstimmt, arbeitet ausschließlich mit dem Funken von Licht in uns, der immer vorhanden ist, egal, in welchem Zustand unsere äußeren Ebenen sich gerade befinden. Ob wir zum Beispiel entspannt sind oder nicht, spielt keine Rolle, ebenso wenig, ob wir ausgeschlafen sind oder Schnupfen haben. Ich habe schon erfolgreich Menschen im Krankenhaus in den 1. Grad eingestimmt oder auch Babys, die erst wenige Tage alt waren, sowie Tiere.

Ich bitte die Teilnehmer vor der Einstimmung, die Augen zu schließen, damit sie, falls etwas wahrnehmbar ist, ihre Aufmerksamkeit stärker auf ihre inneren Ebenen richten. Manche erzählen nach den Einstimmungen, dass sie Licht oder Farben gesehen haben, oder fühlen anschließend ein Vibrieren in den Händen oder ein besonderes Gefühl auf der Höhe eines ihrer Energiezentren. Es ist völlig normal und in Ordnung, wie auch bei den Behandlungen, gar nichts zu spüren. Ich habe bis zu meiner 4.-Grad-Einstimmung während der Einstimmungen nie etwas gespürt, mich jedoch nicht davon abhalten lassen, Lehrerin des authentischen Reiki zu werden, weil ich sehr wohl Ergebnisse beobachten konnte! Es geht während der Einstimmungen oder auch Behandlungen nicht um ein schönes »Begleitprogramm« von Empfindungen und Wahrnehmungen, sondern um das »Ergebnis«, um den Erfolg der

Einstimmungen. Und dieser Erfolg ist beim authentischen Reiki garantiert.

Jeder, der an einem 1.-Grad-Seminar des authentischen Reiki teilnimmt, wird durch den Einstimmungsprozess seine Kapazität, universale Lichtenergie auszustrahlen, dauerhaft und wesentlich erweitern und damit seine Ausstrahlung verbessern. Außerdem kann er allein durch Handauflegen, ohne Konzentration auf oder Glaube an etwas, jederzeit diese Schwingung von universaler Lebenskraft in sich und anderen aktivieren. Das, was der Einzelne in den 1.-Grad-Kurs an Ausstrahlung mitbringt, wird in etwa verdoppelt. Mit der Einstimmung in jeden weiteren Grad findet eine erneute dauerhafte Kapazitätserweiterung statt, im 3. Grad sogar eine Vervierfachung. Zusätzlich findet mit jedem Grad eine besondere Aktivierung der Energie auf der Höhe eines unserer Energiezentren statt.

Manche Seminarteilnehmer verstehen nicht, warum man durch die Einstimmungen an einem Wochenende seine Ausstrahlung verdoppeln kann. »Muss man dafür nicht langwierige Charakterschulungen und Prüfungen durchstehen? Wie ist das karmisch möglich?«, fragen sie. In meinen Augen gibt es keine »Zufälle«. Gerade in dieser besonderen Zeit, in der es um einen Bewusstseinswandel weltweit geht, verbreitet sich diese uralte Technik zur Aktivierung universaler Energie auf diesem Planeten. Für mich ist es kein Zufall, wer sich dafür interessiert. Es sitzt ja kein repräsentativer Querschnitt der Bevölkerung in Reiki-Vorträgen und -Seminaren. Die Teilnehmer haben in meinen Augen schon in diesem oder in früheren Leben auf diesen Moment hingearbeitet. Jetzt werden besonders viele Menschen benötigt, die mithelfen, einen Bewusstseinswandel auf der Welt herbeizuführen. Wir können dankbar dafür sein, dass uns das authentische Reiki die Möglichkeit bietet, unsere Entwicklung quasi über Nacht zu beschleunigen und an nur einem Wochenende einen Quantensprung im Bewusstsein zu vollziehen.

Kleinere Kinder und Tiere reagieren besonders sensibel auf die Ausstrahlung anderer. Sie nehmen die äußeren Ebenen nicht so stark wahr wie wir, und ihnen ist völlig egal, ob wir nach der neuesten Mode gekleidet sind oder welche Frisur wir haben. Von der positiven Ausstrahlung eines Menschen fühlen sie sich jedoch intuitiv angezogen und von einer negativen abgestoßen.

In der Bibel heißt es: »Werdet wie die Kinder.« Damit sind wir alle aufgerufen, die äußeren Ebenen wie etwa Kleidung und Aussehen nicht so wichtig zu nehmen, sondern vielmehr auf die jeweilige Ausstrahlung eines Menschen zu achten.

Einmal hielt ich bei mir zu Hause einen Vortrag. Die ersten Interessenten nahmen im Wohnzimmer Platz. Verwundert beobachtete ich, wie meine damals dreijährige Tochter sich auf den Schoß einer älteren Dame setzte. Ich dachte: »Was findet sie denn bloß an dieser alten Dame?«, die weiße Haare hatte und etwas korpulent war. Als der Vater mit den Kindern auf den Spielplatz wollte, schrie meine Tochter sogar und wollte partout nicht vom Schoß der Frau herunter.

Da bemühte ich mich endlich, die Frau mit den Augen meiner Tochter zu betrachten. Und ich stellte fest, dass diese alte Dame eine sehr mütterliche, warmherzige Ausstrahlung hatte.

Oft machen Seminarteilnehmer schon nach der ersten

Einstimmung die Erfahrung, dass ihre Kinder oder Haustiere anders auf sie reagieren als sonst. Manchmal »fremdeln« sie zunächst einmal, das heißt, sie brauchen eine gewisse Zeit, um zu begreifen, dass es sich trotz veränderter Ausstrahlung immer noch um dieselbe Person handelt. Nach diesen Momenten der Verunsicherung sind sie von der noch liebevolleren Ausstrahlung ihrer Bezugsperson oft ganz begeistert und noch zärtlicher, verschmuster und anhänglicher als zuvor.

Mit den Einstimmungen ins authentische Reiki werden wir nicht »gleichgeschaltet«, das heißt, die Teilnehmer haben nach einem Seminar nicht alle die gleiche Ausstrahlung. Die Ausstrahlung, die jemand mitbringt, wird in etwa verdoppelt. Wenn jemand vorher niemals durch Handauflegen Erfolge hatte, wird er die ersten haben, und wer sowieso schon Heilerfolge mit seinen Händen erlebt hat, wird größere erleben.

Als ich 1984 den ersten Artikel über Reiki in »Esotera« veröffentlicht hatte, riefen auch erfolgreiche Geistheiler an und fragten mich, ob sie sich denn für diese »neue Heilweise« (es ist in Wirklichkeit eine uralte) interessieren müssten, sie hätten ja bereits beeindruckende Erfolge. Ich antwortete ihnen sinngemäß, sie könnten vom authentischen Reiki immer dann profitieren, wenn sie noch nicht soweit wie Christus seien, der jemanden durch kurzes Anschauen, ein Wort oder kurzes Handauflegen auf allen Ebenen heilen konnte.

Auch für Geistheiler ist diese Methode sehr nützlich, weil sie so nicht mehr mit Odkraft oder Magnetismus, also persönlicher Energie, arbeiten, sondern mit überpersönlicher, und sich nicht mehr verausgaben und auch keinerlei Symptome ihrer Klienten mehr aufnehmen. Ich habe schon mit Erfolg sehr begabte Geistheiler in den 1. oder 2. Grad des authentischen Reiki eingeführt. Ein bekannter Geistheiler rief bei mir an und erzählte mir, dass er zwar große Heilerfolge habe, seine Frau sich aber beschwere, dass er abends so erschöpft sei. Ich vermittelte ihm den 1. und nach einer Weile den 2. Grad, und der Heiler fühlte sich auch nach vielen Behandlungen abends noch fit und unternehmungslustig.

Viele – nicht alle – spüren während oder nach den Einstimmungen Wärme oder Kribbeln in den Händen. Ich hatte nach den Einstimmungen das Gefühl, dass eine Kraft mich beschützt und trägt, und war voller Freude und Leichtigkeit. Viele haben weniger Sorgen, nehmen Probleme nicht mehr so ernst und können sogar über sich selbst lächeln oder lachen. Einige haben das Gefühl, dass der Eispanzer, den sie sich auf Grund von schlechten Erfahrungen um ihr Herzzentrum gebaut haben, anfängt zu schmelzen. Sie erleben sich lebendiger, spontaner und verbunden mit ihren Mitmenschen. Viele nehmen wahr, dass sie wieder weinen können und sich wieder berühren lassen. Ich war früher sehr stolz darauf, nicht so nah am Wasser gebaut zu haben wie viele meiner Geschlechtsgenossinnen. Bevor ich das authentische Reiki kennen lernte, hatte ich zehn Jahre lang nicht geweint! Erst mit Reiki erfuhr ich, wie viel intensiver, farbiger und schöner das Leben ist, wenn ich mich nicht mehr zu be-herr-schen brauche und meinem Mitgefühl, meiner Trauer oder auch meiner Freude durch Tränen freien Lauf lassen kann.

Durch die Einstimmungen haben wir die Garantie, dass wir ausschließlich mit universaler Energie arbeiten, wenn wir die Hände, ob bewusst oder unbewusst, in die Nähe eines Lebewesens bringen. Wenn wir also, nachdem wir ein 1.-Grad-Seminar absolviert haben, eine Katze streicheln oder ein Kind im Arm halten oder die Hände auf unserem Bauch verschränken, wird ausschließlich universale Energie aktiviert, ohne dass wir daran glauben oder uns darauf konzentrieren müssen! Durch die Einstimmungen kann dieser Kontakt nie wieder verloren gehen, sondern unsere Kapazität, universale Energie zu aktivieren, wird immer mehr erweitert, je mehr Grade wir absolvieren, je mehr Behandlungen wir uns selbst oder anderen geben und je mehr Fern- und Direktbehandlungen wir von anderen bekommen.

Die Geschichte des Reiki

Die Ursprünge des authentischen Reiki liegen im Dunkeln. In den letzten Jahren hat ein Deutscher namens Frank Arjava Petter, der in Japan mit einer Japanerin verheiratet ist, einiges über Dr. Usui, den Wiederentdecker dieser Methode, in Erfahrung gebracht. Er fand z. B. heraus, dass Dr. Usui sehr wohl schriftliche Unterlagen in seinen Seminaren verteilte und dass er eine Organisation in Japan gründete, deren Nachfolgeorganisation noch heute in Tokio existiert. Es stimmt also nicht, dass Frau Hawayo Takata jahrzehntelang die einzige Lehrerin war, die Reiki vermittelte, wie sie behauptete.

Dr. Mikao Usui lebte im letzten Jahrhundert. Er war interessiert an der Kraft, die uns die Fähigkeit verleiht, uns selbst und andere Menschen zu heilen. Also beschäftigte er sich mit Sanskrit, um Sutren in den Veden, der ältesten Schrift der Menschheit, zu studieren, und entdeckte dadurch schließlich Symbole und Formen, die der heilenden Kraft des Buddha zugeschrieben wurden. Trotz seiner

Kenntnisse war es ihm jedoch nicht möglich, diese Kraft zu aktivieren.

Auf Anraten des Abtes seines Zen-Klosters bestieg er den heiligen Berg Kurayama in der Nähe der Stadt Kyoto, um dort zu fasten, zu beten und zu meditieren. Er blieb dort 21 Tage. Am letzten Tag erschienen Symbole vor seinem geistigen Auge und auch die richtige Reihenfolge der damit durchzuführenden Einstimmungen. Es handelte sich um ein kosmisches Erleuchtungserlebnis, denn von diesem Augenblick an verfügte er über die Gabe des Heilens, wie sie viele Heilige vor ihm besessen hatten, etwa Buddha oder Christus.

Auf dem Weg den Berg hinunter verletzte er sich den Fuß an einem Stein, und als er die Hände über die blutende Wunde hielt, war die Blutung sofort gestoppt. Als er in ein Gasthaus einkehrte, hörte er, dass die Tochter des Wirtes Zahnschmerzen und eine geschwollene Wange hatte. Er legte seine Hände darauf, und die Schwellung und die Schmerzen gingen zurück.

Dr. Usui nannte diese Methode »Reiki«, was »universale Lebensenergie« bedeutet. Der Abt seines Zen-Klosters ermunterte ihn, in die Armenviertel von Kyoto zu gehen und dort Bettler zu heilen. Nach ihrer Heilung schickte er sie los, um außerhalb der Elendsviertel Arbeit zu suchen. Nach einer Weile aber kamen sie wieder zu ihm und beklagten sich über das anstrengende Leben »draußen«. Sie wollten lieber wieder das Leben eines Bettlers führen.

Da erkannte Dr. Usui, dass sie nicht gelernt hatten, Verantwortung für ihr Leben zu übernehmen. Und er erkannte, dass es bei Reiki nicht nur darum geht, zu heilen, sondern auch, Menschen das Bewusstsein zu vermitteln, sich selbst heilen zu können und ihr Leben selbst in die Hand zu nehmen.

Ab sofort gab er keine Behandlungen und Seminare mehr umsonst. »Was nichts kostet, ist auch nichts wert«, war offenbar damals schon eine vorherrschende Einstellung in Japan. Außerdem stellte er »Reiki-Prinzipien« oder Lebensregeln auf. Frank Arjava Petter hat allerdings herausgefunden, dass diese »Reiki-Prinzipien« auf den Meiji-Kaiser zurückgehen, der ein »Klarer Hellseher« und »Wunderbarer Heiler« war. In meinen Seminaren beschäftigen wir uns gar nicht oder nur am Rande mit diesen Regeln, weil sie Ausdruck der Entwicklung der inneren Qualitäten wie Freude am Sein, Mitgefühl und Dankbarkeit sind, die wir mit dem authentischen Reiki ganz natürlich entwickeln. Hier die Lebensregeln:

Gerade heute sei nicht ärgerlich.
Gerade heute sorge dich nicht.
Ehre deine Lehrer, Eltern und die Älteren.
Verdiene dein Brot ehrlich.
Sei dankbar gegenüber allem, was lebt.

Dr. Usui hatte mehrere Schüler, darunter auch einen Dr. Hayashi. Dieser Dr. Hayashi suchte sich als Nachfolgerin Hawayo Takata aus, eine Amerikanerin japanischer Herkunft, die das gesamte System in den Dreißigerjahren dieses Jahrhunderts in den Westen, nach Hawaii, brachte. Erst Ende der Siebzigerjahre gab sie die ersten Seminare auf dem amerikanischen Festland. Frau Takata bildete insgesamt 22 Reiki-Lehrer in den USA und Kanada aus, bevor sie 1980 mit 80 Jahren starb. Kurz vor ihrem Tod gründete sie die »American Reiki-Association«. Als ihre Nachfolgerin bildete sie Dr. Barbara Ray aus, viele gehen davon aus, dass sie ihre Enkeltochter Phyllis Furomoto ebenfalls in alle Grade einstimmte.

Dr. Barbara Ray nannte diese Organisation 1982 in »The American International Reiki Association, Inc.« (A.I.R.A.) um, und 1988 erhielt die Organisation dann ihren endgültigen Namen. »The Radiance Technique® Association International« (T.R.T.A.I). 1982 gründete Phyllis Furomoto in Hawaii die Reiki-Alliance, der auch zahlreiche Reiki-Meister, die zum Teil noch von Frau Takata eingeweiht worden waren, angehören. 1988 verlieh Phyllis allen Meistern das Recht, andere Meister einzuweihen. Dr. Ray hatte schon früh aufgehört, den Titel »Meister« für den 3A-Grad zu verwenden, und sprach und schrieb nur von »Lehrern«, die eine »Technik« oder »Methode« vermitteln.

Von Hawayo Takata ist bekannt, dass sie zwei Reiki-Grade und seit 1975 den Meister-Grad lehrte. Einigen der von ihnen ausgebildeten Reiki-Meister, wie zum Beispiel ihrer Enkeltochter Phyllis Lei Furomoto und Barbara Ray, gab sie das Wissen und die Fähigkeit weiter, andere Reiki-Meister zu initiieren.

Im ersten Heft des »Reiki-Journals«, das von der A.I.R.A. im März 1985 herausgegeben wurde, beschreibt Dr. Ray die »sieben Reiki-Grade« und bezieht sich auf eine Serie von sieben Symbolen und sieben Graden oder Einstimmungsprozessen, auf denen das System von Die Radiance Technik® basiere. Ich habe Phyllis Furomoto, die jahrelang eine Wohnung in Hamburg hatte, mehrmals persönlich getroffen und im Jahr 1986 gefragt, warum sie nur drei Grade vermittle. Ihre Antwort lautete: »Ich bestreite nicht, dass Dr. Ray sieben Grade lehrt, ich kenne aber nur drei.« Sie erzählte mir auch, dass sie nicht zu Lebzeiten, sondern nach dem Tod ihrer Großmutter das gesamte Reiki-Wissen von ihr telepathisch übertragen bekommen habe.

Angesichts der Querelen der beiden großen westlichen Organisationen über »das authentische Reiki« oder »das wahre Reiki« erscheint es mir pikant, dass Dr. Hayashi den Forschungen von Frank Arjava Petter zufolge vielleicht gar nicht der rechtmäßige Nachfolger von Dr. Usui war, sondern nur eine der von ihm ausgebildeten Personen. Allerdings »funktioniert« das Reiki, welches seine späteren Nachfolger Dr. Barbara Ray und Gary Samer, von denen ich ausgebildet wurde, weitergeben – wie Sie bei der Lektüre dieses Buches und beim Erlernen dieser Methode feststellen werden –, und das ist wohl das Entscheidende. Frau Takata war also gar nicht über Jahrzehnte hinweg die weltweit einzige Lehrerin dieser Technik, wie sie auf ihren Seminarinfos schrieb, sondern es gab und gibt in Japan weitere Lehrer, die noch direkt von Dr. Hayashi ausgebildet wurden.

Die Reiki-Organisation, die Dr. Usui persönlich gegründet hat, existiert immer noch, und zwar in Tokio. Vor diesem Hintergrund erscheint der Absolutheitsanspruch auf das »einzig wahre« Reiki fragwürdig, wenn Dr. Ray in »Das offizielle Handbuch von Die Radiance Technik®« schreibt (S. 40): »Das, was jetzt ›Reiki‹ genannt wird, ist NICHT das System, das Dr. Usui wieder entdeckt hat. Die Radiance Technik® IST das System…«

Das letzte Wort über die Geschichte des authentischen Reiki ist also noch nicht gesprochen. Was in meinen Augen am wichtigsten ist und was mich mit Dankbarkeit erfüllt: Das Energiesystem, das Dr. Usui wieder entdeckt hat, funktioniert immer noch und wurde zumindest von den Lehrern, die mich ausgebildet haben, unverfälscht und kraftvoll weitergegeben. Der Schlüssel zur Aktivierung universaler Lebenskraft, lange nur als Geheimwissenschaft gelehrt und für Jahrhunderte verschollen, ist jetzt, wo wir ihn so dringend brauchen, wieder gefunden worden und steht allen, die sich dafür interessieren, zur Verfügung.

Der 1. Grad

Kinderleicht und sehr wirksam!

Das »Herzstück« des 1. Grades wie auch aller weiteren Grade sind die »Einstimmungen«. Im 1. Grad erhalten die Teilnehmer über zwei oder mehr Tage verteilt insgesamt vier Einstimmungen. Die ersten drei Einstimmungen erweitern jedes Mal unsere Kapazität, universale Lichtenergie auszustrahlen und in uns und anderen zu aktivieren, und die vierte Einstimmung »versiegelt« diesen Prozess, sodass der Kontakt zu universaler Energie nie wieder verloren gehen kann. Ab dem 1. Grad sind wir in der Lage, allein durch Handauflegen oder das Darüberhalten der Hände bei uns und anderen ausschließlich Lichtenergie, die höchste und kraftvollste Schwingung im Universum, zu aktivieren. So aktivieren wir unsere Selbstheilungskräfte und harmonisieren uns sowohl auf der körperlichen als auch auf der mentalen und emotionalen Ebene. Es handelt sich bei authentischen Reiki um die einfachste und gleichzeitig wirksamste ganzheitliche Heil- und Selbstheilungsmethode, die ich kenne. Sie ist von jedem, auch Kindern und alten Menschen – meine jüngste Teil-

nehmerin war vier, meine älteste 86 Jahre alt – leicht zu erlernen.

Durch die Einstimmungen im 1. Grad wächst unsere
Ausstrahlung dauerhaft. Unsere Kapazität, Lichtenergie
auszustrahlen und zu aktivieren, verdoppelt sich in etwa.
Da der 1. Grad uns ein für alle Mal in Verbindung mit universaler Energie bringt, bezeichne ich ihn als den wichtigsten Grad im gesamten System des authentischen Reiki.

Aktivierung der Energiezentren

Die Teilnehmer lernen im 1. Grad außerdem, wie sie in
einer Ganzbehandlung durch insgesamt 12 Positionen den
größtmöglichen Nutzen von universaler Energie für sich
selbst und andere ziehen können. Diese Positionen hängen
mit unserem System der sieben Hauptenergiezentren – der
»Chakren« (sanskrit: »sich drehendes Lichtrad«) – entlang
der Wirbelsäule zusammen, die feinstoffliche Energien
sammeln, transformieren und unserem Körper zur Verfügung stellen. Unsere Energiezentren sind für uns so wichtig, dass wir nicht leben könnten, wenn nur eins von ihnen
nicht funktionieren würde! Von der Schulmedizin werden
sie jedoch nicht zur Kenntnis genommen, weil man sie auf
der stofflichen Ebene nicht nachweisen kann. Oberhalb unseres Kopfes befindet sich das Kronenchakra, durch das
universale oder Lichtenergie in unser System hinein-
strömt. Spiralförmig durchläuft diese Energie dann von
oben nach unten ein Zentrum nach dem anderen, bis sie
sich mit der Erdenergie vereinigt, die wir ständig durch die
Fußsohlen aufnehmen. Dann passiert dieser vereinigte
Energiestrom die Zentren von unten nach oben. Diese Prozesse finden ständig gleichzeitig statt.

Unsere Energiezentren werden durch die vier Einstimmungen des 1. Grades harmonisch entwickelt, sodass wir wesentlich durchlässiger für universale Lichtenergie werden. Man kann sich, wie die Inder es seit Jahrtausenden tun, die Energiezentren als Blüten vorstellen, die mehr oder weniger weit geöffnet sind. Durch das authentische Reiki werden besonders die Energiezentren aktiviert, die sich sozusagen noch im Knospenstadium befinden. Und sie entfalten sich langsam zur vollen Blüte, als würde Sonne auf sie scheinen.

Im alten Indien und China ging man davon aus, dass jemand nur dann krank werden konnte, wenn es Energieblockaden in den Energiebahnen – Meridianen – gab, die alle Chakren miteinander verbinden. Dort wurden Ärzte gut bezahlt, wenn sie dafür sorgten, dass die Menschen in ihrem Einflussbereich gesund blieben. Wurden zu viele krank, bekamen sie einen Verweis und mussten die Provinz wechseln. Wenn immer noch viele Menschen, die sie betreuten, krank wurden, durften sie nicht länger als Arzt praktizieren und mussten sich einen anderen Beruf suchen.

Strahlende Gesundheit – unser Geburtsrecht!

Wie anders sieht es bei uns aus! Verspürt jemand lediglich ein diffuses Unwohlsein, wird er vom Arzt meist wieder nach Hause geschickt. Hat sich dann nach einiger Zeit ein Symptom entwickelt, wird er vom Arzt ernst genommen und behandelt.

Wenn wir durch authentisches Reiki dafür sorgen, dass die Energie frei durch die Chakren und Meridiane fließt, kommt es zu weniger Energieblockaden und somit zu weniger körperlichen und seelischen Problemen. In den mittlerweile 17 Jahren, in denen ich das authentische Reiki in Seminaren vermittle, musste ich noch nie einen Vortrag oder ein Seminar wegen Krankheit ausfallen lassen! Ich hatte höchstens ein bis zwei Mal im Jahr eine Erkältung, sonst nichts. In den letzten zehn Jahren war ich nicht ein Mal beim Arzt, weil ich einfach keinerlei Beschwerden hatte.

Die meisten denken, sie seien gesund, wenn sie nicht krank sind. Die Weltgesundheitsorganisation (WHO) definiert Gesundheit aber als »vollkommenes Wohlbefinden auf allen Ebenen« und bezieht sogar die soziale Ebene mit ein. Die WHO schätzt, dass nur etwa zwei Prozent der Weltbevölkerung dauerhaft in diesem Zustand sind! Gesundheit ist nicht die Abwesenheit von Krankheit, sondern das Gefühl, jeden Morgen die ganze Welt umarmen zu können (früher hätte man gesagt: »Bäume ausreißen zu können«, aber davon gibt es mittlerweile zu wenig!). Die meisten Menschen wissen gar nicht aus eigenem Erleben, was »strahlende Gesundheit« heißt, und es sind immer noch Steigerungen möglich.

Seit Jahren habe ich auf Grund meines so stabilen Gesundheitszustandes nur noch eine Krankenversicherung für Zähne und Krankenhausaufenthalte (man kann ja mal in einen Unfall verwickelt werden), mit hoher Eigenbeteiligung und geringen monatlichen Beiträgen. Diese Entscheidung habe ich aber erst etwa zehn Jahre nach meinem 1.-Grad-Kurs getroffen, den ich 1983 absolvierte! In dieser Zeit bin ich mehr in Kontakt mit meinen wirklichen Bedürfnissen gekommen, ernähre mich viel gesünder und treibe im Gegensatz zu früher Sport, weil ich durch Reiki einfach genug Energie dafür habe. Ich jogge jeden Tag und mache täglich »Die Fünf Tibeter«.

Reiki – bis vier zählen reicht!

Es gibt einen Spruch, wonach jeder, der bis vier zählen kann, erfolgreich einen 1.-Grad-Kurs absolvieren kann. Es sind nämlich vier Positionen am Kopf, vier auf der Vorderseite und vier am Rücken zu erlernen, die in der Reihenfolge Kopf – Vorderseite – Rücken ausgeführt werden und eine Ganzbehandlung ausmachen. Wir decken dabei alle Chakren, Drüsen und inneren Organe ab. Diese Positionen habe ich in den Seminaren mit Brigitte Müller, Gary Samer und in meiner Reikilehrer-Ausbildung gelernt, und man findet sie so oder leicht variiert in nahezu allen Reiki-Büchern wieder. Es geht bei der Ganzbehandlung nicht darum, jeden Quadratzentimeter des Körpers abzudecken, denn unsere Hände strahlen nach allen Richtungen hin Lichtenergie aus, sodass zwölf Positionen völlig ausreichen. Auch geht es bei der Behandlung nicht um Millimeterarbeit, sondern um Energiebereiche, und Sie dürfen sich bei der Behandlung entspannen, da Sie ohnehin nichts falsch machen können.

Wir arbeiten von oben nach unten, da zunächst der Bereich unseres obersten Energiezentrums, des Kronenchakras, durch das Lichtenergie in unser System hineinfließt, harmonisiert und geklärt wird. Wenn wir von unten nach oben arbeiten würden, wäre das so, als wollten wir eine Kerze von der anderen Seite anzünden, was wenig erfolgversprechend ist. Das Faszinierende an der Reiki-Methode ist, wie einfach und gleichzeitig höchst wirksam sie ist. Selbst fünfjährige Kinder können sich die Positionen nach einigen Anwendungen leicht merken. Außerdem bekommt jeder meiner Seminarteilnehmer ein ausführliches Handbuch, in dem alle Positionen abgebildet und beschrieben sind.

Die Teilnehmer lernen im 1.-Grad-Seminar neben den Positionen für sich selbst auch die Methode, wie die zwölf Positionen bei jemand anders ausgeführt werden, und diese »Fremdbehandlung« wird auch gleich im Seminar und zu Hause als Hausaufgabe praktiziert. Es sind die gleichen Positionen, die sie schon von sich selbst kennen. In einigen Büchern wird vorgeschlagen, am Ende der Fremdbehandlung die Hände eine Weile auf die Fußsohlen der anderen Person zu legen. Das fühlt sich zwar gut an, ist in meinen Augen aber unnötig, weil wir durch die Ganzbehandlung bereits alle inneren Organe und Chakren abgedeckt haben. Über die Aktivierung der Hauptenergiezentren wird Energie auch in die Arme und Beine verteilt. Auch ein Energie-Ausstreichen oder Harmonisieren der Aura ist unnötig, weil wir ja die ganze Behandlungszeit über die Aura, das feinstoffliche Energiefeld, harmonisieren.

Zur rechtlichen Situation

Wenn man eine andere Person behandelt, sollte man keine Diagnosen stellen. Wir sind dazu da, um zu helfen, zu harmonisieren und zu unterstützen. Es könnte fatale Folgen für den Betreffenden haben, wenn wir bei der Herzposition ein Energiedefizit wahrnehmen und anschließend zu unserem Klienten sagen: »Sie sollten einmal einen Herzspezialisten aufsuchen.« Vielleicht war das, was wir bemerkt haben, nur ein kurzzeitiges Energieungleichgewicht oder -defizit auf der Ebene eines Chakras!

Das Stellen von Diagnosen überlassen wir besser den dazu ausgebildeten Fachleuten. Menschen mit ungeklärten Beschwerden schicke ich zunächst einmal zu einem

Arzt oder Heilpraktiker, um die Ursachen herauszufinden. Vielleicht ist eine Operation oder eine medikamentöse Behandlung nötig. Zu mir kommen allerdings hauptsächlich »austherapierte Fälle«, Menschen, denen die Schulmedizin nicht mehr helfen kann.

Überhaupt sollten wir uns die rechtliche Situation in Deutschland einmal vor Augen halten. Es gibt bei uns ein Heilpraktikergesetz, das Laien vom berufsmäßigen Handauflegen mit dem Ziel der Heilung ausschließt. Christus wäre mit seinen Wunderheilungen wahrscheinlich nach unserem Heilpraktikergesetz verurteilt worden, wenn er heute bei uns wirken würde! Wir sprechen also Dritten gegenüber, auf Infoblättern, Visitenkarten usw. niemals von »Heilung«, sondern von Tiefenentspannung, Stressabbau, Chakrenarbeit, Aktivierung der Selbstheilungskräfte oder Harmonisierung auf allen Ebenen.

Wenn Heilung auf der körperlichen Ebene geschieht, so betrachten wir dies als willkommene Begleiterscheinung, die ja auch auf ganz anderen Faktoren beruhen kann. Es ist unumstritten, dass eine Harmonisierung der seelischen Ebene auch das Immunsystem stärkt. Dadurch ist es möglich, dass der Körper aus eigener Kraft eine Krankheit besiegt. Wir stellen »nur« die Energie zur Verfügung, die der andere nutzt.

Auch ohne Heilpraktikergesetz würde ich nicht das Wort »Heilung« benutzen, weil es falsche Erwartungen weckt. Wir heilen mit dem authentischen Reiki nicht, sondern stellen universale Energie zur Verfügung, mit der sich der Betreffende im besten Fall selbst heilt. Vielleicht will unser Klient auch seine Krankheit gar nicht loswerden, oder er ist nicht bereit, Verantwortung dafür zu übernehmen und die Ursachen zu bekämpfen. Heilung liegt also gar nicht in unserer Macht! Wir können uns freuen und offen sein für Wunder, brauchen uns dafür aber keinen Lorbeerkranz zu winden, jedoch auch nicht in Depressionen zu verfallen, wenn ein (Selbst-)Heilungserfolg ausbleibt. Ich habe schon erlebt, dass Menschen nicht zu weiteren Behandlungen erschienen sind, nicht, weil die Energie nicht gewirkt hat – sie wirkt immer! –, sondern *weil* sie gewirkt hat und die Betreffenden nicht bereit waren, sich auf ein Leben ohne Krankheit einzustellen.

Vor etlichen Jahren war ein philippinischer Geistheiler in Hamburg. Eine Freundin hatte ihn nach Buchholz in der Nordheide zum Heilen eingeladen und fragte mich, ob ich meine große Wohnung in Hamburg für Hamburger Interessenten zur Verfügung stellen wollte. Da ich schon immer einmal persönlich zuschauen wollte, wie ein Heiler aus den Philippinen seine berühmten »Operationen ohne Messer« durchführt, willigte ich ein. Wie ein Lauffeuer hatte sich die Kunde von dem Heiler herumgesprochen, und er behandelte insgesamt fast 70 Menschen in meiner Wohnung. Ich assistierte ihm und war beeindruckt. Selig lächelnd lagen die Menschen dort, und er machte Striche auf ihrem Bauch, wobei eitriges blutversetztes Gewebe austrat, was ich ab und zu auf der Toilette »entsorgte«. Die Behandelten spürten keinerlei Schmerzen. Und die Patienten schienen alle geheilt zu sein, ob von Migräne, Verstopfung oder Essstörungen! »Warum sollst du die Menschen den mühsamen und manchmal langwierigen Reiki-Weg gehen lassen, wenn es offenbar viel schneller und bequemer möglich ist?«, fragte ich mich und überlegte, ob ich mich als Geistheiler von dem Philippino ausbilden lassen sollte, was er mir angeboten hatte. Die Patienten, die ich kannte und mit denen ich Kontakt hatte, bekamen aber alle nach etwa drei bis vier Monaten ihre alten Symptome und Beschwerden wieder. Als ich das hörte, war ich mit der Methode des authentischen Reiki versöhnt. Zwar ist diese Methode nicht so Aufsehen erregend und sensationell wie Geistheilung von den Philippinen, aber dafür von dauerhaftem Erfolg gekrönt, weil der Betreffende einen Bewusstseinsprozess durchgemacht hat und seine Weichen im Leben anders stellt. Schon Christus sagte zu denen, die er heilte: »Und sündiget fortan nicht mehr.« Wenn die Ursachen, die für eine Krankheit verantwortlich waren, nicht verschwinden, kehren die Symptome über kurz oder lang wieder. Beim authentischen Reiki ist der Behandlungserfolg dauerhaft, weil der ehemals Kranke die Verantwortung für seine Krankheit übernimmt und ein »neuer Mensch« geworden ist.

Reiki kann man sich nicht selbst beibringen!

Im Folgenden sind einige Positionen für die Selbstbehandlung und für die Behandlung anderer abgebildet. Im Handbuch der Seminarteilnehmer sind noch weitere Positionen enthalten. Sie sehen so leicht aus, dass man vielleicht versucht sein könnte, sie nachzumachen. Allerdings ist das dann nicht das authentische Reiki, und man kann nicht die hier besprochenen Auswirkungen erwarten.

Wenn ich in Gasthäusern Vorträge halte, und der Kellner den Raum betritt, während meine Assistenten und ich gerade dabei sind, Probebehandlungen zu geben, kann ich förmlich seine Gedanken lesen: »Also, da kommt diese Frau extra von Hamburg nach Österreich, um den Leuten ihre Hände auf den Kopf zu legen, das könnte ich ja nun auch!« Was der Kellner und Sie als Leser nicht sehen, sind die Einstimmungen, die dem Handauflegen vorangegangen sind. Wer noch nicht kompetent in den 1. Grad eingestimmt ist, kann vom Ausüben der Positionen kaum profitieren, da universale Energie bei ihm noch nicht aktiviert wurde. Außerdem besteht bei nicht wirksam Eingestimmten die Gefahr bei der Behandlung anderer negative Schwingungen aufzunehmen oder sich zu verausgaben. Dies ist mit dem authentischen Reiki ausgeschlossen! Man kann sich diese uralte Methode zur Aktivierung universaler Energie nicht selbst mit Hilfe eines Buches beibringen, man muss dazu ein Seminar mit einem kompetenten Kursleiter besuchen.

Eine Ganzbehandlung mit allen zwölf Positionen dauert ungefähr eine Stunde, da empfohlen wird, etwa fünf Minuten in jeder Position zu verbringen. Man kann dabei auch seine Hände im Abstand halten, die Behandlung ist dabei genau intensiv wie bei einer direkten Berührung. Innerhalb dieser Stunde kann man intuitiv vorgehen und die Hände auf einer Position länger, auf einer anderen kürzer verweilen lassen. Ich kann daher auch nicht die so genannte »Reiki-Musik« empfehlen, die alle fünf Minuten mit einer kleinen Pause zum Positionswechsel auffordert. Damit wären wir wieder an die Ebene von Raum und Zeit gebunden, anstatt in Kontakt mit unserem Höheren Selbst und unserer inneren Stimme zu sein. Gut ausgewählte Meditationsmusik kann uns und denjenigen, den wir behandeln wollen, helfen, während der Behandlung gedanklich abzuschalten, uns höheren Bewusstseinsebenen zu öffnen und offener für die feine, leise Stimme unseres Höheren Selbst zu sein. Musikempfehlungen für Reiki-Behandlungen finden Sie am Ende dieses Buches. Für besonders geeignet halte ich die in Reiki-Kreisen noch relativ unbekannte Musik von Alexander Aandersan, die er meditativ empfangen hat und die mit Heilenergie geradezu aufgeladen ist (Bezugsadresse siehe Kapitel »Musikempfehlungen«).

Wenn sich irgendeine Position bei der Selbstbehandlung unangenehm anfühlen sollte und Sie den Impuls verspüren sollten, mit den Händen schnell weiterzugehen, würde ich genau das Gegenteil machen, nämlich die Hände länger dort verweilen lassen. Nach meinen Erfahrungen steht nämlich bei solch unguten Gefühlen ein Durchbruch auf der emotionalen Ebene bevor, begleitet von einer Erkenntnis. Ich gehe also nicht nach dem Lustprinzip vor, sondern »bleibe gerade länger am Ball« und werde oft mit einem Erfolgserlebnis belohnt. Das authentische Reiki ist nicht nur der Weg des Herzens und der Liebe, sondern auch der Erkenntnis darüber, warum wir uns bestimmte Dinge im Leben kreieren und wie wir uns anderes, Positives kreieren können. Erkenntnis ist nicht nur der erste Schritt zur Heilung, sondern oft schon die Heilung selbst!

Eine Stunde Lichtarbeit am Tag – zu viel?

Wer meint, in seinem Alltag keine Stunde Zeit für Lichtarbeit oder Meditation zu haben – das authentische Reiki ist eine sehr einfache und wirksame Meditationstechnik! –, sollte es zumindest eine Zeit lang, ich empfehle vier Wochen, versuchen. In dieser Zeit wird er wahrscheinlich die Erfahrung machen, viel weniger Schlaf zu brauchen als früher und in der Zeit, in der er nicht schläft, wesentlich wacher, agiler, kreativer und produktiver zu sein. Vielleicht hat sich durch unsere verbesserte Ausstrahlung eine zwischenmenschliche Beziehung harmonisiert, oder ein körperliches Problem ist verschwunden. Schon innerhalb von vier Wochen verschwand meine chronische Verstopfung, und – offenbar durch das viele Behandeln – die kleinen Warzen, die ich an den Fingergelenken hatte, verschwanden über Nacht. Als ich sie behandeln wollte, waren sie schon nicht mehr da!

Am Anfang ist es mir als einer Person, die alles sehr schnell und effektiv erledigt und abends manchmal völlig erschöpft war, sehr schwer gefallen, mich täglich eine Stunde lang liebevoll mit mir selbst zu beschäftigen. Als meine Reikilehrerin sagte, sie empfehle, sich täglich eine Stunde lang selbst zu behandeln, habe ich mehrmals nachgefragt, weil ich dachte, ich hätte mich verhört. Ich kann mich noch gut an meine erste Ganzbehandlung erinnern. Dauernd habe ich auf die Uhr geschaut und daran gedacht, was ich alles in dieser Zeit machen könnte, ich stellte mir zum Beispiel den Berg ungebügelter Wäsche im Nebenraum vor. Jetzt brauche ich statt neun bis zehn Stunden nur noch 7 Stunden Schlaf, seit ich die Afa-Alge nehme sogar noch eine Stunde weniger, und ich habe durch die tägliche Anwendung viel Zeit gewonnen, auch für viele andere schöne Dinge.

Weniger Schlaf mit dem authentischen Reiki!

Viele, die den 1. Grad machen, erleben schon von Anfang an, dass sie wesentlich weniger Schlaf brauchen als sonst. Einige haben allerdings einen »Schlafberg« vor sich hergeschoben, weil sie zuvor zu wenig Schlaf und/oder zu viel Stress hatten. Erst einmal müssen sie diesen »Schlafberg« abarbeiten, bevor sie in den Genuss kommen, weniger Schlaf zu brauchen. Wir kommen mit dem authentischen Reiki immer in Kontakt mit unseren wahren Bedürfnissen!

Wenn man einmal wirklich zu wenig Schlaf hatte, hilft die 1. Kopfposition, dieses Schlafdefizit auszugleichen. Das heißt natürlich nicht, dass man gar keinen Schlaf mehr benötigt! Bei Langstreckenflügen gebe ich mir jedes Mal mindestens eine Stunde lang (!) die erste Kopfposition. Sie ist im Sitzen bequemer, wenn man seine Handtasche oder ein Kissen unter die Ellenbogen schiebt, dann verspannt man seine Schultern nicht dabei. Ich komme entspannt an meinem Bestimmungsort an und leide nicht unter der Zeitverschiebung! Wenn ich abends irgendwo ankomme, kann ich am nächsten Morgen um 9 Uhr an einer Konferenz teilnehmen und bin hellwach und aufnahmebereit. Das wäre früher undenkbar gewesen. Bei Langstreckenflügen in die USA bin ich früher immer zwei Tage vorher angereist, mit den entsprechenden Mehrkosten, um für Geschäftstermine fit zu sein.

Wenn man durch das authentische Reiki sehr früh aufwacht, bei mir ist es zurzeit 5 Uhr 30, wird der Tag sehr lang. Ich empfehle, mittags eine kurze Pause einzulegen, um zumindest die 1. Kopfposition für mindestens zehn Minuten durchzuführen. Wenn ich zu Hause bin, lege ich mich dazu eingerollt auf den Teppich. Man kann sie auch im Sitzen machen. Nach etwa zehn Minuten bin ich völlig regeneriert. Diese Behandlung hat den gleichen Effekt wie der berühmte »Viertelstundenschlaf«, den einige praktizieren. Wenn ich jedoch weniger als $1\frac{1}{2}$ Stunden schlafe, bin ich wie gerädert. Daher bin ich froh und dankbar, die 1. Kopfposition als Ersatz dafür kennen gelernt zu haben!

Reiki auch zwischendurch machen!

»Put first things first«, sagen die Engländer, »setz wichtige Dinge an die erste Stelle«, dann wird sich alles andere fügen. Wir können ja auch nicht unentwegt ausatmen, und die tägliche Ganzbehandlung ist eine Art Einatmen, nämlich Kraft schöpfen aus der inneren Ebene. Wenn wir uns klar machen, dass die Inder, die bewusst den spirituellen Weg gehen, sich ein Zehntel ihrer Lebenszeit – 2,4 Stunden täglich! – für spirituelle Arbeit nehmen, sollte eine Stunde für uns nicht zu viel sein, zumal wir die Behandlung auch in Etappen – zum Beispiel Kopfpositionen morgens, Vorderpositionen mittags und Rückenpositionen abends – durchführen können. Es wäre gut, wenn wir uns nicht nur täglich eine Behandlung geben, sondern uns auch zwischendurch daran erinnern, dass wir mit unseren Händen Lichtenergie aktivieren können.

Wir können es uns zur Angewohnheit machen, immer dann, wenn wir nicht beide Hände brauchen, wie etwa beim Autofahren, mindestens eine Hand auf unseren Körper zu legen, zum Beispiel beim Telefonieren (Hals oder Herz), in öffentlichen Verkehrsmitteln, wenn wir uns mit jemandem unterhalten usw. Fast alle haben sowieso meist mindestens eine Hand am Körper, sodass Reiki zwischendurch gar nicht auffallen muss. Wenn wir zum Beispiel an der Supermarkt-Kasse in der Schlange stehen, können wir unsere Hände auf unser Sonnengeflecht legen, um Energie zu tanken. Am Anfang erfordert es ein wenig Disziplin, an diese neue Möglichkeit zu denken, nach einer Weile nutzt man sie automatisch.

Als ich den 1. Grad machte, hatte ich einen Job in der Innenstadt und wohnte im Süden Hamburgs. Ich musste jeden Tag mindestens zwei Stunden mit U- und S-Bahn fahren. Die Kopfpositionen hatte ich morgens schon im Bett gemacht, den Rest der Positionen der Ganzbehandlung führte ich in der Bahn durch. Am Anfang trug ich ein Cape, um unauffällig meine Behandlung durchführen zu können. Nach einer Weile merkte ich, dass die Menschen morgens in der U-Bahn entweder müde sind oder so mit sich selbst beschäftigt, dass ihnen gar nicht auffällt, ob jemand Reiki macht oder nicht. Wenn man natürlich dauernd argwöhnisch im Abteil herumschaut, ob auch ja keiner guckt, wird wahrscheinlich jemand gucken, einfach, weil wir so komisch schauen! Das nennt man eine »Erwartungshaltung, die sich selbst erfüllt«.

Ich empfehle, die Ganzbehandlung nicht immer erst am Abend durchzuführen. Der Grund: Wir kommen durch das authentische Reiki in Kontakt mit unseren wahren Bedürfnissen, und abends sind wir sicher oft so müde, dass wir einschlafen, bevor wir die Behandlung abgeschlossen haben! Als ich mit den Behandlungen begonnen habe, habe ich sie mir abends gegeben und habe so viele Rückenpositionen nie kennen gelernt, weil ich immer vorher eingeschlafen bin. Einschlafprobleme gehören mit Reiki meist der Vergangenheit an, Seminarteilnehmer erleben oft schon gleich am Anfang, dass sie nachts durchschlafen und leichter einschlafen können, was sie vielleicht jahrelang nicht mehr konnten. Wer abends trotzdem einmal Probleme mit dem Einschlafen haben sollte, rollt sich auf die Seite und vergräbt das Gesicht in den Händen, der 1. Kopfposition. Wir lassen unsere Gedanken »draußen« und können durch die tiefe Entspannung meist ganz leicht ins Land der Träume segeln. Falls wir in der Nacht aufwachen sollten, geben wir uns einfach eine Ganzbehandlung.

Wir kommen dabei in Kontakt mit unseren wahren Bedürfnissen und schlafen schnell wieder ein. Bitte nicht das Licht einschalten, weil sonst unser Melatoninspiegel sinkt. Melatonin ist das Schlafhormon.

Träume sind keine Schäume!

Unsere Träume werden lebhafter werden, und wir werden uns besser an sie erinnern können. Hilfreich dazu sind morgens die 2. und 3. Kopfposition. Ich habe immer ein Notizbuch auf dem Nachtschrank liegen, und wenn ich in der Nacht aufwache und mich an einen Traum erinnere, schreibe ich schnell ein Stichwort auf. Das genügt als »Anker«, um sich morgens an seine Träume erinnern zu können. Manchmal, wenn ich ein Problem habe, bitte ich mein Höheres Selbst vor dem Einschlafen, mir in der Nacht einen Traum dazu zu schicken. Meistens klappt es. Wenn ich die Traumsymbolik nicht verstanden habe, sage ich meinem Höheren Selbst am nächsten Abend: »Der Traum fühlt sich interessant an. Ich habe aber seine Symbolik nicht verstanden. Kannst du mir bitte das gleiche Thema noch einmal in einer anderen Version schicken?«

Als ich den 1. Grad machte, bekam ich einen Albtraum, den ich zuletzt als kleines Mädchen hatte. Und ich hatte mir doch vorgestellt, mit dem 1. Grad von einer rosaroten Wolke zur nächsten zu schweben! Aber das ist wahrscheinlich nicht der Sinn unseres Lebens. Zum Thema Albträume: Wir können uns daran erinnern, dass das authentische Reiki nichts »erfindet«, sondern uns immer nur in Kontakt mit dem bringt, was da ist, damit wir es verarbeiten und hinter uns lassen können. So war es auch mit diesem Traum. Ich träumte, dass eine böse Hexe mich auf dem Besen verfolgte und immer näher kam. Ich konnte zwar auch fliegen, aber nicht so schnell und so hoch, ich spürte immer, wie ich mit den nackten Zehen über Hecken streifte. Als Kind spürte ich ihren heißen Atem im Nacken und wachte schweißgebadet vor Angst auf. Jetzt hatte ich denselben Traum und war zunächst nicht gerade begeistert. »Ach, wieder dieser blöde Traum!«, dachte ich. Ich merkte aber, dass ich den Traum diesmal anders erlebte. Ich hatte zum Beispiel den Mut, mich nach der Hexe umzudrehen, und fand sie gar nicht so furchtbar, sondern stellte sogar eine gewisse Ähnlichkeit mit mir fest. Und ich wusste plötzlich, was es heißt: fliegen wollen und nicht können. Ich hatte Angst vor der Reise zu höheren Bewusstseinsebenen! Seit dieser Erkenntnis habe ich den Traum nicht mehr, weil ich das Thema aufgearbeitet habe.

Unser Höheres Selbst weiß immer ganz genau, was es uns psychisch zumuten kann und was wir emotional »verdauen« können. Wenn wir emotionale Probleme aus der jüngsten oder länger zurückliegenden Vergangenheit aufgearbeitet haben, werden unsere Träume visionär werden und uns mit den Aufgaben, die wir uns in diesem Leben gestellt haben, in Kontakt bringen. Wir werden erleben, dass wir im Schlaf nicht einfach ruhen, sondern intensiv geistig arbeiten. Mehrmals habe ich im Traum den Text von wichtigen Artikeln empfangen, die ich am nächsten Morgen dann nur noch aufzuschreiben brauchte. Die Qualität dieser Artikel beeindruckte mich und auch den Redakteur, der sie las! Ein tolles Gefühl, für sich arbeiten lassen zu können.

Einmal rief die 2. Vorsitzende vom »Hilfswerk Haiti« an und fragte mich, ob ich jemanden kenne, der Ahnung von

Gartenbau habe. Ich war schon seit einigen Jahren »stilles Mitglied« in dieser gemeinnützigen Organisation. »Ja«, rutschte es mir heraus, »das habe ich selbst mal gelernt.« Ich hätte mir auf die Zunge beißen können! »Ach, dann sind Sie ja genau die richtige Person für uns, wir brauchen jemanden für Frauenseminare in Haiti.« Ich versuchte, die Frau von ihrer Idee abzubringen, indem ich meine einjährige Tochter ins Feld führte und auch auf meine nur mäßigen Französischkenntnisse hinwies. Die Vorsitzende erwiderte, ich könne die Idee ja mal überschlafen. Ich stimmte ihr zu, mein Entschluss stand jedoch fest, diese Aufgabe nicht zu übernehmen.

In der Nacht hatte ich einen Traum, in dem ich einen Vortrag vor lauter farbigen Frauen auf Französisch hielt, über die Themen, die dort akut waren: Gartenbau, Ernährung, Empfängnisverhütung und Aids-Prophylaxe. Am nächsten Morgen wusste ich: Ich fahre mit meiner Tochter nach Haiti, Ausreden zählen nicht. Und es wurde für mich eine wunderbare und intensive Erfahrung. Natürlich brachte ich den 62 Frauen auch den 1. Grad Reiki bei, und wir pflanzten insgesamt mehr als 150 Fruchtbäume in ihren kleinen Gärten. Meine Seminare in Haiti waren so erfolgreich, dass ein Bericht darüber sogar im »Spiegel-TV« ausgestrahlt wurde. Mein Höheres Selbst, die Instanz von Weisheit in mir, hatte mir im Traum gezeigt, dass ich die Aufgabe sehr wohl bewältigen konnte. Als ich auf Haiti war, erfuhr ich, dass die Frauen gar kein Französisch, sondern Kreole sprechen, ein Einfach-Französisch, das gar keine unregelmäßigen Verben kennt, die ich noch auf dem Hinflug wiederholt hatte. Mit dem authentischen Reiki kommen wir immer mehr in Kontakt mit unserer Intuition. Nach Nelson Mandela haben die meisten Menschen Angst, sich zu blamieren, aber noch mehr, ihre eigene Großartigkeit zu zeigen!

Unser Lichtkleid für den Tag stärken

Es hat auch noch einen weiteren Vorteil, wenigstens einen Teil der Ganzbehandlung schon morgens durchzuführen. Wir stärken dabei unsere Aura, gehen sozusagen auf »Sendung« von positiver Energie und sind dadurch mehr geschützt vor der Aufnahme von negativen Schwingungen im Laufe des Tages. Wenn wir morgens das Haus verlassen, ohne unsere Aura oder das feinstoffliche Energiekleid mit Lichtarbeit gestärkt zu haben, kann es uns passieren, dass wir schon mittags erschöpft und missgestimmt sind. Die Inder sagen, dass morgens der Schleier zwischen den Welten am dünnsten sei. Sie nennen die Stunden zwischen vier und sieben Uhr morgens »Stunden der Ambrosia«, weil man in ihnen am tiefsten meditieren kann.

Damit ich morgens zumindest etwas Lichtarbeit mache, auch wenn ich ein Flugzeug um sieben Uhr morgens erwischen muss, habe ich mir einmal drastisch klar gemacht, dass ich ja auch nicht splitterfasernackt auf die Straße rennen würde, egal, wie wenig Zeit ich hätte! Leider sieht man die Aura, das feinstoffliche Energiekleid, nicht, sonst würde man sehen, dass es morgens oft an einigen Stellen »löchrig« ist. Seitdem ich mir dies klar gemacht habe, gehe ich nie mehr »nackt« aus dem Haus, was mein Lichtkleid betrifft, egal, wie wenig Zeit ich habe, und mache zumindest die Kopfpositionen morgens im Bett. Wenn man sowieso schon früh, vielleicht um vier Uhr, aufstehen muss, kann man genauso gut seinen Wecker noch auf zwanzig Minuten eher stellen.

Wenn ich morgens merke, dass ich noch müde bin, stelle ich meine Beine auf. Falls ich während der Behandlung einschlafe, fallen die Beine zur Seite und ich werde wieder wach. Am bequemsten sind die ersten drei Kopfpositionen seitlich im Liegen, dann braucht man seine Ellenbogen nicht hoch zu halten.

Je länger, je besser!

Toll ist es, sich an Tagen, an denen wir mehr Zeit als sonst haben, wie etwa am Wochenende oder im Urlaub, länger als die übliche eine Stunde selbst zu behandeln. Denn je länger wir uns behandeln, desto größer ist die Wirkung! Während wir am Anfang der Behandlung noch Stress und Energieblockaden abbauen und uns auf allen Ebenen gleichzeitig harmonisieren, haben wir, je länger wir die Behandlung ausdehnen, umso größere Chancen, in Bewusstseinszustände wie Glückseligkeit, bedingungslose Liebe und Ekstase hineinzuwachsen.

Ich habe einmal eine ehemalige 1.-Grad-Teilnehmerin nicht wieder erkannt, die vier Monate später den 2. Grad bei mir machen wollte. Mein Organisator klärte mich auf, dass die junge Frau erst vor kurzem den 1. Grad bei mir gemacht hatte. Sie erzählte dann, dass sie nach ihrem Studium auf eine Anstellung warte und sich jeden Tag zwei bis drei Stunden selbst behandle. Ihre Ausstrahlung hatte sich so verbessert, sie war viel selbstbewusster und fröhlicher geworden, dass ich sie nicht wieder erkannt hatte! Es gibt beim authentischen Reiki kein »Zuviel«, und man kann sich nach dem Motto behandeln: »Je länger, je besser.« Gut ist es, wenn das Wetter es erlaubt, die Behandlung draußen, auf dem Balkon, im Garten oder in der freien Natur, zu machen, weil dort die kosmische Strahlung von oben und die Erdstrahlung von unten noch intensiver sind und die Wirkung kosmischer Energie unterstützen.

Im 1. Grad wird über den Charakter und die Merkmale universaler Energie gesprochen. Sie haben schon gelesen, dass diese Energie die subtilste und gleichzeitig kraftvollste im ganzen Universum ist und daher in der Lage, alle negativen Energien zu transformieren. Wir brauchen zum Beispiel mit dem 1. Grad negative Gefühle wie Wut, Frustrationen und Trauer nicht mehr hinunterzuschlucken oder ungefiltert herauszulassen, sondern wir legen dorthin unsere Hände, wo wir die Gefühle wahrnehmen, vielleicht aufs Herz oder auf die Halsposition, und können sie dadurch umwandeln und ihre Ursachen erforschen. Hinter Hassgefühlen steckt verletzte Liebe, hinter Wut oft mangelnde Selbstliebe, und bei Trauer und Depressionen erinnert uns die universale Energie daran, wer wir wirklich sind, und bringt uns in Kontakt mit unserer wahren Natur, die immer Frieden, Liebe, Freude, Harmonie und Glück ist.

Negative Gefühle transformieren

Wenn wir eine Frage zum authentischen Reiki oder zu einem anderen Thema haben, können wir einfach die Hände auf irgendeine Position legen und die Frage, die uns bewegt, stellen. Wir sind dann in Kontakt mit unserem Höheren Selbst und werden entweder ein Wort oder einen Satz »hören«, oder die Antwort kommt in Form eines Bildes oder eines Gefühls. So erfahren wir, dass wir die Antwort für all unsere Probleme in uns tragen, und entwickeln unser Verhältnis zum inneren Meister, zur Instanz von Weisheit und Allwissenheit in uns. Wenn wir Fragen zum authentischen Reiki haben, sind sie auch im Charakter universaler Energie enthalten. Universale Energie ist immer ungefährlich und unterstützend und hat keinerlei Nebenwirkungen. Daher können auch, anders als in etlichen Reiki-Büchern angegeben, alte Menschen, Babys und geschwächte Personen eine Stunde oder länger behandelt werden.

Wir erfahren und erleben durch die Anwendung von Lichtenergie, wer wir wirklich sind! Diese Erfahrung können wir mit geeigneter Literatur, die uns über unsere wahre Natur informiert, noch vertiefen. Empfehlenswert sind zum Beispiel die Bücher von Chris Griscom, Dr. Masaharu Taniguchi und Neale Donald Walsch (siehe Literaturempfehlungen). Wer möchte, kann mit Affirmationen arbeiten, die negative Programmierungen entmachten und uns an unsere wahre Natur erinnern (Buchtipp: Shakti Gawain, »Stell dir vor«). Ich empfehle allerdings, nicht die ganze Behandlungsdauer hindurch Affirmationen zu verwenden, damit unser Verstand nicht allzu beschäftigt ist und wir in der Lage sind, uns inspirieren zu lassen und Botschaften von unserem Höheren Selbst, der Instanz von Weisheit in uns, zu empfangen. Wir werden merken, dass wir während der Behandlung von allein positivere und konstruktivere Gedanken entwickeln und sich unsere Gedanken verlangsamen, sodass wir offener für Inspirationen und Eingebungen werden.

Einmal habe ich versucht, während einer einstündigen Ganzbehandlung einen besonders negativen Gedanken beizubehalten. Er ist mir ständig entglitten, bis ich mich am Ende der Behandlung nur noch mühsam daran erinnern konnte. Dies zeigte mir, dass auch die mentale Ebene durch universale Energie transformiert wird. Wir arbeiten mit der höchsten und kraftvollsten Energie im Universum! Es handelt sich um die gleiche Kraft, mit der die Anonymen Alkoholiker arbeiten, wenn sie sagen: »Ich mache Platz für eine Kraft, die größer ist als ich.« »Wollen« und »Wünschen« reicht oft für das Ablegen von Süchten nicht aus. Wenn wir uns mit universaler Energie verbinden und verbünden, und das tun wir beim authentischen Reiki, haben wir auch bei tief gehenden psychischen Problemen viel größere Aussichten auf Erfolg.

Auch wenn unsere Stimmung einmal nicht so gut ist, können wir jemandem mit Gewinn eine Behandlung geben. Anschließend werden auch wir uns besser fühlen, weil universale Energie auch die emotionale Ebene harmonisiert. Solche Erfahrungen können helfen, sich nicht immer mit den äußeren Ebenen zu identifizieren. Einmal kam ich erst spät nachts aus Bremen zurück und gab am nächsten Morgen um 9 Uhr eine Behandlung. Anschließend war jede Spur von Müdigkeit verflogen, und ich fühlte mich auch den Rest des Tages fit.

Die Teilnehmer des 1. Grades erfahren, wie universale Energie auf allen Ebenen – Körper, Gefühls-, Verstandes- und höhere Bewusstseinsebene – wirkt. Universale Energie wirkt immer auf allen Ebenen harmonisierend. Es handelt sich um eine ganzheitlich wirkende Ursachentherapie. Es wird auch darüber gesprochen, was wir bei Stress zur Entspannung tun können und wie wir uns einen Vorrat an universaler Energie anlegen können, um mit Stresssituationen anders umzugehen. Stress können wir nicht vermeiden, aber wir können unsere Einstellung dazu ändern und damit unser Erleben. Im Seminar wird besprochen und geübt, wie wir lernen, uns nicht mehr so stark mit unseren und den Problemen anderer zu identifizieren. Was uns früher überfordert hätte, können wir jetzt bewältigen, vielleicht noch mit einem Lächeln auf den Lippen, weil wir den nötigen Abstand zur Situation haben und vielleicht auch die Komik in ihr sehen können. Erst wenn wir uns nicht mit den Problemen anderer identifizieren, können wir eine echte Hilfe für sie sein! Die Buddhisten sagen, dass wir uns, wenn wir erleuchtet sind, ständig im Zustand heiterer Gelassenheit befinden. Genau in diesen Bewusstseinszustand wachsen wir mit dem authentischen Reiki hinein.

Im Seminar wird besprochen, wie wir Probleme wie Kopfschmerzen, Migräne, Nasenbluten, Energiemangel und Ängste bewältigen können, und die empfohlenen Positionen werden eingeübt. Neben den Grundpositionen gibt es noch etliche Zusatzpositionen für besondere Lebenslagen, die wir zum Beispiel zur Harmonisierung auf der emotional-mentalen Ebene oder bei Kreislaufproblemen bei uns und anderen machen können.

Es geht in erster Linie um Sie!

Wir sollten uns selbst an die erste Stelle setzen und nicht nur andere behandeln, sondern möglichst täglich uns selbst. Es geht hauptsächlich um Dich selbst, und du solltest dir die Zeit wert sein, Dich täglich mit universaler Energie aufzutanken! Du gibst Dir die Behandlungen nicht für Deinen Reikilehrer, für den Weltfrieden allein, sondern in erster Linie für Dich. Über die Behandlung anderer sollten wir uns selbst also keineswegs vernachlässigen. Gott schlägt Neale Donald Walsch sogar vor, den berühmten Satz umzudrehen: »Liebe dich selbst wie deinen Nächsten!« Bei der Fremdbehandlung ist es wichtig, sich klar zu machen, dass wir mit dieser Technik nicht jemanden heilen, sondern die Selbstheilungskräfte des anderen durch Aktivierung universaler Lebensenergie soweit aktivieren, dass er sich selbst heilen kann. Das Ergebnis ist dasselbe, es handelt sich aber um einen anderen Prozess. Dass jeder Mensch Selbstheilungskräfte besitzt, zeigt, dass sich normalerweise eine Wunde schließt und abheilt, wenn wir uns verletzen. Jeder Mensch hat also bereits (Selbst-)Heilungskräfte in sich, die durch den 1. Grad dauerhaft aktiviert werden.

Die Wirkung universaler Energie geht immer in Richtung Gleichgewicht oder Harmonie. Sowohl Durchfall als auch Verstopfung verschwinden mit der Zeit, und die Schilddrüsenfunktion normalisiert sich. Zu hoher Blutdruck wird nach einer gewissen Behandlungszeit niedriger, und bei einem niedrigen Blutdruck treten keinerlei Beschwerden mehr auf. Ich selbst habe einen sehr niedrigen Blutdruck von 90 zu 65 und hatte deshalb früher oft Kreislaufprobleme. Der Arzt sagte mir zwar: »Herzlichen Glückwunsch, mit diesem Blutdruck leben Sie ewig«, aber was nützt einem dieses »ewige Leben«, wenn man das Gefühl hat, man lebt gar nicht richtig? Dieses Gefühl ist seit dem 1. Grad vorbei, und ich habe keinerlei Beschwerden mehr. Früher war mir morgens, wenn ich zu plötzlich aufgestanden war, oft so schwindelig, dass ich »Sternchen« gesehen habe und mich irgendwo festhalten musste. Einmal bin ich auf dem Weg in den Flur so getaumelt, dass ich in die Schlafzimmertür aus Milchglas gefallen bin, Gott sei Dank durch den Schwindel mit dem Hinterkopf zuerst. Die Glastür zersprang in tausend Scherben. Solche Erlebnisse gehören jetzt der Vergangenheit an!

Das Essen segnen

Wir können universale Energie nicht nur für uns und andere nutzen, sondern auch, um unser Essen und Trinken zu segnen, also seine Schwingung zu erhöhen. Das machen wir einfach, indem wir ein bis zwei Minuten lang die Hände über das Essen oder die Getränke halten. Besonders wichtig ist diese Übung, wenn wir im Restaurant essen. Zu Hause, wenn wir Essen für unsere Lieben zubereiten, sind wir mit dem Herzen dabei. Das heißt, wir möchten, dass das Essen gut schmeckt, gut aussieht und gesund ist. Von den Köchen im Restaurant kann man diese Haltung nicht erwarten, sie wissen ja oft gar nicht, für wen sie kochen. Ich habe Köche befragt, und sie haben zugegeben, dass sie sich beim Kochen über alles Mögliche unterhalten, Witze machen usw. Nur in indischen Restaurants, die von Sikhs geleitet werden, wie der »Goldenen Oase« in Hamburg-Eppendorf, sind die Köche sich ihrer Verantwortung bewusst und singen Mantren bei der Essenszubereitung, die extra dafür da sind, eine gute Schwingung ins Essen zu bringen!

Oft sieht das Essen im Restaurant hervorragend aus, und wir sind trotzdem nach dem Essen müde oder schlecht gelaunt. $E = mc^2$, alles ist Schwingung. Eine möglicherweise nicht so gute Energie können wir jederzeit verbessern, wenn wir die Hände eine Weile darüber halten. In der ganzen Zeit, seit ich Seminare gebe und daher öfter mal auswärts essen muss, hat mich nur zwei Mal ein Kellner gefragt, was ich da mache, als ich die Hände übers Essen hielt. Es ist natürlich wichtig, nicht argwöhnisch und ängstlich im Restaurant herumzugucken, ob nicht ja jemand beim Essen segnen zuguckt. Dann guckt bestimmt jemand, weil wir so komisch gucken! Ich habe dem Kellner gesagt: »Ich segne das Essen«, was ja auch zutrifft, und hatte auf Nachfragen gehofft. Der Kellner schien aber mit dieser Antwort zufrieden zu sein.

Wenn wir Medikamente nehmen, sollten wir sie nicht eigenhändig absetzen, sondern nur in Zusammenarbeit mit dem Heilpraktiker oder Arzt, der uns behandelt. Die Wirkung des authentischen Reiki geht dahin, dass die positiven Wirkungen von Medikamenten gesteigert und die negativen Begleiterscheinungen gemildert werden. Das wird die Person, die uns behandelt, schon merken. Nützlich wäre es, Medikamente eine Weile, vielleicht ein bis zwei Minuten, in den Händen zu halten, bevor wir sie einnehmen. Dies erhöht die Schwingung und damit die positive Wirkung, während es mögliche Nebenwirkungen abmildert.

Es kann sein, dass wir durch die Einstimmungen weniger Alkohol vertragen als sonst. Alkohol gehört ja auch nicht unbedingt zu unseren wahren Bedürfnissen! Wir sollten also beim Trinken alkoholischer Getränke aufmerksam sein und nicht einfach unser gewohntes Pensum hinunterschütten. Eine Frau aus Bremen rief mich empört nach dem 2.-Grad-Kurs an: »Ich vertrage ja überhaupt keinen Alkohol mehr!« Als ich sie fragte, wie viel sie denn getrunken habe, antwortete sie: »Nur eine Flasche Rotwein.« Bei dieser Menge hätte ich wahrscheinlich schon eine Alkoholvergiftung bekommen! Das Tolle beim authentischen Reiki: Wir sind auch von allein, ohne jede Hilfsmittel, viel fröhlicher und besser gelaunt als früher, sodass wir keinen Alkohol mehr brauchen, um in Stimmung zu kommen.

Viel reines Wasser trinken!

Durch das authentische Reiki wird ein Reinigungsprozess auf allen Ebenen in Gang gesetzt, auch auf der körperlichen Ebene. Es kann sein, dass wir plötzlich einen oder mehrere Pickel bekommen oder in der Nacht aufwachen und zur Toilette gehen müssen oder die Zunge belegt ist, unser Schweiß unangenehm riecht, wir Mundgeruch bekommen und der Urin dunkler ist als sonst. Diese Erscheinungen sollten uns nicht beunruhigen, sondern wir sollten uns freuen, dass der »Dreck« endlich herauskommt. Alle Ausscheidungsorgane und auch die Lymphe werden mit dem authentischen Reiki aktiviert, und dieser Prozess dauert nicht etwa nur 21 Tage, wie in fast allen Reikibüchern zu lesen ist, sondern hält Gott sei Dank länger an!

Was wir auch prophylaktisch und eigentlich immer tun sollten, ist, viel – etwa 2 Liter täglich – reines Wasser zu trinken, was als Lösungsmittel von Schlacken unübertroffen ist. So werden die Schlacken verdünnt und können uns möglichst schnell über die Ausscheidungsorgane verlassen. Mit »reinem« Wasser meine ich Wasser, das sowohl auf der stofflichen Ebene fast 100 Prozent schadstofffrei ist als auch auf der energetischen Ebene mit einer hohen Schwingung strukturiert ist.

Unser Körper besteht zu etwa 75 Prozent aus Wasser, unser Gehirn sogar zu 85 Prozent. Alle Stoffwechselvorgänge und Denkprozesse sind von einer ausreichenden Wasserversorgung unseres Gewebes abhängig. Dies hat Faridun Batmanghelidj eindrucksvoll in seinem Buch »Wasser, die gesunde Lösung« beschrieben. Viele Krankheiten können durch eine Dehydrierung des Körpers, eine Austrocknung, entstehen. Wenn wir Durst haben, sind wir bereits ausgetrocknet! Besonders Kinder und alte Menschen trinken in der Regel viel zu wenig. Man hat festgestellt, dass Schulkinder, die vor einer Klassenarbeit noch ein großes Glas Wasser trinken, durchschnittlich eine Note besser abschneiden.

Mineralwasser ist oft mit Nitrat, Radon und anderen unerwünschten Stoffen belastet, außerdem teuer, und der Transport ist unökologisch. Das Trinkwasser aus der Wasserleitung ist oft durch Asbest, Blei oder Nitrat kontaminiert und sollte meines Erachtens deshalb auch nicht zum Teekochen verwendet werden! Ich habe mich nach längerer Recherche für das »MultiPure«-Gerät mit Arkanum der Firma »Sanacell« entschieden, wobei nicht nur Schwermetalle und andere belastende Stoffe fast zu 100 Prozent herausgefiltert werden, sondern durch Pyramidenenergie und Edelsteine die Information der Schadstoffe gelöscht und dem Wasser eine positive Schwingung verliehen wird. Es schmeckt jedenfalls köstlich, und ich habe das Gerät als Wasserspender auf allen Seminaren dabei (Informationen siehe Adressenteil).

Im Seminar wird auch auf die speziellen Bedürfnisse der Seminarteilnehmer eingegangen. Außerdem werden verschiedene Energieübungen praktiziert, um weitere Erfahrungen mit universaler Energie, der Kraft bedingungsloser Liebe und unseren inneren Ebenen zu machen. Die Sufis sprechen von einer »Reise des Erwachens« zu unserem wahren Selbst oder unserer wahren Natur. Indem wir unser eigenes inneres Universum erkunden, beginnen wir das Abenteuer unseres Lebens.

Ich empfehle, sich nicht auf seinen Verstand zu verlassen, was die Motivation für die möglichst tägliche Reiki-Behandlung betrifft. Vielleicht sagt der Verstand an einem

Morgen voller Sonnenschein, wenn wir uns blendend fühlen: »Heute geht es dir ja so gut, da brauchst du eigentlich gar keine Behandlung.« Oder der nächste Tag ist grau und verhangen, wir fühlen uns nicht gut, und der Verstand bringt vor: »So mies, wie es dir heute geht, da bilde dir doch nicht ein, dass dir eine Reiki-Behandlung großartig helfen würde.« Der Verstand bringt immer überzeugende Argumente, und ihm sind Meditation und Reiki suspekt. Egal, was der Verstand sagt, wir können uns immer behandeln! Wir *haben* einen Verstand und brauchen uns von ihm nicht alles diktieren zu lassen.

Auch Pflanzen mögen universale Energie!

Während des 1. Grades wird auch erklärt, wie wir Pflanzen und Tiere am besten unterstützen und behandeln können und wie wir die Atmosphäre zu Hause und unterwegs verbessern können. Pflanzen behandeln wir nicht von oben nach unten, sondern umgekehrt, von unten nach oben. Rudolf Steiner sagte einmal: »Der Mensch ist ein Baum auf den Kopf gestellt. Unsere wahren Wurzeln reichen in die geistigen Welten.« Wenn wir uns dies vor Augen halten, ist es logisch, dass wir mit den Stängeln und Wurzeln anfangen und uns dann zu den Blättern und Blüten vorarbeiten. Pflanzen behandeln wir nach Gefühl und danach, wie viel Zeit wir haben.

Ich empfehle, Experimente mit Pflanzen zu machen, was unseren Verstand motivieren kann, universale Energie mehr für uns und andere einzusetzen, weil wir erfahren haben, dass sie wirkt. Wir können uns hierzu zwei gleich gut entwickelte Topfpflanzen kaufen. Wir sorgen für gleiche äußere Bedingungen, zum Beispiel für den gleichen

Platz auf der Fensterbank, die gleiche Menge Wasser, Dünger usw. Mit dem einzigen Unterschied: Die eine Pflanze versorgen wir ein paar Minuten täglich – etwa fünf bis zehn Minuten – mit universaler Energie, die andere nicht. Nach etwa einer Woche bis zehn Tagen, manchmal auch noch eher, sieht man einen deutlichen Unterschied. Die eine Pflanze wächst und blüht wesentlich üppiger als die andere.

Den gleichen Versuch können wir mit Schnittblumen machen. Wir kaufen einen großen Blumenstrauß und teilen ihn. Den einen Strauß behandeln wir, den anderen nicht. Wir werden feststellen, dass der behandelte Strauß länger hält als der unbehandelte. Solche Experimente bauen mit der Zeit unsere Skepsis ab, weil auch unser Verstand weiß, dass der Placebo-Effekt bei Pflanzen nicht funktioniert und sie sich nicht in etwas hineinsteigern können.

Reiki ist auch für Tiere ein Segen!

Tiere haben genau dort ihre Energiezentren und Organe, wo wir sie haben. Der Vorteil bei Tieren: Sie sind meist kleiner als wir, und wir brauchen daher weniger Positionen und Behandlungszeit. Tiere, die körperliche oder seelische Probleme haben, lassen sich meist gerne mit universaler Energie behandeln. Man kann sie an Reiki-Behandlungen gewöhnen, indem man eine Weile die Hände still hält und sie dann, wenn sie unruhig werden, ganz normal streichelt, und das im Wechsel. Wenn Tiere sehr unruhig sind, kann man sie auch behandeln, indem man einfach die Hände über sie hält, während sie schlafen. Einige Tiere mögen die 1. Kopfposition, bei der man die Hände über die

Augen legt, nicht. Besonders Katzen können damit Probleme haben, weil ihre Augen zu ihrem Verteidigungs- und Angriffssystem gehören. Wenn dies der Fall sein sollte, führen wir einfach die 3. Kopfposition, die Hinterkopfposition, länger durch. Die Energie geht auch von hinten nach vorn durch den Kopf und erreicht so Augen, Nebenhöhle, Hirnanhangsdrüse und Drittes-Auge-Zentrum.

Reiki für Kinder

Auch bei Kindern kommen wir mit weniger Positionen und somit weniger Zeit aus. Eine gute Einschlafposition ist es, eine Hand aufs Dritte-Auge-Zentrum und die andere auf die Höhe vom Solarplexus-Zentrum zu legen, von hinten oder vorn. Meist schlafen Babys und Kleinkinder schon nach wenigen Minuten ein! Wenn Kinder sehr unruhig sind, kann man sie auch im Schlaf behandeln, indem man die Hände mit Abstand über sie hält. Die meisten Kinder lieben die 1. Kopfposition, einige mögen sie jedoch nicht, bei ihnen macht man einfach die 3. Kopfposition länger. Für Kinder ist es meistens ganz natürlich, dass man Gutes mit den Händen bewirken kann. Meine Kinder genießen die abendliche Reiki-Behandlung. Ich liege oft zwischen ihnen, und sie achten beide sehr darauf, dass sie eine meiner Hände abbekommen!

Schon etwa im Schulalter sind die meisten Kinder in der Lage, stillzusitzen und an einem 1.-Grad-Kinderkurs oder auch an einem normalen Seminar teilzunehmen. Kinder gehen oft sehr kreativ mit der Energie um, nachdem sie eingestimmt worden sind. Sie berühren zum Beispiel Gegenstände in ihrem Zimmer, um die Atmosphäre zu verbessern. Ein achtjähriges Mädchen aus Lübeck brachte mich auf die Idee, das Gießwasser für die Blumen in der Gießkanne zu behandeln, damit alle Blumen Lichtenergie bekommen. Diese Idee habe ich dankbar aufgegriffen, weil ich zu Hause etwa 30 Zimmerpflanzen habe und unmöglich alle jeden Tag direkt behandeln kann.

Schon von Geburt an können Kinder in den 1. Grad eingestimmt werden. Dazu braucht der Reiki-Lehrer nur ein Foto des Kindes. Die Einstimmung in den 1. Grad macht Kinder ausgeglichener, lässt sie besser (durch-)schlafen und stärkt ihr Immunsystem. Die Gebühr für die Kindereinstimmung wird auf die Seminargebühr für Kinder angerechnet, wenn sie später einmal an einem Seminar teilnehmen möchten. Familien berichten oft von einer ganz besonderen Energie und Atmosphäre in ihrer Familie, wenn alle Mitglieder mindestens in den 1. Grad eingestimmt sind.

Keine Überdosis, keine Nebenwirkungen!

Das Wunderbare an universaler Energie ist, dass wir mit dieser völlig unschädlichen Energiefrequenz nichts falsch machen können, wir können nur ihren Gebrauch optimieren. Es gibt keinerlei Nebenwirkungen, wenn wir einmal richtig und kompetent eingestimmt worden sind, und eine Überdosis ist nicht möglich. Unsere Entwicklung wird sich beschleunigen, und manchmal denken Menschen, sie würden verrückt. Unser Höheres Selbst oder die Instanz von Weisheit in uns, mit der wir beim authentischen Reiki zusammenarbeiten, »weiß« aber immer genau, welche Lernerfahrungen es uns in welchem Tempo zumuten kann, und wird uns nie überfordern. Vielleicht ist der Gedanke da, aber wir werden mit Sicherheit nicht verrückt.

Es findet aber oft ein Umstrukturierungsprozess im Gehirn statt. Ein momentanes Chaos macht dann Platz für eine Ordnung auf höherer Stufe. Es ist so, als wenn wir beim Frühjahrsputz in die Küche kommen. Alles, Geschirr und Gewürze, steht durcheinander auf dem Tisch. Wenn wir dann nach ein paar Stunden wieder in die Küche kommen, ist alles noch besser sortiert, sauberer und leichter auffindbar als vorher. Manchmal sind Menschen irritiert, wenn sie nicht, wie gewohnt, alle Telefonnummern ihrer Bekannten auswendig können. »Erleuchtung« heißt aber auch »Erleichterung«. Warum sich mit unnötigem Ballast beschweren? Universale Energie passt sich immer den wirklichen Bedürfnissen des Empfängers an. Rudolf Steiner sagte, der erleuchtete Mensch habe mit dem nicht erleuchteten so wenig Ähnlichkeit wie der Schmetterling mit der Raupe. Mit dem authentischen Reiki werden wir zu einem wunderschönen, schillernd-bunten »Schmetterling« und lassen alles Überflüssige hinter uns. Wir erwachen zu unserer wahren Natur.

Viele Menschen machen die Erfahrung, dass sie mit dem 1. Grad belastbarer sind bei Stress und auch bei einem großen Arbeitspensum Harmonie und Zuversicht ausstrahlen. Als ich gerade einen besonders stressigen Tag an der Technischen Universität Harburg hinter mir hatte, an der ich früher als wissenschaftliche Assistentin tätig war, meinte ein Kollege zu mir, der in einem anderen Gebäude arbeitete und mich nicht jeden Tag sah: »Du siehst so gut aus, warst du gerade im Kurzurlaub?« Eine Frau, die den 1. Grad gemacht hatte und im Betrieb außergewöhnlich viel zu tun hatte, wurde von einem Arbeitskollegen, der zwei Wochen verreist war, empfangen: »Du siehst glatt zehn Jahre jünger aus.« Über solche Erfolgserlebnisse kann man sich freuen, weil sie einem zeigen, dass man auch bei Stress eine gute Ausstrahlung haben kann.

Eine Seminarteilnehmerin schrieb: »Ein Traum geht für mich in Erfüllung, ich habe jetzt meinen eigenen Behandlungsraum. Für mich gibt es nichts Schöneres, als mit Reiki-Energien zu leben. Die haben mir so viele Türen geöffnet – schwere große Türen, runde Türen, schöne Türen, düstere Türen, »versiegelte« Türen, Herzenstüren, versperrte Türen – immer wieder Neues! Erstaunliches, Wunderbares lag vor mir, und ich bin überzeugt, dass es weitergeht. Wie auf der Achterbahn, mal rauf, mal runter – doch mit dem richtigen inneren Schwung geht's immer schnell wieder aufwärts.«

Eine andere 1.-Grad-Absolventin schrieb: »Es hat sich schon einiges verändert in mir, und ich kann endlich wieder viel Positives um mich herum sehen und erfahren. Ich bin wesentlich konzentrierter, wieder interessierter und aufmerksamer. So langsam kommt auch wieder mehr Energie. Die anfallenden Probleme sind nicht mehr die großen Berge, die nicht zu bewältigen sind. Nicht alles gelingt immer sofort, aber ich habe wesentlich mehr Ruhe, die Dinge anzugehen. Innerhalb der kurzen Zeit hat sich so viel verändert für mich – kleine Dinge mit großer Wirkung –, dass ich sehr zufrieden und dankbar bin.«

Im 1.-Grad-Seminar werden einige Empfehlungen gegeben, wie man eine Anwendung bei jemand anders für beide Seiten optimal gestalten kann.

Empfehlungen für die Reiki-Anwendung bei sich und anderen

- Sie brauchen Ihre Hände nie direkt aufzulegen, sondern können sie im Abstand von einigen Zentimetern über eine empfohlene Position legen, um Lichtenergie zu aktivieren. Dies empfiehlt sich zum Beispiel für die Halsposition, bei Wunden und Entzündungen und bei einigen Positionen wie Busen und Genitalbereich aus Schicklichkeitsgründen. Die Behandlung mit Abstand ist genauso wirksam. Die Finger halten wir geschlossen.
- Beengende Kleidungsstücke wie Gürtel sollten beide vor der Behandlung lockern sowie Brille und Schuhe ablegen.
- Der Behandler sollte sich aus hygienischen Gründen vor der Behandlung die Hände waschen.
- Beide sollten eine bequeme Haltung einnehmen, um offen zu sein für Botschaften der inneren Ebenen und um zum Beispiel nicht die ganze Zeit an die schmerzende Schulter denken zu müssen. Ideal ist es, wenn der zu Behandelnde auf einer Massageliege oder einem stabilen, hohen Tisch liegt und der Behandelnde auf einem Stuhl direkt daneben sitzt. Es geht auch auf dem Boden, dem Bett oder auf einem Stuhl.
- Es sollte immer eine Ganzbehandlung gegeben werden, außer in Notfällen oder bei Unfällen. Wir wissen nicht immer, wo die wirklichen Ursachen eines Problems liegen, und mit der Ganzbehandlung decken wir alle möglichen Ursachen ab, egal auf welcher Ebene. Außerdem ist jemand, der magenkrank ist, ansonsten nicht kerngesund. Wir sind ein miteinander vernetztes System.
- Man kann alle Kleidungsstücke anbehalten, weil uni-

versale Energie durch alle Materialien ungefiltert hindurchgeht.

- Eine Decke zum Zudecken sollte bereit liegen, da der Blutdruck durch die tiefe Entspannung sinken kann und manche zu frösteln beginnen.

- Man kann vor und nach der Behandlung miteinander sprechen, aber die Behandlung selbst sollte schweigend durchgeführt werden, weil Unterhaltungen die Wahrnehmung dessen, was auf den inneren Ebenen geschieht, stören. Wenn irgendetwas hochkommt und der Behandelte zum Beispiel weint, verhalten wir uns ganz ruhig und setzen so bald wie möglich die Behandlung fort. Wir können dem anderen nur wirklich helfen, wenn wir ihn in Kontakt mit einer höheren Bewusstseinsebene bringen, was wir durch die Behandlung tun. Wenn jemand mir Löcher in den Bauch fragt, bin ich einsilbig und antworte mit »Hm, hm«. Die Fragen hören bald auf, und oft schläft der Betreffende ein. Durch Reden bleibt der Betreffende in Kontakt mit seinem Verstand und fühlt sich dort auf sicherem Terrain. Wir wollen ihm aber gerade Erfahrungen auf den inneren Ebenen ermöglichen.

- Das authentische Reiki ist eine Meditationsmethode. Störungen sollten daher vermieden werden, um den meditativen Prozess nicht zu unterbrechen. Geräusche können als wesentlich lauter und unangenehmer empfunden werden als sonst. Wir stöpseln also das Telefon aus oder schalten auf Anrufbeantworter und hängen ein Schild an die Tür: »Ich gebe jetzt Reiki und bin gleich wieder für euch da!« Dies gilt auch für die Selbstbehandlung. Wir können geeignete Entspannungsmusik hören – Vorschläge dazu im hinteren Teil dieses Buches –, die den Kontakt mit unseren höheren Bewusstseinsebenen stärkt, wir sollten uns dabei aber vorher mit dem zu Behandelnden abstimmen.

- Wenn jemand zum ersten Mal behandelt wird und große körperliche oder seelische Probleme hat, sollten mindestens drei Behandlungen an drei aufeinander folgenden Tagen stattfinden, um ihn durch eventuell auftretende Heilungskrisen und beim Aufflackern von alten Symptomen unterstützend zu begleiten. Es wird möglicherweise zunächst schlimmer, bevor es dann wirklich besser wird! Dies nennt man auch Erstverschlimmerung. Danach können wir nach Bedarf weitere Anwendungen vereinbaren. Wenn wir längere Zeit verreisen, bitten wir jemanden, der den 2. Grad hat, unseren Klienten aus der Ferne weiterzubehandeln. Diese Technik lernt jeder im 2.-Grad-Seminar.

- Jede Position sollte etwa fünf Minuten durchgeführt werden, wir gehen dabei intuitiv vor. Wenn wir das Gefühl haben, unsere Hände sollten irgendwo länger verweilen, lassen wir sie einfach länger dort. Gut ist, den Klienten vorher zu fragen, welche Probleme er hat, damit wir mit Hilfe der Tabelle in unserem Handbuch herausfinden können, in welchen Positionen wir mehr Zeit verbringen sollten. Wenn wir weniger Zeit zur Verfügung haben, können wir die Zeit für die Positionen auch verkürzen oder uns auf einige Positionen beschränken.

- Wir sollten die Behandlung auf etwa $1\frac{1}{2}$ Stunden beschränken, um anschließend noch genug Zeit für das Beantworten von Fragen, den Austausch des Erlebten und das Trinken eines großen Glases Wasser zu haben. Im Winter kann es auch ein Becher Yogitee sein.

Die Direktbehandlung, die wir im 1. Grad erlernen, wird uns durch alle Grade, die wir vielleicht einmal machen werden, begleiten. Sie ist ein sehr wertvolles Mittel, um die dichteste Energiefrequenz, aus der wir bestehen – unsere körperliche Ebene –, zu transformieren und die harmonische Entwicklung all unserer Ebenen zu unterstützen. Mit jedem Grad, den wir einmal erlernen sollten, wird sie wirksamer. Wir sind mit dem 1. Grad ein für alle Mal mit universaler Energie in Kontakt und haben das Tempo für unsere eigene Entwicklung und unser persönliches Wachstum buchstäblich »in den eigenen Händen«!

»Tanaport« und »Montaport«, die idealen Massageliegen für Reiki-Behandlungen

Wer regelmäßig Ganzbehandlungen durchführt, sollte sich eine zusammenklappbare, gut gepolsterte und leichte Massageliege zulegen. Es wirkt nicht sehr professionell, wenn man sich bei einem Klientenbesuch erst einmal danach umschauen muss, wo man die Behandlung durchführen könnte, auf dem Boden, dem Bett oder dem Sofa. Wenn wir als Behandler es selbst zu unbequem haben, sind wir abgelenkt und denken vielleicht: »Hoffentlich ist die Behandlung bald zu Ende!« Wir sind dann nicht offen für die Botschaften von unseren höheren Bewusstseinsebenen oder unserem Höheren Selbst. Das authentische Reiki ist nicht nur der Weg der Heilung, sondern auch der Erkenntnis, wobei Erkenntnis oft nicht nur der erste Schritt zur Heilung ist, sondern bereits die Heilung selbst. Wenn wir erkannt haben, warum wir ein bestimmtes Symptom entwickelt haben, hat es seinen Zweck erfüllt, und wir brauchen es nicht mehr.

Es gibt in einschlägigen Zeitschriften eine Fülle von Annoncen für Massageliegen. Meines Erachtens müssen sie folgende Kriterien erfüllen: Sie müssen lange halten, dürfen auch nach längerer Zeit nicht quietschen, sollten zusammenklappbar, höhenverstellbar und ausreichend breit sein. Sie sollten sanft gepolstert sein und am besten nicht mehr als 15 Kilogramm wiegen, damit man sie auch die Treppe hochtragen und im Auto transportieren kann. Ich empfehle die eigens für das authentische Reiki aus den USA importierten Massageliegen »Tanaport« und »Montaport« der Firma »Massunda«. Die Liegen sind leicht (11 beziehungsweise 14 Kilo), extrem stabil und breit genug zum Ellenbogen-Aufstützen. Sie sind sehr bequem, ermöglichen dem Behandler dank eines Zentralkabels große Beinfreiheit und sind in Sekunden aufgebaut. Die Massageliegen gibt es in verschiedenen Farben, und »Massunda« gewährt zwei Jahre Garantie. Wer vorhat, regelmäßig Behandlungen zu geben oder Gruppenbehandlungen durchzuführen, ist mit dieser Anschaffung fürs Leben gut beraten. (Weitere Informationen siehe Adressenteil.)

Der Entwicklungsprozess mit dem 1. Grad

Oft kommen die Teilnehmer zum 1.-Grad-Seminar, weil sie selbst ein körperliches oder seelisches Problem haben oder jemanden aus ihrem Freundes- und Bekanntenkreis kennen, der eines hat und dem sie helfen wollen. Nachdem die Teilnehmer in der Vorstellungsrunde über ihre Erwartungen gesprochen haben, sage ich: »Ich verspreche euch, dass sich eure Erwartungen erfüllen werden. Was ich nicht versprechen kann, ist, wann. Es kann sich bei einem körperlichen Problem erst einmal eine Beziehung harmonisieren oder umgekehrt.« Auf dem Weg zu unserer wahren Natur tritt Heilung auf der physischen und psychischen Ebene als willkommene Begleiterscheinung ganz natürlich ein.

Bei Krankheiten, die wir kreieren, um zu wachsen und zu lernen, muss der Betreffende innerlich bereit sein, die Lektion, die mit der Krankheit verbunden ist, zu lernen. Reiki gibt uns die Klarheit, um die Ursachen eines Geschehens zu erkennen, und auch die Kraft, unsere Einstellung zu ändern, sodass die Krankheit überflüssig wird (vgl. das Buch von Thorwald Detlefsen und Rüdiger Dahlke: »Krankheit als Weg«). Aber diese Schritte – genau hinschauen, akzeptieren und dann die Einstellung verändern – müssen wir schon selbst tun. Der freie Wille des Einzelnen wird durch universale Energie nicht angetastet. Wir können daher auch niemanden »zu seinem Glück zwingen«!

Der 1. Grad stärkt unser Immunsystem und aktiviert unsere Selbstheilungskräfte. Wir haben in Zukunft unsere »Erste-Hilfe-Notfallapotheke« immer dabei, nämlich in unseren eigenen Händen! Einmal habe ich miterlebt, wie eine ältere Dame am Hamburger Hauptbahnhof in Ohnmacht fiel. Ich kniete mich über sie und machte die Position für seelische Harmonisierung, die auch bei Ohnmachten hilft: eine Hand auf die Stirn, die andere auf das Solarplexus-Zentrum. Ein junger Arzt kam hin, der ihr nur den Puls messen konnte, weil er sein Arztköfferchen nicht dabeihatte. Nach kurzer Zeit schlug die Dame die Augen auf und war wieder fit. Solche Erfolgserlebnisse sind sehr befriedigend. Wir haben nicht nur den Impuls zu helfen, sondern wissen, dass wir auch wirksam helfen können. So wird das Helfen etwas ganz Natürliches, wir folgen einfach unserem Herzen.

Universale Energie wirkt auch im 1. Grad immer ganzheitlich und ursächlich. Ganzheitlich heißt: Sowohl die physischen als auch die mentale und emotionale Ebene werden harmonisiert, und unsere spirituelle Entwicklung, die Bewusstwerdung unserer wahren Natur, wird unterstützt. Während auf der körperlichen Ebene Reinigungsprozesse ablaufen und Symptome lange zurückliegender Krankheiten noch einmal »aufflackern« können, findet auf der gedanklichen Ebene eine Beruhigung statt, und wir merken, dass wir eine positivere, konstruktivere Einstellung zum Leben überhaupt, zu uns selbst und anderen entwickeln. »Ist das Glas halb voll oder halb leer« – wir kommen immer mehr zu dem Schluss, dass es halb voll ist, und *machen* uns immer weniger Sorgen. Wir grübeln nicht mehr so viel über die Vergangenheit, machen uns weniger Gedanken über die Zukunft, verlieren unsere Existenzängste und genießen immer mehr das »Hier und Jetzt«. Damit harmonisieren sich auch unsere Gefühle. Wenn wir aufhören, nach Liebe zu suchen, werden wir erleben, dass wir liebens-wert sind!

Universale Energie wird auch »kosmische Energie« genannt. »Kosmos« heißt »Ordnung«. Wenn wir uns täglich behandeln, werden wir feststellen, dass wir immer mehr das Bedürfnis entwickeln, Ordnung in unser Leben zu bringen. Einige fangen schon im 1.-Grad-Seminar an, ihren Schreibtisch aufzuräumen, was sie wochenlang vor sich hergeschoben hatten. Andere machen »klar Schiff« mit Beziehungen und verzeihen zum Beispiel ihren Eltern oder haben den Mut zur längst fälligen Aussprache mit ihrem Chef, um Überfälliges zu klären. Dadurch werden Beziehungen authentischer, liebevoller und ehrlicher.

Viele machen mit dem 1. Grad die Erfahrung, dass ihre

Arbeit neue Impulse bekommt und sie mehr Freude daran haben, weil sie sich mehr einbringen. Oder sie erkennen, dass ihre bisherige Arbeit nicht mehr zu ihren Möglichkeiten und Talenten passt, und suchen sich eine neue Tätigkeit. Viele machen sich auch selbstständig. Sie haben plötzlich Mut zu diesem Schritt, weil sie merken, dass es keinen Chef gibt, der all ihre vielen Talente ausreichend würdigt, und sie ihre Fähigkeiten nur in einer selbstständigen Tätigkeit optimal ausleben können.

Nach dem 1. Grad können wir mit Stresssituationen besser umgehen. Was uns früher überfordert hätte, führt jetzt dazu, dass wir die »Ärmel hoch krempeln« und die Situation konstruktiv lösen. Das authentische Reiki hilft auch im akuten Fall, noch besser wäre es aber, diese Methode prophylaktisch einzusetzen, sodass man auf einen Vorrat an universaler Energie zurückgreifen kann, wenn man sich in einer Stresssituation befindet, und mit heiterer Gelassenheit und Humor reagieren kann. Die Direktbehandlung hilft auch, das in Stresssituationen ausgeschüttete Hormon Adrenalin wieder abzubauen. Besonders geeignet ist dafür die dritte Rückenposition. Wir werden auch nach dem 1. Grad noch Probleme haben, wir werden aber merken, dass wir sie anders erleben und anders mit ihnen umgehen als früher. Immer schneller stellen wir uns bei unerwarteten Ereignissen die Frage: »Wo ist das Geschenk?« Das heißt: »Was kann ich aus der Situation lernen?«

Für viele stehen auch Veränderungen in ihrer Partnerschaft an. Oft werden Partnerschaften intensiver und beglückender. Beziehungen werden vertieft, und die Betreffenden stellen fest, dass sie endlich die Beziehung haben, die sie immer haben wollten. Manchmal, wenn unüberbrückbare Differenzen noch deutlicher hervortreten, wird auch eine Trennung vollzogen. Universale Energie verstärkt unseren Kontakt zu unseren wahren Bedürfnissen und Gefühlen. Wir können sie immer weniger ignorieren. Das authentische Reiki hilft uns beim manchmal notwendigen Loslassen, um Platz für Neues zu schaffen, und stärkt unser Selbstwertgefühl. Damit verschwinden Minderwertigkeitsgefühle und Ängste, zum Beispiel die vor Einsamkeit.

Vielleicht beobachten wir auch, dass sich unser Bekanntenkreis verändert. Nach einem Jahr werden wir vielleicht feststellen, dass wir uns mit bestimmten Menschen, die uns mit Erlebnissen aus der Vergangenheit identifizieren und unsere göttliche Lichtnatur kaum im Blick haben, immer weniger treffen. Gleichzeitig brauchen wir keine Angst zu haben, zu vereinsamen, weil wir energetisch viele Menschen in unser Leben »einladen«, die zu unserer neuen, viel positiveren Ausstrahlung besser passen. Wir lernen zum Beispiel »zufällig« einen Freund oder eine Freundin fürs Leben auf einer Musikveranstaltung mit Tausenden von Leuten kennen! Ich habe eine gute Freundin vor Jahren im Intercity-Restaurant im Hamburger Hauptbahnhof kennen gelernt, die jetzt 87 Jahre alt ist. Wir sind immer noch »ein Herz und eine Seele«.

Der 1. Grad fördert eine harmonische Entwicklung unserer Energiezentren, wobei eine besondere Betonung auf dem Wurzel- oder Basischakra liegt. Wir fühlen uns mit der Zeit geerdeter und verwurzelter. Wir verlieren – es handelt sich um einen Prozess! – unsere Angst vor dem Tod und eventuell vorhandene Existenzängste. Mit vielen Dingen kommen wir besser zurecht, was sich in einem stärkeren Verantwortungsgefühl äußern kann und darin, dass wir lieber Verantwortungsgefühl übernehmen, und auch in einem besseren Verhältnis zum Geld. Wir trauen uns mehr zu. Je mehr die Energie im Wurzelchakra fließt, desto weniger be- und verurteilen wir auch uns selbst und andere.

Schon mit dem 1. Grad wird unser Kontakt zur intuitiven Ebene enger. Mit der Zeit machen wir von innen heraus das Richtige im richtigen Augenblick und lassen das Falsche. Solche Erlebnisse werden wir immer häufiger haben: Wir haben plötzlich den Impuls, eine bestimmte Person anzurufen. Der Verstand will uns davon abhalten, indem er Argumente vorbringt: »Diese Person hast du ein Jahr lang nicht gesprochen, und du weißt gar nicht, was du sagen sollst.« Oder: »Mitten am Tag ist es viel zu teuer zum Telefonieren.« Wenn wir aber unserem ersten Impuls nachgeben, stellt sich im Nachhinein oft heraus, dass unsere Entscheidung goldrichtig war. Die Person brauchte gerade unseren Rat oder unseren Zuspruch. Oft werden wir dann später gefragt: »Woher wusstest du denn, dass es mir so schlecht ging?« Wenn wir ehrlich sind, müssen wir antworten: »Wissen, vom Verstand her, tat ich es nicht. Aber ich war angeschlossen an ein höheres Wissen, an meine Intuition!«

Auf der spirituellen Ebene erkennen wir vielleicht, dass wir unser Glück nicht im Äußeren zu suchen brauchen, sondern, dass wir alles, was wir für unser Glück benötigen, in uns finden. Vielleicht erfahren wir auch, dass wir in unserer Essenz göttlich sind und dass Gott nicht »im Himmel«, also außerhalb von uns, ist, sondern auch in uns. Wir öffnen immer mehr unser Herz und werden in dem Maße lebendiger. Unser Leben wird intuitiver, und wir bekommen mehr Kontakt zu unserem »inneren Kind«, der Quelle von Lebensfreude und Liebe. »Wenn ihr nicht werdet wie die Kinder, werdet ihr nicht ins Himmelreich eingehen.«

Fallbeispiele

Körperliche Ebene

Meine Organisatorin aus Bremen hatte so schlimmen Wirbelsäulenverschleiß, dass ihr der Arzt ein Leben im Rollstuhl in Aussicht stellte. Für sie war das eine Katastrophe, weil sie sehr sportlich war, bis vor einiger Zeit aktiv Handball spielte, in einem Reihenhaus lebte und zwei Kinder in der Pubertät hatte. Sie war verzweifelt. Doch sie hatte erlebt, wie eine Freundin sich tief in den Finger geschnitten hatte, dann einfach die andere Hand darüber hielt und die Wunde sich in Sekunden schloss, das heißt, dass sich ein Lymphfilm gebildet hatte und der Heilungsprozess somit begann. Meine Organisatorin war erstaunt und fragte, was sie denn da gemacht habe. »Ach, das ist Reiki, das kann jeder lernen«, erhielt sie die Antwort.

In ihrer Verzweiflung kam meine Bekannte zu einem meiner Vorträge und machte daraufhin den 1. Grad. Sie merkte, dass es ihr besser ging, und auch ihre Rückenprobleme zurückgingen. Nach einigen Monaten machte sie auch den 2. Grad, weil man damit seinen Rücken besser behandeln kann und etwa doppelt so viel Energie zur Verfügung hat. Seither sind ein paar Jahre vergangen. Meine Bekannte sitzt keineswegs im Rollstuhl, sondern hat sogar wieder begonnen, aktiv Handball zu spielen! Auf Grund ihrer Begeisterung über die Wirksamkeit dieser Technik organisierte sie jahrelang Reiki-Seminare für mich in Bremen.

Ein älterer Herr hatte an meinem Reiki-Kurs in Motzen bei Berlin teilgenommen. Er wohnte in einem kleinen Dorf in der Nähe von Rostock. Im Osten Deutschlands gibt es noch einige Trabis. Leider ist es sehr gefährlich, wenn man damit in einen Unfall verwickelt ist. Einem jungen Mann aus seinem Dorf war dies passiert. Er hatte einen doppelten Schädelbruch davongetragen, lag monatelang im Krankenhaus, hatte stechende Kopfschmerzen und sah alles nur noch doppelt. Seine Sehachsen hatten sich verschoben. Die Ärzte im Krankenhaus hatten ihm keine Hoffnungen machen können, dass sich sein Zustand jemals wieder bessern würde. Der Teilnehmer meines Seminars hatte viel Zeit, weil er Rentner war. Er begann, den jungen Mann zu behandeln, ohne ihm große Hoffnungen zu machen. Schon nach der ersten Behandlung hatte er jedoch Erfolg: Die Kopfschmerzen waren nicht mehr so stark, und der Mann konnte das erste Mal nach dem Unfall für etwa eine halbe Stunde wieder normal gucken. Ermutigt durch diesen Erfolg, setzten sie die Behandlungen alle zwei Tage fort. Heute ist dieser junge Mann wieder arbeitsfähig, hat keine Kopfschmerzen mehr und leidet nur noch ganz selten unter Doppelsichtigkeit.

Ich behandelte einen jungen Mann im Krankenhaus, der unter Leukämie litt. Er hatte sich mit seinem Schicksal abgefunden – die Ärzte machten ihm wenig Hoffnung –, aber ihn störte, dass er sich bei der Meditation nicht mehr auf sein Mantra konzentrieren konnte. Daher hatte er mich gebeten, ihn fast täglich im Krankenhaus zu behandeln. Nach nur wenigen Behandlungen konnte er wieder meditieren, und gleichzeitig verbesserte sich sein Blutbild. Mittlerweile gilt er als völlig geheilt – sein Krankenhausaufenthalt liegt fast zwanzig Jahre zurück –, und er hat nicht nur überlebt, sondern steht wieder voll im Leben. Da er ein Freund meiner Schwester ist und jahrelang im selben Haus wohnte, habe ich ihn öfter getroffen. Er macht Motorradurlaub in Italien, Abenteuerurlaub in Kanada, und zuletzt habe ich ihn gesehen, als er im Hof des Hauses unter einem Trabi lag, den er zum Elektroauto umbaute.

Meine Tochter war damals zweieinhalb Jahre alt. Ich war gerade dabei, ihr in der Küche einen Fencheltee zuzubereiten. Dazu hatte ich einen Teebeutel in ihre 300-Milliliter-Nuckelflasche gehängt und die Flasche zu einem Drittel mit kochendem Wasser aufgefüllt. Ich wollte dann nach einigen Minuten kaltes Wasser hinzugießen, damit der Tee die richtige Trinktemperatur bekam. Mein Sohn war auch in der Küche und wollte etwas aus dem obersten Regal im Kühlschrank haben. Ich drehte mich nur kurz herum, um ihm das gewünschte Teil herunterzuholen, als meine Tochter die Teeflasche griff und sich den Inhalt mit dem fast kochenden Wasser über die rechte Gesichtshälfte goss.

Sie schrie fürchterlich, und ich hielt ihr Gesicht unter fließendes Wasser, während ich schon die Hand auf die verbrannte Stelle richtete. Auch mein Sohn, er hat bereits den 2. Grad, half mir, Reiki bei Freya zu machen. Zwischendurch ging er nur kurz zum Telefon, um den Notarzt zu rufen. Die Sanitäter kamen auch relativ schnell und schauten sich die »Bescherung« an. »Sie können gleich Waschzeug und Nachthemd einpacken, das wird ein längerer Krankenhausaufenthalt«, sagte dann einer von ihnen. Es dauerte eine Weile, bis wir im Kinderkrankenhaus eintrafen, weil es eine Baustelle auf der Elbchaussee gab, und die ganze Zeit über behandelten mein Sohn und ich Freya weiter. Als wir dann im Wartezimmer saßen, guckte meine Tochter sich bereits wieder Bilderbücher an und war ganz ruhig. Die Ärztin untersuchte die Stelle und meinte: »Da machen wir gar nichts, sie bekommt noch nicht mal eine Salbe. Ein paar Tage lang wird die Stelle noch rot sein, aber es gibt noch nicht mal eine Blase oder Narbe.« Wir durften wieder nach Hause fahren! Schon am nächsten Tag war nicht einmal mehr eine Rötung zu sehen, und nichts ist zurückgeblieben.

Einen »Wermutstropfen« mussten wir allerdings noch verdauen. Die Krankenkasse vertrat den Standpunkt, ich müsse den Transport zum Krankenhaus selbst bezahlen, weil es sich um einen Fehlalarm gehandelt habe. Als ob wir nur ein »Tatü-Tata-Erlebnis« hätten haben wollen! Ein längeres Gespräch mit der Ärztin klärte aber den Sachverhalt, und die Kasse übernahm die Erstattung der Transportkosten von immerhin 650 DM.

Eine Frau Mitte Siebzig kam zu mir wegen Reiki-Behandlungen. Sie hatte eine seltene, angeblich unheilbare Form der Leukämie, die so genannte CMGM-Krankheit. Um das Fortschreiten dieser Krankheit zu verlangsamen und die Symptome zu mildern, bekam sie ein Medikament, das aber wiederum auch schwere Nebenwirkungen hatte. Ihre Haut im Gesicht wurde rot, wie bei einem Sonnenbrand, und entzündete sich, sodass sie in regelmäßigen Abständen zum Hautarzt musste, der ihr die Stellen ambulant operierte. Daher hatte sie ständig Wattebäusche und Mull im Gesicht, und als ich sie das erste Mal sah, dachte ich, sie habe Hautkrebs. Ihr dringender Wunsch nach ihren leidvollen Erfahrungen war, dass sie das Medikament, das so schwere Nebenwirkungen hatte, absetzen oder zumindest die Dosis reduzieren konnte. Zum damaligen Zeitpunkt hatte sie 1,5 Millionen Thrombozyten im

Blut. Normal sind etwa 500. Die Ärzte gaben ihr damals höchstens noch drei bis fünf Jahre.

Ich machte ihr keine großen Hoffnungen. Aber ein Wunder geschah: Bei der nächsten Arztvisite stellte dieser fest, dass ihr Tumormarker sich völlig normalisiert hatte und der Krebs verschwunden war. Ihre Thrombozyten sind auf normale 400 abgesunken. Natürlich brauchte sie auch das Medikament nicht mehr zu nehmen. Mittlerweile hat die Frau selbst den 1. Grad und nach einer Weile auch den 2. Grad erworben und behandelt sich täglich selbst. Außerdem nimmt sie regelmäßig an den Gruppenbehandlungstreffen in Hamburg, die ich organisiere, teil. Sie ist vollkommen beschwerde- und symptomfrei. Mittlerweile fühlt sie sich so fit, dass sie mehrmals im Jahr ihre Tochter und Enkeltochter in den USA besucht. Sie findet, dass sie ein ganz neuer Mensch geworden ist. Die schnellsten und beeindruckendsten (Selbst-)Heilungserfolge kann ich beobachten, wenn die Klienten nicht nur Behandlungen bekommen, sondern auch den 1. Grad lernen und sich täglich eine Ganzbehandlung geben.

Seelische Ebene

Ich hatte ein Seminar in Tirol abgehalten. Eine Teilnehmerin fragte gleich am Ende des Seminars, wann denn der nächste 2.-Grad-Kurs stattfinden würde, sie wolle sich sogleich dafür anmelden. Sie erzählte dann, dass sie unter Höhenangst litt. Das ist in Norddeutschland vielleicht kein Problem, man braucht ja nicht unbedingt auf den Fernsehturm zu fahren. Aber in Landeck, das von Zwei- und Dreitausendern umgeben ist, ist Höhenangst schon sehr beeinträchtigend. Die Frau war mit ihren beiden Söhnen, die 10 und 12 Jahre alt waren, noch nie in den Bergen gewesen. Am Wochenende machte der Vater mit ihnen eine Bergtour, und sie blieb zu Hause. Sie hatte gehört, dass der 2. Grad besonders auf der seelischen Ebene wirkt, und wollte ihn so schnell wie möglich machen. Etwa sechs Wochen, bevor er stattfinden sollte, rief sie mich voller Freude an. Sie war mit ihrer Familie das erste Mal in den Bergen gewesen! Sogar eine Seilbahnfahrt war ohne Probleme verlaufen. Sie wollte aber trotzdem den 2. Grad machen, da sie Freunden und Verwandten, die weiter weg wohnen, Fernbehandlungen geben wollte.

Eine Freundin hatte eine massive Katzenallergie. Sie wohnt auf dem Land, und wenn eine Freundin aus dem Nachbardorf sie besuchte, die eine Katze hatte, musste diese sich vorher gründlich duschen und ihre Haare waschen, sonst bekam meine Freundin Atemnot. Ihre beiden Kinder wünschten sich als Haustier eine Katze, was aber natürlich unmöglich war. So bekamen sie Zwerghasen. Als sie den 1. Grad erlernte, wurde die Allergie allmählich besser. Heute kann sie sogar problemlos Katzen streicheln. Der einzige Nachteil dieser Entwicklung in ihren Augen: Ihre Kinder möchten jetzt zusätzlich eine Katze als Haustier, und sie findet, dass zwei Zwerghasen eigentlich genug sind.

Ich war zu einer alten Frau ins Krankenhaus gerufen worden, bei der man Leberkrebs in fortgeschrittenem Stadium diagnostiziert hatte. Der Arzt gab ihr noch zehn Tage zu leben. Ich behandelte sie täglich im Krankenhaus. Auf der körperlichen Ebene war eine Heilung ausgeschlossen, die Metastasen waren schon überall im Körper verteilt. Aber auf der seelischen Ebene wurde sie trotz ihrer aussichtslosen Lage friedlich und fröhlich, obwohl sie vorher verbittert war. Zwei Tage vor ihrem Tod kamen noch einmal ihre liebsten Verwandten vorbei. Ich war als Freundin der Familie auch anwesend. Statt die alte Frau aufzuheitern, saßen die Verwandten trübselig im Zimmer herum und wurden von ihr durch Anekdoten aus ihrem Leben aufgeheitert!

Eine Freundin von mir ist Astrologin, und sie errechnete die Nacht, in der die alte Frau wahrscheinlich sterben würde. Ich war dankbar, sie in dieser Phase ihres Lebens begleiten zu können. Sie brauchte, was die Ärzte sehr erstaunte, bis zuletzt keine Schmerzmittel. Und sie schlief mit einem Lächeln auf den Lippen ein, obwohl sie nicht an Gott und ein Leben nach dem Tode glaubte. Offenbar hatten ihr die Reiki-Behandlungen sehr viel Zuversicht und Hoffnung gegeben, obwohl ich mit ihr nicht über Gott und ihr ewiges Leben gesprochen hatte. Das authentische Reiki ist in meinen Augen eine wunderbare Sterbebegleitung. Erst wenn wir als Sterbehelfer die Angst vor unserem eigenen Tod überwunden haben, was wir durch die Selbstbehandlungen allmählich tun, können wir dieses Bewusstsein auch an Sterbende vermitteln und ihnen eine wirkliche Hilfe sein. Sterbende sind in meinen Augen wie Kinder, sie wissen genau, was geschieht, und sie lassen sich nicht täuschen. Wenn wir mit universaler Energie arbeiten, erkennen wir mit der Zeit, dass der Tod nicht das Ende des Lebens ist, sondern ein Tor zu einem anderen Bewusstseinszustand. Die Mystiker sagen: »Die Geburt ist ein Tod, und der Tod ist eine Geburt«, weil beide Ereignisse eine ähnlich große Transformation bedeuten.

Ein Handelsvertreter kam zu mir wegen Tinnitus, unangenehmen Ohrgeräuschen. Er war bereits in einer Universitätsklinik gewesen, wo man ihn in einer Druckkammer behandelt hatte, das hatte jedoch nicht geholfen. Als er mich das erste Mal aufsuchte, erzählte er mir, untermalt von fahrigen Bewegungen, schon an der Garderobe seine Geschichte. Auf einem Betriebsausflug auf der Elbe hatte ein junger Mann neben ihm einen Feuerwerkskörper gezündet. Seither hatte er diese Beschwerden. »Immer diese Jugend!«, schimpfte er. Auf Grund seiner nervösen Bewegungen dachte ich mir dabei: »Vermutlich hätte der Mann den Tinnitus auch ohne dieses Erlebnis irgendwann einmal bekommen.« Gott sei Dank sagte ich nichts. Es ist immer viel besser, den Betreffenden selbst zu Erkenntnissen kommen zu lassen. Bei der zweiten Behandlung meinte er plötzlich zu mir: »Meinen Sie, ich hätte den Tinnitus vielleicht auch sonst bekommen?« Und dann erzählte er mir von seiner 60-Stunden-Woche und von seiner unbefriedigenden Ehe, weswegen er jetzt auch noch eine Geliebte habe.

Mittlerweile hat der Mann insgesamt neun Behandlungen bekommen. Er hat in dieser Zeit sein Leben umgestellt: Er arbeitet »nur« noch 50 Stunden, hat sich mit seiner Frau versöhnt und sein Verhältnis beendet. Heute ist er völlig beschwerdefrei. Von drei Tinnitus-Patienten, die ich im letzten Jahr behandelt habe, sind zwei heute beschwerdefrei, und der Dritte hat sie nur noch selten und in abgeschwächter Form. Die Schulmedizin rät mittlerweile zur Psychotherapie, weil sie die starke seelische Komponente bei diesem Krankheitsbild erkannt hat.

Vor einigen Jahren war mir auf dem Hamburger Fischmarkt das Portemonnaie gestohlen worden. Es war zwar nicht viel Geld darin gewesen, aber alle Papiere: Führerschein, Personalausweis, Scheckkarte, Kinderausweis und noch mehr. Ich war wie benommen. Wie aufwendig würde es werden, all diese Dokumente wiederzubekommen! Zu Hause legte ich mich hin und gab mir eine Ganzbehandlung. Dabei fragte ich mich: »Warum sind dir all diese Papiere gestohlen worden?« Nach etwa einer halben Stunde kam die Antwort. Ich war damals in der Trennungsphase von meinem Freund, durchlebte eine schwere Identitätskrise und fühlte mich manchmal als Frau wertlos. Dass mir nun diese Identitätsdokumente gestohlen worden waren, spiegelte genau meinen inneren Zustand wider. Kaum hatte ich mit dieser Erkenntnis meine Behandlung beendet, klingelte das Telefon. Ein Gabelstaplerfahrer von der Müllverbrennungsanlage hatte in einem Stapel von Apfelsinenkisten mein unscheinbares braunes Portemonnaie gefunden! Er hat es mir dann sogar vorbeigebracht, und alle Papiere waren noch darin. Ich hatte offenbar die Lektion dieser Situation gelernt und konnte dann auch die Dokumente wiederbekommen! Wenn wir eine Selbstwert-Krise haben, verlieren wir oft Wertvolles wie Geld oder Schmuck. Wie innen, so außen! Unser Bewusstseinszustand spiegelt sich im Äußeren wider.

Intuition

Als ich einmal mit dem Fahrrad nach Hause fuhr, hatte ich plötzlich den starken Impuls, in eine Querstraße einzubiegen, obwohl dies ein Umweg war. Nach etwa zehn Metern sah ich, wie meine ehemalige Deutschlehrerin gerade ins Auto steigen wollte. Ich begrüßte sie, und sie hielt inne. Ich merkte, dass ich einen Kloß im Hals hatte, weil meine Schwester und ich sie früher im Deutschunterricht öfter geärgert hatten. Erst machten wir »Small Talk«, aber dann fasste ich mir ein Herz: »Frau Isert, können Sie sich noch erinnern?« Und ich gab ihr ein paar Stichworte. Daraufhin lachte sie und sagte: Doch, daran könne sie sich sehr wohl erinnern, aber wir hätten den Unterricht unter dem Strich durch unsere »lebhaften Beiträge« mehr bereichert als gestört. Erleichtert verabschiedete ich mich und fuhr weiter. Ich muss zugeben, dass ich wegen unserer Streiche keine schlaflosen Nächte hatte. Aber meine Intuition hatte mir eine Begegnung beschert, in der ich dieses kleine düstere Kapitel aus der Vergangenheit klären und loslassen konnte. Dafür war ich dankbar.

Die einzelnen Positionen

Universale Energie fließt immer dahin, wo sie am meisten gebraucht wird. Wir bräuchten also nur die Hände irgendwo auf unseren Körper zu legen, und die Energie würde sich von allein überallhin verteilen. Es gibt aber eine so genannte »Ganzbehandlung« mit zwölf Positionen, die alle wichtigen Energiezentren, Drüsen und inneren Organe abdeckt und daher wesentlich effektiver und zeitsparender ist. Es kommt bei den Positionen nicht auf Zentimeterarbeit an, sondern auf Energiebereiche. Wenden Sie alle Positionen in der vorgestellten Reihenfolge und etwa fünf Minuten lang an oder auch länger, je nach Gefühl.

Wenn Sie bei den einzelnen Positionen andere Erfahrungen machen als die hier aufgeführten, ist dies völlig in Ordnung. Jeder Mensch ist einzigartig. Ich habe zum Beispiel Gefühle und Bewusstseinszustände wie bedingungslose Liebe und Glückseligkeit, die der 1. Vorderposition zugeordnet werden, bei der 4. Vorder- und Rückenposition erlebt, wahrscheinlich, weil ich früher sehr wenig geerdet war.

Kopfpositionen

1. Kopfposition
Legen Sie Ihre Hände auf die Augen.
Hilfe bei Erkältungen, Stressabbau, Problemen und Sorgen. Gedankenklarheit, Intuition, innere Führung, Zentrierung und meditatives Bewusstsein. Hilft, Prioritäten zu setzen. Gut zum Einschlafen und zum Regenerieren (dabei bequem auf die Seite rollen).

2. Kopfposition
Legen Sie Ihre Hände auf die Schläfen, die Handballen liegen in den Schläfenmulden.
Harmonisierung der beiden Gehirnhälften, Stärkung des »Balkens« zwischen den Hemisphären, Aktivierung unseres Gehirnpotenzials; hilfreich bei Sorgen und Depressionen (sofort anwenden!), stimmungsaufhellend, Gedächtnisverbesserung, mehr Lebensfreude.

3. Kopfposition
Legen Sie Ihre Hände auf den Hinterkopf.
Vermittelt Geborgenheit, mildert Entzugserscheinungen, stärkt das Selbstwertgefühl, erleichtert Einschlafen und Aufwachen, fördert Intuition und ganzheitliche Sichtweise.

4. Kopfposition
Legen Sie Ihre Hände wie einen Schal um den Hals, die Hände berühren sich dabei in der Mitte. Harmonisierung des Blutdrucks und der Schilddrüsenfunktion (Stoffwechsel), Hilfe bei Halsschmerzen, Heiserkeit; fördert Ausdrucksfähigkeit und innere Ruhe. Aktiviert Ihre Lebensenergie.

Vorderpositionen

1. Vorderposition

Legen Sie Ihre Hände auf den oberen Brustkorb.

Reguliert Herz, Blutdruck, Thymusdrüse (Immunsystem); Lymphfluss und Entschlackung werden angeregt; fördert Liebesfähigkeit, Mitgefühl, Begeisterungsfähigkeit, Vertrauen, Lebensfreude und Einheitsbewusstsein. Transformiert negative Gefühle wie Wut, Eifersucht und Ängste.

2. Vorderposition

Legen Sie die Hände unterhalb der Brust auf die Rippen.

Harmonisiert die Verdauung (Magen), fördert Entgiftung (Leber); bringt Energie; stärkt das Selbstbewusstsein; fördert Entspannung und baut Ängste und Frustration ab.

3. Vorderposition

Legen Sie Ihre Hände unterhalb der letzten Rippen, dem Rippenbogen, auf den Bauch nahe beieinander.

Stärkt die Funktion der Bauchspeicheldrüse (Zucker- und Fettstoffwechsel) und die Verdauung; hilft bei Frustrationen, Ängsten und Depressionen. Stärkt Willenskraft, Selbstachtung und Selbstvertrauen, mindert Kritiksucht.

4. Vorderposition

Legen Sie Ihre Hände auf Ihren Unterbauch.

Stärkt Dickdarm und Sexualorgane (Fortpflanzung); fördert Kreativität, Flexibilität und Erdung. Hilfreich bei Migräne, diffusen Ängsten wie Existenzangst und Angst vor dem Tod sowie bei Verschlossenheit und Vorurteilen. Mehr Flexibilität und Urvertrauen.

Rückenpositionen

1. Rückenposition
Legen Sie Ihre Hände auf den Nacken und entspannen Sie die Ellenbogen.

Hilfreich bei Nackenverspannungen, Rückenproblemen; stärkt die Nerven; fördert Entspannung und Gelassenheit, Flexibilität, Enthusiasmus und liebevolle Kommunikation.

2. Rückenposition (»Herz-Sandwich«)
Legen Sie eine Hand auf die Herzposition, die andere zwischen die Schulterblätter mit Handinnenflächen nach außen.

Harmonisierung von Herz, Blutdruck, Thymusdrüse (Immunsystem); fördert die Fähigkeit zu bedingungsloser und erwartungsloser Liebe sowie All-Liebe, außerdem Vertrauen und Lebensfreude. Hilfreich bei Stress, Sorgen und Ängsten sowie Trauer.

3. Rückenposition
Legen Sie Ihre Hände auf den Rücken direkt oberhalb der Taille. Der Daumen ist auch hinten.

Stärkt die Nieren (Entgiftung); entspannt bei Stress und baut Adrenalin ab (Nebennieren); fördert Selbstbewusstsein und heitere Gelassenheit.

4. Rückenposition
Legen Sie Ihre Hände auf das Ende der Wirbelsäule (Steißbein), mit den Handinnenflächen zum Körper oder vom Körper weg.

Stärkt die Nerven, Sexualorgane, Verdauungsfunktion

und Entgiftung; fördert Kreativität, Flexibilität, Urvertrauen und Erdung (Verantwortungsbewusstsein).

Zusatzpositionen

Zusatzposition Leistenbeuge
Legen Sie die Hände auf den Beinansatz.

Reguliert niedrigen Blutdruck; regt den Lymphfluss an; hilft bei Kreislaufproblemen, Krampfadern, kalten Füßen und Raucherbein.

Zusatzposition Wirbelsäule
Legen Sie die Hände erst auf den oberen, dann auf den unteren Teil der Wirbelsäule.

Hilft bei Rückenproblemen, Bandscheibenverschleiß, Degenerationskrankheiten. Wenn man zu zweit behandelt, kann man gleichzeitig die ganze Wirbelsäule abdecken.

Zusatzposition zur Harmonisierung auf der seelischen Ebene
Legen Sie eine Hand auf das Dritte-Auge-Zentrum, die andere Hand auf das Solarplexus-Zentrum oberhalb des Bauchnabels. Fördert das seelische Gleichgewicht; Entspannung bei Stress und Schock; Abbau von Ängsten; Zentrierung. Auch für Tiere!

Zusatzposition zur Energieerneuerung
Legen Sie eine Hand oberhalb, die andere unterhalb des Nabels.

Dient der Entspannung sowie der Energiegewinnung durch Aktivierung des Solarplexuszentrums, zum Beispiel bei »Nachmittagstiefs«. Diese Position bringt verbrauchte

Energie sofort zurück. Es dauert jedoch mindestens 5 bis 10 Minuten, bis die »Batterie« wieder aufgeladen ist. Eine gesunde Alternative zu Stimulanzien wie Cola und Kaffee.

Gruppenbehandlung

Wenn mehrere Personen gleichzeitig eine Person behandeln, wird die Energie potenziert.

Der 2. Grad

Unbegrenzte Möglichkeiten mit kosmischen Symbolen

Viele Menschen sind zufrieden mit dem 1. Grad, weil sie damit wunderbare Erfahrungen machen. Etliche haben jedoch, manchmal nach Wochen, manchmal erst nach Jahren, den »Wunsch nach mehr«. Es gibt keine Regel, wann man den 2. Grad machen sollte, am besten hört man einfach auf seine innere Stimme. Der 2. Grad erweitert die Kapazität und die Möglichkeiten, mit universaler Energie zu arbeiten, wesentlich. Viele Teilnehmer eines 2.-Grad-Seminars, das wie beim 1. Grad etwa zehn bis zwölf Unterrichtsstunden, über mehrere Tage verteilt, umfasst, sind geradezu überwältigt von den Anwendungsmöglichkeiten. Ein ganzes Leben reicht nicht aus, um die Möglichkeiten auch nur eines der kosmischen Symbole, die man im 2. Grad kennen lernt, annähernd auszuschöpfen.

Im 2. Grad bekommen die Teilnehmer eine Einstimmung, die ihre Kapazität wieder in etwa verdoppelt. Sie erhalten viele Anregungen für das Energieausrichten jenseits von Zeit und Raum und den Gebrauch der kosmischen

Symbole, aber ihrer eigenen Kreativität und ihrem Erfindungsreichtum für die Anwendung der erlernten Techniken sind keine Grenzen gesetzt.

»Herzstück« des 2.-Grad-Seminars ist wiederum ein Einstimmungsprozess. Unsere Ganzbehandlung für uns selbst und andere wird damit doppelt so wirksam. Wir können die Behandlungsdauer von fünf auf $2^1/_2$ Minuten pro Position verkürzen und erzielen die gleiche Wirkung wie zuvor. Oder wir bleiben bei der gleichen Behandlungsdauer wie früher, was viele Reikilehrer und auch ich empfehlen, mit der doppelten Wirkung! Außerdem werden wir durch die Einstimmung in den 2. Grad in den Gebrauch bestimmter kosmischer Symbole eingestimmt, in jene Symbolsprache, auf der dieses Energiesystem zur Aktivierung universaler Energie basiert.

Man lernt auch, die psychische Ebene, also die mentale und emotionale Ebene, noch stärker zu harmonisieren und bei seelischen Problemen, die man selbst hat oder andere haben, noch wirksamer zu helfen.

Im 2. Grad lernen die Teilnehmer darüber hinaus eine einfache und sehr wirksame Technik, Lichtenergie jenseits von Zeit und Raum auszurichten. Wir können damit Menschen in den Genuss einer Ganzbehandlung bringen, die gar nicht physisch anwesend sind, und Lichtenergie für alle Lebewesen ausrichten, auch für Tiere und Pflanzen.

Es gibt buchstäblich nichts, das wir mit den Techniken des 2. Grades nicht mit Lichtenergie umgeben, harmonisieren, klären und energetisch unterstützen können: politische Krisengebiete; bestimmte Charaktereigenschaften, die wir besitzen, Regionen, die durch Umweltzerstörung betroffen sind. Wir können mit dem 2. Grad sogar Lichtenergie an Verstorbene ausrichten, unsere eigene Vergangenheit energetisch aufarbeiten oder Ereignisse in der Zukunft energetisch harmonisieren. Wer an solchen Möglichkeiten zweifelt, kann sich an die Relativitätstheorie von Albert Einstein erinnern, wonach Raum und Zeit relativ sind. Wir arbeiten beim authentischen Reiki mit der höchsten Frequenz von Energie im Universum, deren Wirkung keinerlei zeitlichen oder räumlichen Begrenzungen unterliegt. Astronauten, die im Weltraum herumfliegen, altern weniger schnell, als wenn sie auf der Erde geblieben wären (Relativität der Zeit). Und die kürzeste Verbindung zwischen zwei Punkten ist keine gerade, sondern eine ganz, ganz leicht gekrümmte (Relativität des Raums). Albert Einstein sagte einmal: »Die Unterscheidung zwischen Gegenwart, Vergangenheit und Zukunft ist eine Illusion, so hartnäckig auch an ihr gearbeitet wird.«

Das gesamte Energiesystem des authentischen Reiki basiert auf sieben kosmischen oder universalen Symbolen. Universale Symbole aktivieren Lichtenergie und damit Schwingungen auf den inneren Ebenen, die dann auf den äußeren Ebenen in Erscheinung treten. Sie sind Schlüssel zu höheren Bewusstseinsebenen und aktivieren ausschließlich ganzheitliche, universale Lichtenergie.

Universale Symbole – Tore zu höheren Bewusstseinsebenen

Universale Symbole tauchen in allen Hochkulturen auf. Wer sich zum Beispiel die Ägyptische Abteilung des British Museum in London ansieht oder das Ägyptische Museum in Berlin und mindestens den 2. Grad im Reiki-System erlernt hat, wird die Symbole, die er im 2. und in den weiteren Graden erlernt hat, ganz oder in Teilen auf Grabinschriften und Tempelanlagen wieder finden können. Sehr inspirierend hierzu ist das Buch von Jill Purce, »Die Spirale, Symbol der Seelenreise« (München 1988), in dem die Autorin auch anhand von umfangreichem Bildmaterial aus verschiedenen Kulturkreisen und Epochen die Universalität eines der universalen Symbole aufzeigt.

Symbole deuten immer auf etwas Rätselhaftes, Mystisches hin. Es ist so, als ob wir eine Tür öffnen, und hinter dieser Tür befinden sich fünf neue Türen und so weiter. Universale Symbole bringen uns immer in Kontakt mit höheren Bewusstseinsebenen. Sie aktivieren ausschließlich Lichtenergie, die immer in Richtung Ganzheitlichkeit, Harmonie, Freude, Weisheit und Klarheit wirkt. Kosmische, universale Symbole, auf denen Reiki ausschließlich basiert, sind nach C. G. Jung »lebendige Wesenheiten«, die ständig in Bewegung sind und eine bestimmte Anziehungskraft und Wirkung auf unsere Psyche haben, ob wir uns dessen bewusst sind oder nicht (siehe hierzu ausführlich C. G. Jung, »Der Mensch und seine Symbole«).

C. G. Jung, ein Schüler von Freud, verweist auf den Ursprung des Wortes »Symbol«, »symbolon«. Es kommt aus dem Griechischen und heißt in etwa »zusammengeworfen werden«. Früher, als man in Griechenland noch kein Geldsystem kannte, kerbte man das Ergebnis eines Handels als Striche in einen Stock, spaltete ihn in der Mitte, und der eine bekam die eine Hälfte, der andere die andere. Vielleicht tauschte man ein Ziegenfell gegen einen Sack Holz oder einen Krug Wein gegen eine schöne Vase. Heute würde man vielleicht einen Durchschlag oder eine Kopie anfertigen. Wenn sich damals die beiden Handelspartner erneut begegneten, fügten sie die beiden fehlenden Teile zusammen und bildeten damit wieder das Ganze, die Einheit.

Genau dies, so C. G. Jung, sei auch der Sinn universaler, kosmischer Symbole: Sie machen uns wieder »heil« und »ganz«, heilen unsere »entfremdete Beziehung zum Leben«, indem sie uns in Kontakt bringen mit unserer »archetypischen Seele«, unserem »kollektiven Unbewusstsein« und dadurch mit dem Sinn und den Aufgaben unseres Lebens. C. G. Jung sprach schon vor Jahrzehnten von materiellem Wohlstand in den westlichen Industrienationen bei »immaterieller Verelendung« und sagte vorher, dass viele Menschen ein Drogen- und Suchtproblem haben und die Psychiatrien voll sein würden, weil viele Menschen seelische Probleme haben würden.

In dieser Beziehung hat er leider Recht behalten, schon Schulkinder bekommen heute Psychopharmaka verschrieben (siehe hierzu mein Buch »Hyperaktivität – Warum Ritalin keine Lösung ist«, Goldmann, München 2001). Für C. G. Jung war die Beschäftigung mit kosmischen Symbolen für unsere seelische und damit auch körperliche Gesundheit so wichtig, dass er die Beschäftigung mit ihnen als »überlebensnotwendig« für das Individuum und die Menschheit insgesamt betrachtete.

Kosmische Symbole wirken immer

Wir reagieren, bewusst oder unbewusst, auf universale oder kosmische Symbole, weil sie Lichtenergie oder universale, transzendentale Energie erzeugen, die von innen heraus auch die äußeren Ebenen – körperliche, emotionale und mentale Ebene – transformieren und harmonisieren. Dies erklärt auch, warum wir kosmische Symbole zum Beispiel zur Harmonisierung der seelischen Ebene eines Menschen wirkungsvoll einsetzen können, ohne dass der Betreffende dies auf der äußeren Ebene merkt. Da wir mit kosmischen Symbolen immer in Harmonie mit den wahren Bedürfnissen des Empfängers arbeiten, können wir mit ihnen nicht manipulieren, sondern ausschließlich jemanden daran erinnern, wer er wirklich ist, und ihn mit seinen inneren Qualitäten wie Frieden, Liebe und Harmonie stärker in Kontakt bringen. Der Anwendung von universalen Symbolen sind daher auch keinerlei Grenzen gesetzt, anders als beim 1. Grad, wo wir auf die Bereitschaft eines Menschen oder Tieres angewiesen sind, sich behandeln zu lassen.

Das gezeichnete Yin-Yang-Symbol oder das Om-Symbol sind zum Beispiel universale Symbole, die universale Lichtenergie aktivieren. Im Buch »Die Spirale – Symbol der Seelenreise« ist als Bild 9 ein Sandmandala der Navacho-Indianer Nordamerikas abgebildet, eine Spirale entgegen dem Uhrzeigersinn, von außen nach innen betrachtet. In das Zentrum dieser Spirale setzen oder stellen die Medizinmänner dieses Indianerstammes ihre Patienten. Meistens geht es diesen nach einer Weile besser, oder sie sind sogar geheilt. Nun könnte man mit unserem westlich geprägten Verstand vermuten, dass dieser Erfolg auf einem Hypnose- oder Placebo-Effekt beruht. Bunt bemalte Medizinmänner tanzen um einen herum, Trommelwirbel, und der Suggestions-Effekt, dass die Behandlung wirkt: »Wer glaubt, wird selig.« Diese Therapieform wirkt aber auch bei Babys und Tieren, bei denen der Placebo-Effekt nicht zum Tragen kommt.

Kosmische Symbole sind Tore zu höheren Bewusstseinsebenen, zu unseren innersten Ebenen. Sie können nur wieder entdeckt, nicht von Menschen erfunden werden. In unserem Unterbewusstsein sind sie nach C. G. Jung längst als Archetypen gespeichert. Bestimmte kosmische Symbole werden schon durch die Einstimmungen in den 1. Grad aktiviert, und drei von ihnen werden uns im 2. Grad vermittelt, sodass wir mit ihnen jederzeit und an jedem Ort, unsichtbar auf den äußeren Ebenen, in uns und anderen Lichtenergie aktivieren können. Diese Energie ist immer ungefährlich und unterstützend, und sie bringt den Empfänger ganz von selbst in Kontakt mit seinen wahren Bedürfnissen. Es gibt bei universaler Energie nicht die Möglichkeit eines »Zuviel«, und es gibt auch keinerlei Nebenwirkungen.

Mit dem 2. Grad können wir zu sehr effektiven Lichtarbeitern werden und mit kosmischen Symbolen auch Menschen erreichen, die für eine Direktbehandlung (noch) nicht bereit wären. Wenn ich mit der S-Bahn fahre, blicke ich mich im Abteil um, und oft entdecke ich Menschen, die einen unglücklichen oder gestressten Eindruck machen. Ich richte dann ein Symbol auf sie aus, das SHK in Verbindung mit dem TKR, und oft erlebe ich, wie die Betreffenden anfangen, sich zu entspannen, manchmal sogar anfangen zu lächeln oder ein Gespräch mit ihrem Nachbarn beginnen. Das Gleiche kann einem in einer Gesprächs- oder Gruppensituation passieren: Die Mienen hellen sich plötzlich auf, und Menschen werden zugänglicher oder schenken einem sogar ein Lächeln. Wenn ich in Räumen Seminare abhalte, die eine nicht so harmonische Schwingung haben – ich halte manchmal Seminare ab in Sportzentren oder Sälen, in denen Rockkonzerte stattfinden –, gehe ich rechtzeitig dorthin, um im Geiste kosmische Symbole an die Decke, den Boden und die Wände zu malen.

Damit reinige und verbessere ich die Atmosphäre, die Schwingung im Raum. Wir bringen, auch prophylaktisch, mit kosmischen Symbolen jemanden in Kontakt mit seiner wahren Natur, und die Energie der inneren Ebenen ist immer voller Harmonie, Freude, Klarheit, Glück und Frieden.

Ich habe einmal in Berlin einen 1.-Grad-Kurs geleitet. Eine junge Mutter gab nach der ersten Einstimmung ihrem damals vierjährigen Sohn eine Behandlung. Der Junge wollte anschließend unbedingt malen und brachte eines der kosmischen Symbole, die man im 2. Grad kennen lernt, das TKR (Abkürzung seines Namens), zu Papier. Die Mutter war erstaunt, weil er so etwas noch nie gemalt hatte, und brachte mir am nächsten Tag die Zeichnung mit. Ich war entzückt und begeistert, denn dieses Erlebnis illustriert die Tatsache, dass wir alle die kosmischen Symbole bereits in uns gespeichert haben, allerdings im kollektiven Unbewussten, und damit für die meisten nicht zugänglich. Vierjährige Kinder sind oft noch an dieses archetypische Wissen angeschlossen. Teilnehmer im 2. Grad sind häufig erstaunt darüber, wie schnell sie die kosmischen Symbole lernen. Es handelt sich eben nicht um ein Neulernen, sondern um ein Erinnern: Auf unseren innersten Ebenen sind diese Symbole bereits aktiv.

Im 2. Grad wird man auf den Gebrauch von insgesamt drei kosmischen Symbolen eingestimmt, worunter sich bereits das kraftvollste Symbol im ganzen System des authentischen Reiki befindet. Man lernt danach die Symbole und ihre Wirkung auch praktisch kennen und wird auf ihre vielfältigen Verwendungsmöglichkeiten hingewiesen. Alle diese Symbole aktivieren ausschließlich universale Lichtenergie, allerdings unterschiedliche

Aspekte oder Schwerpunkte dieser ganzheitlich wirkenden Energie.

Als Lehrer haben wir uns verpflichtet, die kosmischen Symbole, die wir verwenden, niemandem zu zeigen, der nicht in den entsprechenden Grad eingestimmt ist. Das wäre sinnlos und überflüssig, weil man in den Gebrauch der Symbole eingestimmt sein muss, um sie optimal einsetzen zu können. Sie wirken zwar niemals schädlich, aber sie können auch ihre Wirkung entfalten, wenn wir nicht auf ihren Gebrauch eingestimmt sind. Mittlerweile werden Reiki-Symbole im Internet und in Büchern vorgestellt, oft in einer nicht korrekten Form, und diese Praxis finde ich irreführend und somit schädlich. Die Verführung für Laien ist zu groß, mit den Symbolen zu arbeiten und festzustellen, dass sie nicht oder nur wenig wirken. Für dieses Leben hat derjenige damit sein Interesse am authentischen Reiki oder am 2. Grad verloren, und das wäre schade. Ich bitte daher meine Seminarteilnehmer, die Symbole vertraulich zu behandeln und zum Beispiel Zettel mit den Symbolen nicht offen herumliegen zu lassen.

Die kosmischen Symbole, die man im 2. Grad kennen lernt, haben bestimmte Namen. Da auch die Namen vertraulich behandelt werden sollen, verwende ich Abkürzungen – TKR, SHK, HSN. So haben auch diejenigen, die schon in den 2. Grad eingestimmt sind, eine Chance, ihre Praxis zu vertiefen, indem sie neue Anwendungsmöglichkeiten entdecken. Dr. Barbara Ray verwendet die Namen der Symbole nicht mehr, sondern benennt sie nach der Anzahl der Striche, aus denen sie bestehen. Sie hatte festgestellt, dass viele im 2. Grad die Namen der Symbole wie ein Mantra, eine heilige Klangschwingung, benutzten, und darüber die Verwendung der Symbole selbst vernachlässigten. Die japanischen Namen spielen aber zur Aktivierung universaler Energie keine Rolle, sie sind nur Bezeichnungen, die der Entdecker Dr. Mikao Usui erfunden hat, und sind selbst nicht in der Lage, uns in Kontakt mit höheren Bewusstseinsebenen zu bringen. Die Kraft, Lichtenergie zu erzeugen, liegt in den Symbolen selbst.

Worauf es ankommt, ist neben der Einstimmung in den Gebrauch kosmischer Symbole die richtige Reihenfolge und Richtung der einzelnen Striche, aus denen die Symbole bestehen. Die Symbole werden daher in einem »Tanz der Symbole« während des 2.-Grad-Seminars oft und groß in die Luft gemalt. Die Teilnehmer meiner Seminare erhalten aber auch eine Lernhilfe für zu Hause, weil nicht jeder die Symbole auf diese Weise erlernen kann. Es ist wichtig, dass die Absolventen eines Seminars ab dem 2. Grad auch etwas in den Händen haben, damit sie später überprüfen können, ob sie die Symbole immer noch richtig malen. Denn mit der Zeit können sich Fehler einschleichen. Und niemand kann sagen, ab welchem Strich in welcher falschen Richtung die Symbole nicht mehr ausschließlich universale Energie aktivieren. Es gibt auch Symbole, wie im System der Runen, die polare Energie aktivieren. Einige der Runen, wie die Man-Rune, aktivieren ausschließlich Lichtenergie, andere werden für schwarzmagische Praktiken verwendet. Wenn wir die Reiki-Symbole nicht sorgfältig lernen, können wir versehentlich »aufs falsche Terrain« geraten! Die kosmischen Symbole sind, zur Erinnerung, keine Fertigprodukte auf der zweidimensionalen Ebene, sondern multidimensionale »lebendige Wesenheiten« und damit immer in Bewegung.

Das SHK zur Harmonisierung der seelischen Ebene und zum Schutz vor Negativität

Das SKH dient vor allem zur Harmonisierung auf der mental-emotionalen Ebene und kann zum Beispiel mit der »alternativen dritten Kopfposition« – man legt eine Hand auf den Hinterkopf, die andere aufs Dritte-Auge-Zentrum und malt im Geiste das SHK, gefolgt vom TKR – oder auch zusammen mit Affirmationen oder anderen Positionen der Ganzbehandlung verwendet werden. Affirmationen sollten eigentlich »Realisationen« heißen, weil sie uns an unsere wahre Natur erinnern und betonen, wer und was wir wirklich sind. Wir können zum Beispiel innerlich oder laut sagen, während wir uns behandeln: »Ich bin Liebe.« Oder: »Ich bin ein Kind Gottes und damit voller Frieden und Kraft.« Diese Übung können wir im akuten Fall machen, wenn wir zum Beispiel deprimiert sind, sie wirkt aber auch, wie alle Arbeit mit Lichtenergie, prophylaktisch, sodass wir in Zukunft nicht mehr so häufig Stimmungstiefs haben.

Viele Seminarteilnehmer berichten, dass sie mit dem SHK an tiefe Schichten ihrer Gefühle herankommen, manchmal auch verdrängte Erlebnisse aus der Vergangenheit wieder auftauchen, die darauf warten, aufgearbeitet zu werden. Auch wenn wir manchmal Trauer erleben, bleiben wir mit dem authentischen Reiki sozusagen mit einem Bein im Licht, das heißt, wie verlieren uns nicht in Trauer oder Wut, sondern bleiben der innere Beobachter. Angst vor Überforderung brauchen wir nicht zu haben, weil wir mit unserem Höheren Selbst, der Instanz von

Weisheit und Allwissenheit, zusammenarbeiten, das genau weiß, was es uns auf der seelischen Ebene zumuten kann. Mit dieser Unterstützung können wir genau hinschauen und uns Erlebnisse, die wir jahrelang verdrängt haben, anschauen.

Wir können das SHK sowie die anderen Symbole auch für andere verwenden und uns dazu das SHK im Geiste vorstellen und auf Menschen projizieren, die zum Beispiel unglücklich, aggressiv oder frustriert sind. Wir lassen dem SHK, wie auch jedem Symbol, das wir jemals lernen, immer das TKR, den Verstärker universaler Energie, folgen, um die Wirkung der Symbole noch zu verstärken.

Ich behandelte einmal eine Frau, die etwas gegen ihre Depressionen tun wollte. Ich hatte das SHK und das TKR im Geiste über ihren Körper gemalt und vor jeder Position der Direktbehandlung die Symbole wiederholt. Auf der Solarplexus-Position begann die Frau zu schluchzen, und ihre Handgelenke begannen zu schmerzen und rot zu werden. Unter Tränen erzählte sie mir, dass sie mit 18 Jahren aus Liebeskummer einen Selbstmordversuch durch Aufschneiden der Pulsadern unternommen hatte. »Zufällig« hatte eine Nachbarin sie entdeckt, und sie wurde rechtzeitig ins Krankenhaus gebracht, um gerettet zu werden. Während der Behandlung wurde ihr klar, dass sie alles so arrangiert hatte, dass sie rechtzeitig entdeckt werden musste, und dass sie mit ihrem Selbstmordversuch nur einen Hilfeschrei aussenden, aber eigentlich weiterleben wollte! Ihre Depressionen verschwanden seit dieser Behandlung und kamen auch nicht wieder. Die Frau hatte ihren Lebenswillen und ihre Lebensfreude wieder gefunden.

Ein paar Wochen später rief sie mich an. In der Zwischenzeit hatte ich sie mit Fernbehandlungen unter ver-stärkter Verwendung des SHK weiter unterstützt. Sie war ganz begeistert. Nach zehn Jahren Ehe war sie endlich schwanger geworden! Ich erklärte ihr, dass sie früher ja gar nicht wusste, ob sie überhaupt leben wollte. Wenn man selbst nicht weiß, ob das Leben überhaupt lebenswert ist, dann ist es schwer, es aus vollem Herzen weiterzugeben. Diesen inneren Schritt hatte sie jetzt gemacht und so die Blockade, die es ihr unmöglich gemacht hatte, schwanger zu werden, aufgelöst. Für die Frau war ein Wunder gesche-hen. Mittlerweile hat sie, wie viele meiner Klienten, den 1. Grad erlernt, um sich in Zukunft selbst unterstützen zu können.

Der Tanz der Symbole

Wir können auch den »Tanz der Symbole« machen, wenn wir seelisch nicht in Harmonie sind, und zum Beispiel Sor-gen, Ängste oder schlechte Stimmung haben. Am besten malen wir groß und mit beiden Händen das SHK, gefolgt vom TKR, vor uns in die Luft. Dann treten wir dort hinein und legen unsere Hände mit geschlossenen Augen für einige Minuten auf eine der Positionen. Diese Übung ma-chen wir so lange, bis wir merken, dass unsere Stimmung sich positiv verändert hat. Wenn wir zu antriebsschwach sind, um uns zu bewegen, können wir den Tanz der Sym-bole auch auf der inneren Ebene, in unserer Vorstellung, machen.

Der Tanz der Symbole wirkt auch prophylaktisch, wir brauchen also nicht zu warten, bis »das Kind in den Brun-nen gefallen« ist! Auch wenn wir uns sowieso gut fühlen: Es gibt immer noch eine Steigerung an Lebensfreude und

Wohlbefinden. Besonders intensiv ist er, wenn wir die Symbole ganz langsam in die Luft zeichnen, in Zeitlupentempo. Wir können auch einmal ausprobieren, sie mit der linken und rechten Hand abwechselnd zu malen oder mit der linken Hand, wenn wir Rechtshänder sind, und umgekehrt. Dies aktiviert unsere »schlafende Gehirnhälfte« und fördert unsere ganzheitliche Entwicklung. Wenn wir nur mit einer Hand zeichnen, legen wir in dieser Zeit die freie Hand am besten auf die Herzposition. Je größer wir die Symbole in die Luft zeichnen, desto mehr profitiert auch unsere körperliche Ebene von ihnen, unsere langsamste Energiefrequenz, die von allen Ebenen den größten Transformationsbedarf hat.

Schutz vor Negativität jeder Art

Außerdem bietet das SHK Schutz vor Negativität jeder Art. Es kann uns daher in Gefahrensituationen auch prophylaktisch schützen. Wir malen es in Gefahrensituationen im Geiste lebensgroß vor uns hin. Ich jogge seit mehr als zehn Jahren täglich. Seit ich das SHK auch prophylaktisch verwende, haben mich nie mehr Hunde verfolgt oder gar angegriffen. Wenn ich mich mit anderen Joggern unterhalte, erzählen sie mir, dass hin und wieder Hunde, deren Jagdinstinkt beim Vorüberlaufen aktiviert wurde, sie in die Hacken der Joggingschuhe oder in die Hose gebissen haben.

Mit dem SHK können wir uns auch vor Gewalt und Anmache schützen. Wir zeigen, wenn uns im Dunkeln beängstigende Gestalten folgen oder entgegenkommen, keine Angst. Wir wechseln nicht die Straßenseite und beschleunigen auch nicht unser Tempo. So etwas nennt man

»Opferverhalten«, und es passt zum Täterverhalten wie ein Schlüssel zum Schloss. Die Viktimologie oder Opferforschung hat festgestellt, dass bei jemandem, der schon einmal Opfer eines Gewaltverbrechens wie Raub oder Vergewaltigung war, die Wahrscheinlichkeit, dass er noch mal Opfer eines Gewaltverbrechens wird, viel größer ist als bei jemandem, der noch nie tätlich angegriffen wurde. Das heißt natürlich nicht, dass er schuld daran ist. Wenn wir ruhig bleiben und uns durch den Gebrauch des SHK, gefolgt vom TKR, auf die höchste Bewusstseinsebene begeben, verlassen wir blitzartig die niedrige Frequenz von Angst und Gewalt. Wenn wir einmal in einer Situation sind, in der wir die einzelnen Striche des SHK nicht mehr zusammenbekommen, reicht auch das TKR als »kosmischer Rettungsanker«!

Das Tolle am SHK: Wir nähern uns immer mehr einer Energie von Unbesiegbarkeit, in der wir nicht mehr angreifbar sind, und brauchen in Zukunft keine Ängste mehr auszustehen. Wenn mir danach ist und ich einmal in einer Vollmondnacht nicht schlafen kann, mache ich einfach einen Reeperbahnbummel, oft bis zum frühen Morgen, und lerne interessante Menschen kennen, die meinen Horizont erweitern. So etwas hätte ich mir früher nicht zugetraut. Oder ich trampe, wenn ich Lust dazu habe, allein durch fremde Länder, auch durch islamische, und auch im Fastenmonat Ramadan. Einmal bin ich auf diese Weise von einer tunesischen Familie zu einem Festessen eingeladen worden, was ein unvergessliches Erlebnis war. Solche Erlebnisse sind aber das Ergebnis eines langjährigen Prozesses, nämlich vieler positiver Erfahrungen mit dem SHK! Man sollte keinesfalls Dinge übers Knie brechen und in Leichtsinn verfallen, sondern nur auf »Abenteuerreise« gehen, wenn Herz und Bauch (Solarplexus-Zentrum) »ja« zu dieser Unternehmung sagen.

Schutz vor Wasseradern und Elektrosmog

Da wir uns mit dem SHK vor allem schützen können, ist es uns auch möglich, dieses Symbol zum Schutz vor Elektrosmog und vor negativen Erdstrahlen etwa bei Kreuzungen von Wasseradern einzusetzen. Wer eine Mikrowelle besitzt, sollte unbedingt einen Zettel mit den Symbolen darunter legen. Noch besser wäre es, sich keine anzuschaffen, weil sie auch, wenn sie nicht angeschaltet ist, Elektrosmog aussendet. Selbstverständlich sollten wir keine Stereoanlage in der Kopfleiste unseres Bettes haben. Da wir oft nicht wissen, wo in der Wohnung Kreuzungen von Wasseradern sind, empfehle ich, zumindest unter die Betten einen großen Zettel mit dem SHK und am besten mit allen anderen Symbolen, die wir gelernt haben, zu legen. Im Schlaf sind wir im Gegensatz zum Wachzustand rezeptiv, das heißt, auf Empfang geschaltet. Wir sollten alle Symbole, die wir kennen, verwenden, weil alle kosmischen Symbole eine positive Wirkung haben!

Wir brauchen also in Zukunft keinen Radiästhesisten kommen zu lassen, der in unserer Wohnung Wasseradern und Störfelder aufspürt und nach dessen Rat wir eventuell unser Bett verschieben müssten. Wir lassen es dort stehen, wo es am besten hinpasst, und neutralisieren mögliche negative Schwingungen mit dem SHK. Das machen wir natürlich auch, wenn wir auf Reisen sind! Radiästhesisten erspüren eine sehr positive und kraftvolle Schwingung bei solcherart geschützten Schlafstellen. Bei mir hat neulich einer einen Zettel mit den Symbolen bestellt, weil er über die Wirkung so verblüfft war! Wenn wir anderen einen Zettel mit den Symbolen geben, kleben wir so viele Blätter weißes Papier darüber, dass man die Striche nicht mehr sieht.

Zum Thema Neutralisierung von Erdstrahlen hatte ich vor einigen Jahren ein beeindruckendes Erlebnis. Eine Seminarteilnehmerin des 1. Grades hatte ihr großes Haus mit zwölf Zimmern in Ostdeutschland rückübertragen bekommen und wollte daraus ein Seminarzentrum machen. Sie hatte einen renommierten Radiästhesisten aus Bremen kommen lassen, der das Haus und das dazugehörige Grundstück mit der Wünschelrute austestete. Das Ergebnis war niederschmetternd. Er riet ihr dringend dazu, das Haus schnellstmöglich zu verkaufen. Überall im Haus, und auch auf dem Grundstück, gab es Störfelder und sich kreuzende Wasseradern. Die Frau war verzweifelt. Da sie um den schlechten energetischen Zustand ihres Grundstücks wusste, würde sie nur einen geringen Preis dafür verlangen können. Im 1. Grad hörte sie dann, dass man mit dem 2. Grad auch Häuser und Grundstücke entstören kann. Sofort meldete sie sich für einen 2.-Grad-Kurs an, der zwei Monate später stattfand. Sie entstörte dann ihr Anwesen sehr intensiv, indem sie beim Renovieren groß mit Kreide die Symbole auf Fußböden, Wände und Decken malte. Im Gartenboden versenkte sie im Abstand von einem Meter Honiggläser, in die sie Zettel mit den Symbolen gelegt und sie dann wieder fest zugeschraubt hatte. Als sie mit ihrer Aktion fertig war, bat sie wieder den Rutengänger zu sich. Der untersuchte Haus und Grundstück und gratulierte ihr zu der wunderbaren Energie. Allerdings meinte er: »Sie haben ja sicher ein Vermögen investiert.« Die Frau war irritiert. Ein Vermögen? Zwar ist der

2. Grad nicht gerade billig, aber ein Vermögen ist doch etwas anderes. Als sie nachfragte, klärte sich das Missverständnis: Der Wünschelrutengänger hatte geglaubt, sie habe Grundstück und Haus mit Entstörgeräten ausgestattet, die etwa 100 Mark pro Quadratmeter kosten! Sie hat mittlerweile ihr geplantes Seminarzentrum gegründet und damit ihre Aufgabe gefunden.

Ein weiteres Beispiel zeigt, wie intensiv kosmische Symbole bei Elektrosmog wirken. Ich ermutigte eine Freundin von mir, aus ihrer Doktorarbeit über Algen ein Buch zu machen. Eines Tages rief sie mich an und fragte mich: »Hast du auch solche Probleme beim Tippen auf dem Computer? Nach einer Stunde spätestens geht es bei mir los. Erst pocht meine Schilddrüse, dann klopft mein Herz wie wild, und dann bekomme ich auch noch Schweißausbrüche. Ich glaube, ich kann das Thema Buchschreiben abhaken!« Ich bot ihr an, ihr zwei Zettel mit den Symbolen zu schicken, einen sollte sie unter die Tastatur, den anderen direkt unter den Computer legen. Äußerlich war der Zettel ein Stück weißes Papier, weil ich drei Lagen weißes Papier über die Symbole geklebt hatte. Meine Freundin war begeistert von der Wirkung. Sie konnte problemlos stundenlang am Computer arbeiten. Nach einigen Wochen rief sie mich erneut an und machte einen ganz unglücklichen Eindruck. Was war geschehen? Die Freundin beschwerte sich: »Die Symbole wirken nicht mehr. Ich habe alle Symptome von früher wieder!« Ich antwortete: »Das kann ich mir nicht vorstellen. Die Symbole verlieren nicht an Wirkung. Liegen sie denn immer noch unter deinem Computer?« »Ja klar«, war die Antwort. Als ich meine Freundin bat nachzusehen, stellte sie fest, dass die Zettel nicht mehr unter ihrem Computer lagen. Ihre Putzfrau hatte wohl einmal besonders gründlich sauber gemacht und dabei die unscheinbaren weißen Zettel weggeworfen! Jetzt hat sie dort wieder Zettel mit den Symbolen, sie ist Bestsellerautorin geworden und schreibt gerade an ihrem vierten Buch.

Die Wohnung im Urlaub schützen – mit dem SHK kein Problem!

Das SHK wirkt auch aus der Ferne. Eine Freundin von mir, die in einer Einzelhausgegend in Pinneberg in der Nähe von Hamburg wohnt, reiste für sechs Wochen nach Südfrankreich. Immer, wenn sie an ihr Haus dachte, stellte sie sich das SHK, gefolgt von dem TKR, darüber vor. Als sie zurückkam, stellte sie fest, dass Einbrecher zur Hauptreisezeit alle Häuser in ihrer Umgebung aufgebrochen hatten und nur ihr Haus verschont geblieben war.

Während wir unseren Kindern winken, wenn sie zur Schule gehen, können wir uns ein SHK und ein TKR um sie herum vorstellen, oder auch wenn unser Partner zur Arbeit fährt. Viele Mütter machen sich dauernd Sorgen um ihre Kinder und stellen sich zum Beispiel vor, wie sie von einem Auto angefahren werden. Solche negativen Gedanken ziehen leider genau das an, wovor wir Angst haben! Wir stecken so unsere Kinder mit unserer Unsicherheit an. Immer, wenn wir merken, dass wir uns um unsere Liebsten Sorgen machen, sollten wir das Kontrastprogramm einschalten, sie gesund und fröhlich winkend vor unserem geistigen Auge sehen und das SHK und das TKR über sie malen. Wenn wir irgendwelche Verkehrsmittel benutzen, wie Auto, Bahn, Bus oder Flugzeug, malen wir das SHK darüber. Besonders wichtig ist das beim Fahrradfahren, weil dabei unser Körper unsere Knautschzone ist!

Immer, wenn wir das Bedürfnis nach Sicherheit oder Schutz vor Negativität jeder Art haben, benutzen wir das SHK, gefolgt vom TKR. Wenn wir bemerken, dass negativ eingestellte Menschen uns Energie abziehen, hüllen wir uns mit dem SHK ein und segnen gleichzeitig den anderen mit dem TKR. Einmal war ich in einem Flugzeug nach München unterwegs, in dem es damals noch eine Raucherzone gab. Die Touristen-Klasse war klein und zwischen Business-Klasse und Raucherzone eingerichtet. Ständig zogen Rauchschwaden zu mir herüber, und ich konnte mich gar nicht mehr auf meine Lektüre konzentrieren, so sehr brannten mir die Augen und schmerzte mein Kopf. Da stellte ich mir das SHK, gefolgt vom TKR, groß über mir wie einen Schirm vor und erneuerte das Symbol alle paar Minuten. Zwar merkte ich den Rauch noch, er beeinträchtigte mich aber nicht mehr. Die Augen tränten nicht mehr so stark, und ich konnte meine Lektüre wieder genießen.

Das HSN, Symbol für Loslassen von Überflüssigem und Transformation

Das HSN ist meist nicht gerade das Lieblingssymbol der Seminarteilnehmer, weil es mit 22 Strichen das längste der kosmischen Symbole im Reiki-System ist. Die meisten sind dann aber erstaunt, wie schnell sie es lernen, weil es sich nicht um das Lernen von etwas völlig Neuem handelt, sondern um ein Erinnern. Auf den inneren Ebenen ist das Symbol bereits in uns gespeichert.

Das HSN hilft uns, mit der Energie von Veränderung und Transformation in Kontakt zu kommen. Es begleitet und unterstützt uns auch prophylaktisch bei Veränderungen in unserem Leben. Veränderungen sind ein natürlicher Bestandteil des Lebens. Veränderung ist ein natürliches Gesetz des gesamten Universums! Das ganze Leben besteht aus Werden und Vergehen. Das HSN lädt uns ein, Altes, Überflüssiges loszulassen und damit Platz zu schaffen für Neues. Wenn die Blätter im Herbst darauf bestehen würden, dass sie am Baum bleiben, könnte es keinen neuen Frühling geben.

Mit dem HSN im Fluss des Lebens

Stufen

Wie jede Blüte welkt und jede Jugend
dem Alter weicht, blüht jede Lebensstufe,
blüht jede Weisheit und auch jede Tugend
zu einer Zeit und darf nicht ewig dauern.
Es muss das Herz bei jedem Lebensrufe
bereit zum Abschied sein und Neubeginne,
um sich in Tapferkeit und ohne Trauern
in andere, neue Bindungen zu geben.
Und jedem Anfang wohnt ein Zauber inne,
der uns beschützt, und der uns hilft zu leben.
Wir sollen heiter Raum um Raum durchschreiten,
an keinem wie an einer Heimat hängen,
der Weltgeist will nicht fesseln uns und engen,
er will uns Stuf' um Stufe heben, weiten.
Kaum sind wir heimisch einem Lebenskreise
und traulich eingewohnt, so droht Erschlaffen;
nur wer bereit zu Aufbruch ist und Reise,
mag lähmender Gewöhnung sich entraffen.
Es wird vielleicht auch noch die Todesstunde
uns neuen Räumen jung entgegen senden ...

des Lebens Ruf an uns wird niemals enden…
Wohlan denn, Herz, nimm Abschied und gesunde!

HERMANN HESSE

Das HSN hilft uns, im Fluss des Lebens zu bleiben und uns von überflüssigem Ballast zu trennen. Oft bleiben Menschen noch jahrelang in Beziehungen, die sie unter dem Strich nur noch in rote Zahlen bringen, das heißt, ihre Selbstachtung und ihr Selbstwertgefühl unterminieren. Ich selbst bin zweimal viel zu lange in Partnerschaften geblieben, immer noch in der Hoffnung, es würde sich zum Besseren wenden, im Nachhinein aber nur aus Sicherheitsdenken – ich wollte lieber in einer unglücklichen Partnerschaft als allein leben! –, hervorgerufen durch Unsicherheit und Minderwertigkeitskomplexe. Viele Menschen ertragen jahrelange Lieblosigkeiten und Demütigungen in Beziehungen und verleugnen damit ihre wahre, göttliche Natur. Auf Dauer machen solche Beziehungen gefühlskalt, kraftlos und auch krank.

Wir kennen alle das Sprichwort: »Der Spatz in der Hand ist besser als die Taube auf dem Dach.« Viele bleiben lieber in ihrem ungeliebten Job aus Angst vor Arbeitslosigkeit. Mehr als die Hälfte der Deutschen, so hat eine Umfrage ergeben, geht morgens mit schlechten Gefühlen zur Arbeit! Oft könnte eine zeitlich begrenzte Arbeitslosigkeit vielleicht helfen, unsere Talente zu entdecken und zu entwickeln, sodass wir eventuell sogar den Mut bekommen, uns damit selbstständig zu machen.

Der Schöpfer hat jeden Menschen mit einzigartigen Talenten ausgestattet, die es zu verwirklichen gilt, um anderen optimal dienen und selbst dabei Erfüllung finden zu können. Ich war auch einmal ein Jahr lang arbeitslos. Diese

Zeit habe ich genutzt, um auf einem Biohof biologischen Gartenbau und Landwirtschaft zu lernen. Die so gewonnenen Kenntnisse und Fähigkeiten waren mir später bei meinen Gesundheitsseminaren, Artikeln und Ernährungsbüchern sehr nützlich. Ohne dieses Wissen hätte ich einen Großteil meiner Bücher nicht so fundiert schreiben können.

Ist Leiden notwendig?

Veränderungen sind Teil unseres Lebens, und das Tempo und die Dimension der Veränderungen nehmen zu, wie jeder an seinem eigenen Leben beobachten kann. Es wäre daher gut, sich darauf vorzubereiten! Wenn wir Veränderungen in unserem Leben Widerstand leisten, werden wir leiden. Leiden ist aber nicht nötig! Als ich vor zwanzig Jahren das erste Mal in der Findhorn-Gemeinschaft war, hatte sich der Begründer der Gemeinschaft, Peter Caddy, gerade von seiner Frau Eileen und seinen 6 Kindern getrennt und ein neues Leben mit einer wesentlich jüngeren Frau begonnen. Viele Mitglieder der Gemeinschaft waren daher nicht gut auf ihn zu sprechen, und einige ignorierten ihn sogar. Eileen erzählte uns in einem Seminar, dass sie viel geweint habe, aber dann habe sie Gottes Stimme gehört: Dies sei eine Prüfung für sie, um die wichtige Lektion bedingungsloser Liebe zu lernen. Jetzt sei sie dankbar für diese Lernerfahrung und würde Peter immer noch lieben.

Ich fragte sie, ob sie glaube, dass alle Menschen in solch einer Situation zunächst einmal leiden müssten. Eileen überlegte einen Moment und sagte dann: »Nein, niemand muss leiden. Das war meine Entscheidung. Wenn man keinen Widerstand leistet, ist gar kein Raum für Leiden. Nur Widerstand erzeugt Leiden.« Ich war sehr beeindruckt von dem Mut und der Weisheit dieser Frau. Wie einfach ihre Worte klangen, und wie schwer ist es manchmal, sie zu leben und in die Tat umzusetzen! Dabei hilft einem das HSN. Wir lernen mit der Zeit mit allen Geschehnissen im Leben einverstanden zu sein, sie als eine willkommene Lernerfahrung zu akzeptieren, und wir lernen die wichtige Lektion, dass alles letztlich zu unserem Besten ist, weil es uns beim Wachsen hilft. »Je größer unsere Probleme, desto größer unsere Chance, zu wachsen und zu lernen«, sagt der spirituelle Lehrer Ron Smothermon.

Nur Widerstand erzeugt Schmerz und Leid, die wir auf den abgelehnten Bereich projizieren. Wir fühlen uns dabei als unschuldiges Opfer böser Schicksalsmächte. Wenn wir leiden, haben wir uns weit von der inneren Einheit mit allem entfernt, die wir als Baby erlebt haben, und haben sogar vergessen, was uns fehlt, zurück bleibt nur Leere und Verlassenheit. Wenn wir im Äußeren versuchen, unser Leid zu lindern, werden wir keinen langfristigen Erfolg erzielen. Ablehnung, Ausgrenzung und Verdrängung, auch von »negativen« Eigenschaften in uns, sind nicht die Lösung, sondern erzeugen nur neues Leid. Schmerz und Leid sind immer ein Signal: »Kehre zurück zur Einheit!«

Einverstanden-Sein: alles akzeptieren!

Wirkliches Einverstanden-Sein heißt, alles zu akzeptieren und nichts auszuschließen. Immer, wenn wir etwas zurückweisen und ablehnen, setzen wir unserem Wirken Grenzen. Mit dieser inneren Einstellung bringen wir zum Ausdruck, dass unser Dasein einen Sinn hat und es keinen

»Zufall« gibt, sondern alle Ereignisse in unserem Leben uns stärken können.

Zur Vertiefung dieses Themas empfehle ich das Buch von Shalila Sharamon und Bodo Baginski, »Ein-verstanden-Sein« (siehe Literaturempfehlungen).

Richard Bach hat nicht nur das Buch »Möwe Jonathan« geschrieben, sondern noch weitere sehr gute Bücher. In seinem Büchlein »Illusionen« findet sich ein Prolog. Wesenheiten leben am Grunde eines Flusses und halten sich an Steinen und Wasserpflanzen fest, um nicht von der Strömung davongetrieben zu werden. Eine dieser Wesenheiten ist nicht mehr länger bereit, sich ein ganzes Leben lang festzuhalten. Sie sagt zu den anderen: »Macht, was ihr wollt, ich werde loslassen. Das ist kein Leben, das ist bestenfalls Existieren!« Die anderen warnen sie. »Mach das nicht! Du wirst elendig zu Grunde gehen, an einem Felsen zerschmettern und verbluten.« Das Wesen hört aber nicht auf die anderen, sondern lässt los. Es wird am Anfang auch umeinander gewirbelt, bekommt dabei ein paar Blessuren ab, aber der Fluss wird ja breiter und tragender, es geht ja Richtung Meer. Die anderen Wesenheiten sehen es über sich schweben. Eine ruft: »Seht doch! Da ist einer, der fliegen kann! Das ist sicherlich der Messias!« Das Wesen aber antwortet: »Ich bin doch nicht der Messias. Ich bin einer von euch! Das Einzige, was mich von euch unterscheidet, ist: Ich habe losgelassen!« Das Wesen hat allen Widerstand aufgegeben und sich dem Strom des Lebens hingegeben.

Genau dies ist auch unser Weg: sich vom Strom des Lebens zum Ozean bedingungsloser Liebe und Einheitsbewusstsein tragen zu lassen, ohne jede Anstrengung. Früher kursierte ein Spruch in der Studentenbewegung: »Willst du zurück zur Quelle, musst du gegen den Strom schwimmen.« Die Tiere, die das tun, sind die Wildlachse. Nur ein Teil von ihnen schafft es kräftemäßig bis zur Quelle und legt den Laich ab, viele gehen anschließend vor Erschöpfung zu Grunde. Was wollen wir schon wieder bei der Quelle? Dort kommen wir doch her! Viel interessanter wäre es zu schauen, wohin die Reise geht, nämlich zum Meer.

Jede Transformation ist das Opfern von Altem zu Gunsten der Geburt des Neuen. Viele Menschen lösen sich nur schwer von Altem, auch von überholten Denkstrukturen. Die »Reise ins Unbekannte« ihrer inneren Ebenen, zu ihrem göttlichen Selbst, macht vielen Angst. Mit dem authentischen Reiki entwickeln wir immer mehr den Mut, das Alte, Sichere, Bekannte zu verlassen und uns dem Neuen, Unbekannten gegenüber zu öffnen. Als »Belohnung« winken uns innere Freiheit, tiefer innerer Frieden, heitere Gelassenheit und Glückseligkeit.

Verschwinde als Tautropfen und werde zum Ozean.
Aber du musst durch die Pforte der Liebe gehen.
Sicher, wenn man als Tautropfen gelebt hat,
dann tut das weh. Denn man hat gedacht:
»Ich bin das, und jetzt verschwindet es! Ich sterbe!«
Du stirbst nicht, nur eine Illusion stirbt.
Du hast dich damit identifiziert.
Erst wenn diese Illusion vorbei ist,
wirst du in der Lage sein zu sehen, wer du bist,
und diese Enthüllung bringt dich zum höchsten Gipfel
der Freude, der Glückseligkeit und des Feierns.

OSHO

Zur Illustration, wie wichtig es ist, Erlebnisse in unserem Leben nicht immer sofort zu bewerten, möchte ich folgende Geschichte erzählen, die Sie so oder ähnlich in vielen Büchern finden. Am Rande der Wüste Gobi lebten Menschen, für die Pferde eine große Bedeutung hatten. Einem jungen Mann war sein Pferd fortgelaufen. Alle im Dorf bemitleideten ihn, nur ein alter Mann sagte: »Mal sehen.« Kurze Zeit später kam das Pferd zurück, im Gefolge eine wunderschöne Stute. Alle im Dorf waren entzückt und beglückwünschten den jungen Mann. Ein alter Mann aber sagte: »Warten wir's ab.« Beim Zureiten der Stute fiel der junge Mann vom Pferd und verletzte sich. Der Bruch heilte schlecht, und fortan humpelte er. Die Dorfbewohner bejammerten sein Schicksal. Der alte Mann aber sagte: »Mal sehen.« Der König rekrutierte Soldaten für den Krieg und kam auch in dieses Dorf. Er nahm alle jungen Männer mit, bis auf den, der humpelte...

Diese Geschichte geht vielleicht noch viel weiter. Sie zeigt uns, dass unsere Bewertung einer Situation oft an der Wirklichkeit vorbeigeht. Viele Menschen wurden von ihrem Partner verlassen und waren monatelang zutiefst verletzt und unglücklich. Im Nachhinein war dies etwas Gutes, weil ihr Herz so frei war für ihren Traumpartner. Oder sie haben ihre Arbeit verloren. Im Nachhinein war dies auch etwas Gutes, weil sie die Chance hatten, ihre wahren Talente aufzuspüren, zu entwickeln und sich so für ihren Traumjob zu qualifizieren. Oder es stand ein Ortswechsel an, für den sich die meisten zunächst gar nicht begeistern können. Im Nachhinein war dies das Beste, was ihnen geschehen konnte, weil sie in der neuen Stadt viele wertvolle Freunde oder vielleicht sogar ihren Lebenspartner oder ihren Traumjob gefunden haben.

Im Nachhinein wissen wir eine Veränderung im Leben zu schätzen. In der Situation selbst sind viele verzweifelt. Wie wäre es, zukünftig in Situationen, die uns früher aus dem Gleichgewicht gebracht hätten, zu fragen: »Wo ist das Geschenk?«, das heißt, »Was kann ich daraus lernen?« Mit dem HSN werden wir erleben, dass die Abstände zwischen negativen Gefühlen und dieser Frage, die zum Ausdruck bringt, dass alles letztlich unserem Wohl dient, immer kürzer werden, bis wir diese Frage sofort stellen und kein Raum mehr ist für Selbstmitleid und Katastrophenstimmung.

Ich war in der sechsten Woche schwanger und hatte gerade erfahren, dass der Vater meines Kindes mich nicht unterstützen, sondern sich von mir trennen würde, weil ihm seine »Freiheit« und Unabhängigkeit kostbarer waren. Er hatte mir zu einer Abtreibung geraten. Zuvor hatte er immer gesagt, wie kinderlieb er sei und dass für ihn als angehenden Arzt eine Abtreibung nie in Frage käme. Ich war schockiert. Das hatte ich nicht erwartet. Um mich zu sammeln, legte ich mich aufs Bett. Ich war so »fertig«, dass ich kaum die Kraft hatte, mir eine Ganzbehandlung zu geben. Ich legte ganz lange eine Hand auf das Sonnengeflecht, die andere auf die Herzposition und schloss die Augen. Immer wieder stellte ich mir das HSN-Symbol vor, gefolgt vom TKR. Ich wusste, dass auch diese Situation etwas Gutes für mich bereithielt, konnte es aber in dem Moment nicht erkennen. Mit der Zeit fühlte ich einen tiefen Frieden in mir aufsteigen. Es war so, als ob mich eine sanfte Hand streichelte. »Lieber Gott, wenn Du mir dieses Kind geschenkt hast, wirst Du doch auch dafür sorgen, dass es ihm gut geht, oder?«, fragte ich innerlich.

Als Antwort überkam mich ein sehr intensives Glücksgefühl, und Tränen des Glücks liefen mir über die Wangen. Ich »wusste« nun, dass ich nicht allein war mit dem Kind und dass der Schöpfer seine Hand auch über dieses kleine Wesen halten würde. Wie sich alles im Einzelnen fügen würde, wusste ich damals allerdings noch nicht. Aber das Grundvertrauen, »Alles wird gut«, war da. Als ich im vierten Monat schwanger war, lernte ich einen wesentlich jüngeren Mann kennen, und wir verliebten uns ineinander. Innerhalb von zwei Wochen zogen wir zusammen, und wir waren das erste und anstrengendste Jahr mit einem kleinen Kind eine vollständige Familie! Hätte mir jemand diese Geschichte erzählt, hätte ich gedacht, sie stamme aus einem kitschigen Lore-Roman.

Wie verbinden wir uns mit Hilfe des HSN mit der Transformationsenergie?

Ich empfehle, mit diesem Symbol auch prophylaktisch zu arbeiten, wenn Sie ein Mensch sind, der ein ausgeprägtes Sicherheitsbedürfnis hat und Veränderungen im Leben eher skeptisch bis ablehnend oder sogar ängstlich gegenübersteht. Dazu gibt es mehrere Möglichkeiten. Einmal können wir das HSN-Symbol, gefolgt vom TKR, im »Tanz der Symbole« in die Luft malen und dann in dieses gezeichnete Symbol hineintreten, wobei wir die Hände intuitiv auf eine der Positionen legen und für ein paar Minuten die Augen schließen. Wir werden dabei vielleicht nach einer Weile eine Leichtigkeit oder Freude in uns spüren. Vielleicht wird uns auch klar, dass wir nichts auf den äußeren Ebenen brauchen, um glücklich zu sein, sondern, dass wir wahres, dauerhaftes Glück immer in uns finden.

Eine weitere Möglichkeit, von der Energie, die dieses Symbol aktiviert, zu profitieren und Loslassen und Akzeptieren zu üben, ist, es in die Ganzbehandlung einzubeziehen. Vor allen Positionen der Ganzbehandlung oder zumindest vor denen, in denen wir so etwas wie Widerstand spüren, malen wir das HSN-Symbol, gefolgt vom TKR, mit der Hand in die Luft oder auch im Geiste. Wenn bestimmte Veränderungen in unserem Leben anstehen und wir uns während der Behandlung innerlich damit beschäftigen, werden wir bei einigen Positionen eine Energieblockade oder einen Widerstand spüren. Manchmal haben wir einen Kloß im Hals oder spüren eine Enge im Herzbereich oder haben ein leichtes Gefühl von Übelkeit in der Magenregion. Wenn wir dies spüren, lassen wir dort unsere Hände ganz besonders lange und malen die Symbole, bis sich das ungute Gefühl aufgelöst hat, oft begleitet von einer Erkenntnis oder Inspiration unseres Höheren Selbst, der Instanz von Weisheit in uns.

Wir können auch auf bestimmte Themen wie »Beruf« oder »Partnerschaft« Energie ausrichten und während dieser Zeit mit dem HSN- und TKR-Symbol arbeiten, das heißt uns diese Symbole während der Behandlung vorstellen. Während wir bei uns die Hände auflegen und zusätzlich mit den beiden Symbolen arbeiten, sind wir in Verbindung mit unserem Höheren Selbst und werden vielleicht während der Behandlung oder danach intuitiv in Kontakt gebracht mit einer Alternative zu dem Bestehenden, das uns nicht befriedigt. Die Engländer sagen zum Beispiel in Bezug auf eine Arbeit: »Love it, or leave it.« Vielleicht besteht die Lösung auch darin, sich mehr einzubringen und so eine Partnerbeziehung oder Arbeitssituation zu transformieren, und nicht, wie ein Schmetterling von einer

Blüte zur anderen zu fliegen und ständig im Neuen das grundlegend Andere und Bessere zu erwarten. Unser Höheres Selbst oder die Instanz von Allwissenheit in uns weiß genau, was in einer bestimmten Situation anliegt, und wir sind eingeladen, auf diese Stimme zu hören. Mit dem authentischen Reiki machen wir uns unabhängig von fremden Autoritäten, kommen in Kontakt mit unserem »inneren Meister« und folgen immer mehr unserer inneren Führung. Wir erkennen, dass wir die Antworten auf alle Fragen, die uns tief bewegen, in unserem Inneren finden.

Eine Freundin von mir litt in unregelmäßigen Abständen unter heftigen Migräneanfällen. Kein Medikament half ihr. Sie richtete dann Energie auf dieses Thema aus und benutzte gleichzeitig das HSN-Symbol. Ihr wurde währenddessen klar, dass sie sich eigentlich mehr Zuwendung und Zärtlichkeit von ihrem Mann ersehnte. Sie hatte aber nicht den Mut gehabt, diese Bedürfnisse ihm gegenüber zu äußern, weil ihr Verstand ihr sagte, dass ihr Mann sich in seinem Beruf für seine fünfköpfige Familie aufopferte und sie ihm nicht noch mehr zumuten solle. Als sie ihre verdrängten Bedürfnisse erkannt und ihre Schuldgefühle deswegen losgelassen hatte, fand sie auch den Mut, mit ihrem Mann darüber zu sprechen. Er hat jetzt sein Büro nach Hause verlagert und viel mehr Zeit für seine Frau. Auch ihr Mann genießt jetzt die neue, intensive Zweisamkeit. Und ihre Migräneanfälle, die sie früher tagelang blockierten, haben völlig aufgehört.

Mit dem HSN Feindbilder abbauen und seinen Seelenfrieden finden!

Wenn wir uns über jemanden aufregen oder gar jemanden hassen, können wir auch auf diese Person Energie ausrichten und dabei das Transformationssymbol verwenden. Wir werden mit der Zeit erkennen, dass wir die Eigenschaften, die wir an dem anderen ablehnen und bekämpfen, auch in uns haben, aber bisher nicht den Mut hatten, sie als ein Teil von uns zu betrachten und liebevoll zu umarmen. Wenn wir uns selbst nicht lieben, ist unsere Liebe zu anderen ebenfalls begrenzt: »Liebe deinen Nächsten wie dich selbst.« Indem wir eine Eigenschaft in uns ablehnen, projizieren wir sie nach außen und versuchen dort, sie zu bekämpfen. Die Inder empfehlen, bei allem, was wir betrachten, zu denken: »Auch das bist du.« Je mehr wir mit verdrängten Teilen unserer Persönlichkeit Frieden geschlossen haben, desto weniger projizieren wir sie nach außen. Dies ist wirkliche Friedensarbeit, weil Kriege immer auf Grund von Feindbildern oder Projektionen entstehen! Mit der Zeit entwickeln wir eine Sichtweise von »sowohl als auch« statt »entweder – oder«, die Widersprüche zulässt und Gegensätze einschließt.

Das TKR-Symbol, kosmischer Kraftverstärker und Mittel zur Segnung

Das TKR-Symbol wird auch »kosmische Spirale« genannt. Es dient zur Verstärkung kosmischer, universaler Energie. Dieses Symbol erhöht sofort die Schwingung von allem und jedem. Dies nennt man auch »segnen«.

Magda Wimmer hat in ihrem Buch »Die Maya« (Goldmann-Verlag, München 2000) das uralte Wissen der Maya über die Spirale zusammengetragen. Das Mayarad der 20 Sonnensymbole läuft gegen den Uhrzeigersinn. Die Sonnensymbole zeigen die Rückkehr zum Zentrum an, aus dem wir kommen. Die Sonne ist bei den Maya Sinnbild für den höchsten Geist, jene Energie, von der alles ausgeht und zu der alles zurückkehrt. Den »Großen Geist« stellten sich die Maya wie einen Energiewirbel vor. Das Zeichen G, eine doppelte Spirale, symbolisiert den Ur-Schöpfer und den Samen, aus dem alles Leben hervorgeht. Die Maya wussten, was Wissenschaftler jetzt bestätigt haben: In den Pleiaden gibt es eine spiralförmige Bewegung, aus der ständig neue Sterne hervorgehen. Für die Maya bewegte sich die Zeit wie eine Spirale. Das Hunab-Ku-Symbol, Symbol des Großes Geistes, ist eine Spirale entgegen dem Uhrzeigersinn, mit einer Muschel im Zentrum.

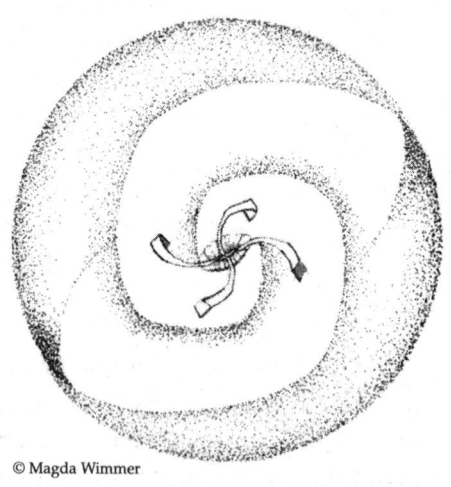

© Magda Wimmer

Die Anwendungsmöglichkeiten von »Segnung« sind unbegrenzt. Wir können alles und jeden segnen, einfach, indem wir das Symbol malen. Wir können mit der Kosmischen Spirale zum Beispiel unsere Nahrung segnen, indem wir das Symbol darüber malen und, das wäre optimal, noch eine Weile unsere Hände darüber halten. Wenn wir im Restaurant sitzen oder andere zugucken, zeichnen wir das Symbol in unserer Vorstellung. Wir können uns einen »Spiralblick« angewöhnen, indem wir andere anschauen und dabei das TKR-Symbol aus unseren Augen zu den Augen unseres Gegenübers fließen lassen. Wir können auch, nach einiger Übung sogar gleichzeitig, mit der Kosmischen Spirale die Herzchakren von Gesprächspartnern oder Mitgliedern in einer Gruppe miteinander verbinden. Die Kommunikation wird dadurch harmonischer, ehrlicher und direkter.

Das TKR-Symbol unterstützt (Selbst-)Heilungsprozesse. Wir können es, in verkürzter Form, auf das Gipsbein eines Genesenden malen. Wenn wir selbst ein körperliches Problem haben, wie Bauchschmerzen oder eine Wunde, können wir ein Pflaster auf die betreffende Stelle kleben, das Symbol darauf malen und kreuzweise ein Pflaster drüber kleben, damit man es nicht sieht. Zur Erinnerung: Wir sollten die kosmischen Symbole vertraulich behandeln!

Gedankenmeditation und Segnung

Die kosmische Spirale eignet sich sehr gut für eine Gedankenmeditation. Wir stellen uns das Symbol vor und lassen dann unseren Gedanken freien Lauf. Für diese Übung können wir uns zum Beispiel einmal pro Woche zu einem festen Termin zwanzig Minuten Zeit nehmen. Wir werden merken, wie unsere Gedanken immer »lichter«, also positiver, wohlwollender und konstruktiver werden! Universale Energie, diesmal aktiviert durch das TKR-Symbol, wandelt auch die mentale Ebene um. Diese Übung eignet sich nicht nur als Meditation, sondern auch als Therapie, nämlich immer dann, wenn wir merken, dass wir alles grau in grau sehen und an allem, einschließlich uns selbst, etwas auszusetzen haben. Bei solchen depressiven Anflügen machen wir folgende Übung: Symbol malen, Gedanken freien Lauf lassen, Symbol malen usw. Wir erkennen dabei, warum wir bedrückt sind, und gelangen wieder auf eine höhere Frequenz. Diese Übung können wir auch noch abwandeln, indem wir nicht die Gedanken kommen lassen, sondern einen positiven Gedanken eine Weile wiederholen, eingerahmt durch das TKR, wie zum Beispiel »Ich genieße jeden Augenblick die Fülle meines Lebens« oder »Ich werde von der Liebe Gottes getragen« oder »Ich bin ein Kind Gottes und bin eins mit ihm.« Schön wäre es, über die Erfahrungen solcher Übungen ein Licht-Tagebuch zu führen, damit wir unsere Entwicklung reflektieren und wertschätzen können.

Wünsche klären? Mit dem TKR kein Problem!

Das TKR-Symbol ist auch geeignet, um Wünsche zu klären. Oft hegen wir seit unserer Kindheit bestimmte Wünsche, die uns unsere Eltern damals nicht erfüllen konnten oder wollten. Wenn sich jetzt die Gelegenheit bietet, meinen wir, »zugreifen« und diese Wünsche in die Tat umsetzen zu müssen. Oft stellen wir dann – im Nachhinein – fest, dass die Wunscherfüllung uns gar nicht viel gebracht hat, außer neuen terminlichen oder finanziellen Verpflichtungen. Um Wünsche »kosmisch abzuklopfen«, also herauszufinden, ob sie zu unserem Weg gehören oder nur in Sackgassen führen, stellen wir uns das Symbol vor, sprechen den Wunsch leise oder laut aus und malen wieder das Symbol. Manchmal fühlt sich der Wunsch gut an, dann heißt es »grünes Licht« für die Wunscherfüllung. Manchmal ändert sich ein Detail. Und manchmal fühlt sich der Wunsch gar nicht gut an, dann sollten wir ihn zunächst nicht realisieren, können aber das Thema später noch einmal überprüfen. Unser Höheres Selbst, mit dem wir mittels des TKR zusammenarbeiten, teilt uns seine Botschaft über die emotionale Ebene mit. Im Laufe der Übung findet dann eine Polarisierung statt, das heißt, unser Wunsch fühlt sich immer besser oder immer schlechter an.

Wir können die Energie von Sitzgelegenheiten in der Öffentlichkeit, wie Kinositze, Parkbänke und Sitze in öffentlichen Verkehrsmitteln, verbessern, wenn wir darüber im Geiste das TKR malen. Kirlian-Fotografen haben herausgefunden, dass die negative Schwingung einer Person, die wütend war oder depressiv, noch über Stunden an einem Sitz nachweisbar ist. Manchmal werden Menschen unkonzentriert oder schlecht gelaunt, wenn sie sich dort hinsetzen. Wir setzen uns in Zukunft nur noch ins Licht! Dieselbe Übung können wir auf Reisen in Hotelzimmern machen. Als erste Handlung male ich einen Zettel mit allen Symbolen und lege ihn unter das Bett und unter elektrische Geräte wie Fernseher, um die Schwingung und Atmosphäre im Raum zu verbessern.

Mehr Erfolg mit dem TKR

Ich reichere meine Korrespondenz mit der Kraft des TKR-Symbols an. Erst einmal lege ich einen DIN-A-4-Zettel mit allen Symbolen, übereinander gemalt, als letztes Blatt in meine Schreibmaschine oder in den Briefblock. Ich habe festgestellt, dass meine Schreibweise harmonischer, flüssiger und liebevoller ist, seit ich das praktiziere. In meinen Namenszug integriere ich das kosmische Symbol, wobei ich den ersten Teil im Geiste male. Die Spirale entgegen des Uhrzeigersinns, von außen nach innen, sollte in keinem gedruckten Briefpapier, in keinem Firmenlogo und keiner Einladung oder Werbebroschüre fehlen! Viele Anregungen finden sich in dem wunderschönen Buch von Jill Purce, »Die Spirale – Symbol der Seelenreise«. Laut C. G. Jung haben die kosmischen Symbole eine bestimmte Anziehungskraft und Wirkung auf unsere Psyche, ob wir daran glauben oder nicht. Diese positive Wirkung sollten wir uns im Privaten und Geschäftlichen zu Nutze machen.

Unser »kosmischer Rettungsanker« für alle Fälle!

Das TKR-Symbol ist sozusagen unser »kosmischer Rettungsanker«. Das heißt, wenn wir einmal in einer Gefahrensituation sind und in der Aufregung Mühe haben, alle Teile des SHK-Schutz-Symboles zu erinnern, sollten wir uns auf die kosmische Spirale besinnen. Der Gebrauch dieses Symbols katapultiert uns auf die höchste Bewusstseinsstufe, harmonisiert uns dabei auf allen Ebenen, und wir sind in Sekundenschnelle auf einer viel höheren Energiefrequenz als Angst und Gewalt. Das TKR-Symbol ist so einfach, dass wir es uns leicht einprägen können.

Wenn ich müde bin und einen anstrengenden Einkaufs-bummel vorhabe, trete ich ab und zu in die Kosmische Spirale, das heißt, ich stelle mir das Symbol vor und trete hinein. Dabei kann ich mein normales Tempo beibehalten. Ich stelle fest, dass ich neue Energie bekomme; wovon auch meine Kaufentscheidungen profitieren, das heißt, ich kaufe nur genau das, was ich mir auch vorgenommen habe. Diese Übung mache ich auch beim Joggen und Wandern. Wenn ich im Dunkeln Auto fuhr, war ich früher oft schnell erschöpft, besonders bei Regen. Jetzt stelle ich mir den ersten Teil des TKR-Symbols vor und fahre dann in eine unendliche Spirale, wie in einen Tunnel aus Licht. Zwar reiße ich mich immer noch nicht um Nachtfahrten, aber ich benötige nicht mehr so viele Pausen und komme entspannt ans Ziel.

Etwas verloren? Ursachenforschung und das TKR helfen!

Wenn man etwas verloren hat, hilft die kosmische Spirale, es wiederzufinden. Sigmund Freud sagte einmal, man verliere nichts, was man nicht verlieren wolle. Ein Teil unserer Persönlichkeit ist darüber natürlich nicht sehr erbaut. Erst einmal sollten wir uns beruhigen und vielleicht das SHK zur Harmonisierung auf der seelischen Ebene nehmen. Dann könnten wir uns fragen: »Warum habe ich ... verloren?« Indem wir auf diese Weise Ursachenforschung betreiben, signalisieren wir unserem Höheren Selbst, dass wir zur Zusammenarbeit bereit und offen für eine Antwort sind. Der Verlust von wertvollen Dingen wie Schmuck und Geld hängt meist mit einer Selbstwertkrise zusammen, und der Verlust von Dingen wie Personalausweis, die mit Identität zu tun haben, mit einer Identitätskrise. Wie innen, so außen! Wenn wir Krisen durchleben, spiegeln äußere Erlebnisse oft unseren inneren Zustand wider. Wir mögen dies als ungerecht empfinden, es handelt sich aber einfach um ein kosmisches Gesetz, in diesem Fall das Gesetz der Resonanz.

Wenn wir auf die beschriebene Weise Ursachenforschung betrieben haben – wir können auch Energie auf dieses Thema ausrichten, falls wir noch keine Antwort bekommen haben –, stellen wir uns den Gegenstand vor, den wir vermissen, und schlendern in der Gegend herum, wo wir ihn vermuten. Wir kreieren uns alles im Leben selbst. Wenn wir die wahre Ursache einer Krankheit gefunden haben, dann brauchen wir sie nicht mehr. Wenn wir die wahre Ursache eines Verlustes herausgefunden haben, dann können wir den Gegenstand auch wiederhaben!

Eine ältere Seminarteilnehmerin in Bremerhaven hatte den 2. Grad bei mir gemacht. Schon drei Tage nach Seminarende rief sie mich begeistert an: »Weißt du, Barbara, der 2. Grad hat sich für mich schon rentiert. Ich habe meinen Familienschmuck wieder gefunden!« Sie hatte ihre Schatulle mit Familienschmuck so gut in ihrer Wohnung versteckt, dass sie ihn nicht wiederfinden konnte, weil sie das Versteck vergessen hatte. Als sie über diesen Verlust meditierte, wurde ihr klar, dass sie, seitdem ihr Mann gestorben war, viel zu wenig für sich getan hatte, weil sie sich das nicht wert war. Sie beschloss, dies zu ändern und sich in Zukunft täglich eine Direktbehandlung zu geben und mehrmals in der Woche den »Tanz der Symbole« zu machen. Dann ging sie wie schlafwandelnd durch ihre Wohnung und stellte sich dabei die Schmuckschatulle mit dem TKR-Symbol darüber vor. Sie blieb vor einem Mauervorsprung, einem Stück weißer Wand, stehen. Erst war sie etwas irritiert und ging weiter. Aber ihre Schritte führten sie wieder zu dem Mauervorsprung. Plötzlich konnte sie sich erinnern: Sie hatte vor einigen Jahren einen Ofen mit dem dazugehörigen Abzug stilllegen lassen. Bevor der Ofen ganz zugemauert wurde, stellte sie die Schatulle in den Abzug, legte den letzten Stein nur lose hinein und tapezierte das Ganze über. Die 2.-Grad-Absolventin war glücklich, hatte sie doch vorher schon die ganze Wohnung auf den Kopf gestellt, um den wertvollen Familienschmuck, an dem sie sehr hing, wiederzufinden.

Vokabeln lernen mit kosmischen Symbolen!

Wenn ich Bücher lese, male ich zuvor mit Bleistift die Kosmische Spirale, manchmal auch die anderen Symbole, auf die Innenseiten des Umschlags. Egal, welche Seite ich aufschlage, es steckt immer die Energie der Symbole dahinter. Ich merke, dass ich auf diese Weise schwierige Texte besser verstehen kann. Die Methode eignet sich außerdem zum Lernen von Redetexten oder Vokabeln.

Das TKR-Symbol hilft auch bei so »profanen« Problemen wie der Parkplatzsuche. Wir stellen uns einfach, wenn wir losfahren, einen Parkplatz genau dort vor, wo wir ihn brauchen. Dann müssen wir nicht ständig daran denken. Wir werden vielleicht überrascht sein, dass wir auf diese Weise fast immer genau an der gewünschten Stelle einen Parkplatz finden, auch in der Innenstadt und bei großen Veranstaltungen. Einige Seminarteilnehmer haben mit der Anwendung des TKR in dieser Situation Probleme. Ich sage dann immer: Was ist denn »nicht spirituell« am Thema Parkplatzsuche? Den »Himmel auf die Erde bringen« heißt doch nichts anderes, als alle unsere Alltagsaktivitäten mit Lichtenergie anzureichern. Es ist ja wohl auch nicht gerade spirituell, stundenlang in der Gegend herumzukurven, die Luft zu verpesten und dann noch zu spät zu einer Veranstaltung zu kommen! Wenn möglich, fahre ich der Umwelt zuliebe mit öffentlichen Verkehrsmitteln, aber manchmal ist dies nicht praktikabel, wenn ich zum Beispiel Massageliegen transportieren oder mit meinen Kindern umfangreiche Einkäufe machen muss.

Die folgende Meditation mit dem TKR entwickelte ein Berliner Seminarteilnehmer eines 2.-Grad-Kurses spontan während des Seminars, und seither empfehle ich sie gern weiter. Sie dient dazu, die Schwingung von Frieden in uns zu stärken und in die Welt zu tragen. Gleichzeitig gibt sie uns Kraft und Freude.

Eine Spiral-Meditation

Wir setzen uns gerade hin, die Füße auf dem Boden, die Hände auf den Oberschenkeln mit den Handinnenflächen nach oben. Wir stellen uns nun vor, dass um uns herum kleine Kosmische Spiralen in der Luft sind und wir in uns einen Generator haben, der ständig weitere TKRs produziert. Wir stellen uns weiterhin vor, dass wir mit jedem Einatmen eine Wolke von kleinen, goldenen Kosmischen Spiralen aus Licht in uns aufnehmen und mit jedem Ausatmen mehr daraus wird. Um uns herum entsteht so eine Wolke von kleinen goldenen Lichtspiralen. Diese Wolke wird immer dichter und dicker, angereichert durch immer mehr TKRs, die wir ausatmen. Sie erfüllt jetzt den ganzen Raum, in dem wir sitzen, und wächst weiter, durchdringt die Wände, bis das ganze Haus davon erfüllt ist. Mit jedem Atemzug wächst die Wolke aus goldenen

Lichtspiralen weiter, bis sie unsere ganze Stadt oder unser ganzes Dorf bedeckt. Sie wächst und wächst. Wir stellen uns jetzt vor, dass unser ganzes Land von dieser strahlenden Wolke aus kleinen Lichtspiralen bedeckt ist. Die Wolke wächst weiter, in alle Himmelsrichtungen, bis sie ganz Europa bedeckt. Im Osten wächst sie weiter nach Asien, im Westen über den Atlantik, nach Süden bedeckt sie bald ganz Afrika. Ganz Nord- und Südamerika sind jetzt von dieser Lichtwolke bedeckt, und sie wächst weiter in Richtung Japan und Australien. Jetzt ist die ganze Erde mit einer dichten Decke aus vibrierenden, goldenen Lichtspiralen eingehüllt. Und die Wolke wächst weiter, bis sie das ganze Universum ausfüllt.

Wir kommen dann nach etwa 15 Minuten langsam ins »Hier und Jetzt« zurück, indem wir einige Male bewusst tief ein- und ausatmen, uns strecken und gähnen, wie eine Katze, die gerade aufwacht. Wenn es sich richtig für uns anfühlt, öffnen wir unsere Augen wieder. Sprechen Sie doch den Meditationstext mit Pausen auf eine Kassette.

Am besten, wir machen diese Meditation immer zur gleichen Zeit, täglich oder einmal pro Woche. Viele Menschen meditieren täglich um 21 Uhr. Falls dies ungünstig für Sie ist, meditieren Sie zu einer anderen Zeit. Dadurch, dass wir transzendentale Energie jenseits von Raum und Zeit aktivieren, spielt die Uhrzeit keine Rolle. Wir sind Teil eines Gruppenenergie-Feldes, weil sich viele Menschen an dieser und anderen Aktionen beteiligen, und werden die dadurch entstehende Kraft – wir potenzieren die Energie – spüren. Wir helfen so, die dunkle Wolke von Gedanken und Gefühlen, die sich um die Erde gelegt hat, aufzulösen und zu lichten, sodass sie wieder ein wunderschöner, strahlender blauer Planet im Weltraum wird!

Das TKR-Symbol bringt uns in Kontakt mit der Energie von Unendlichkeit und ewigem Leben. Wir kommen so in Berührung mit unserer geistigen Heimat und lernen, den Geist, der wir in unserer Essenz sind, auch im Alltag zum Ausdruck zu bringen. Wenn wir möchten, können wir mit der kosmischen Spirale auf den inneren Ebenen andere Planeten und Zivilisationen besuchen. Dazu stellen wir uns den ersten Teil des Symbols vor und fliegen dann durch die Spirale wie durch einen Tunnel.

Bringen Sie Ihre Wohnung energetisch auf Vordermann!

Unserer Phantasie bei der Anwendung der kosmischen Symbole sind keine Grenzen gesetzt. Wir können zum Beispiel unsere Wohnung mit kosmischen Symbolen bereichern, indem wir überall – hinter Bildern oder Spiegeln – Zettel mit den Symbolen verstecken. Wenn wir unsere Wohnung renovieren, malen wir die Symbole mit Kreide an die Wand, schön groß, das Gleiche gilt für Decken und Fußböden. Wir verbessern so die Atmosphäre und die Schwingung in unseren Räumen. Manche meiner Gäste wollen gar nicht wieder gehen, und beim Abschiednehmen sagen sie: »Meine trüben Gedanken sind verflogen. Sie haben in Ihrer Wohnung eine wunderbare Atmosphäre!«

Um die Atmosphäre in unserer Wohnung zu verbessern, können wir auch den »Tanz der Symbole« tanzen. Wir malen ein Symbol in die Luft, gefolgt vom TKR, und treten dann hinein, wobei wir die Hände intuitiv auf eine der Positionen legen. Mit der Zeit kreieren wir uns durch diese »Meditation in Bewegung« nicht nur eine Möglichkeit, schnell Kraft zu tanken und sich auf allen Ebenen gleichzeitig zu harmonisieren, ähnlich wie bei Tai Chi oder Chi Gong, sondern wir verbessern auch die Energie dort, wo wir den »Tanz der Symbole« durchführen. Wir schaffen uns so einen Ort, wo wir uns jederzeit regenerieren können, wenn wir Kraft und Frieden brauchen.

Es gibt keinen Moment in unserem Leben, in dem wir und andere nicht von dem Gebrauch eines universalen Symbols profitieren können. Wir können uns angewöhnen, ständig mit Symbolen zu arbeiten, etwa wenn wir uns unterhalten oder im Bus sitzen. So werden wir zu Lichtarbeitern und Mitschöpfern von Licht. »Betet ohne Unterlass«, heißt es in der Bibel, das heißt, seid Euch Eurer göttlichen Natur stets bewusst und strahlt immer Licht aus. Wenn wir eine Weile mit den kosmischen Symbolen gearbeitet haben, werden wir merken, dass wir plötzlich ganz instinktiv eines der Symbole verwenden, auch wenn wir dies gar nicht bewusst vorhatten.

Das Energieausrichten jenseits von Zeit und Raum

Mit dieser Technik des Ausrichtens von Lichtenergie jenseits von Zeit und Raum, salopp auch »Fernbehandlung« genannt, machen wir uns unabhängig von den Begrenzungen durch Zeit und Raum. Denn auf der Frequenz, mit der wir bei dieser Methode arbeiten, gibt es weder Zeit noch Raum. Wir bauen eine Lichtbrücke von dem Lichtpunkt in uns zum Lichtpunkt im anderen und harmonisieren dabei, wie bei der Direktbehandlung, uns selbst und den anderen auf allen Ebenen gleichzeitig. Es handelt sich wieder um ein »Win-Win-Game«, denn beide Seiten profitieren davon. Das Energieausrichten dauert etwa 25 Minuten und ist genauso wirksam wie eine einstündige Ganzbehandlung. Und: Wir können sogar mehrere Menschen gleichzeitig auf die Ferne behandeln!

Die einfache Technik

Beim Energieausrichten verwenden wir alle drei Symbole, die wir im 2. Grad lernen. Wir malen erst das HSN – es schlägt die Brücke zum Innersten des anderen –, dann das SHK – es harmonisiert vor allem die seelische Ebene –, und dann das TKR – als kosmischen Kraftverstärker – über den Bereich zwischen Dritte-Auge-Zentrum und Kopfspitze des anderen. Wir können dazu ein Foto nehmen oder uns die Person vorstellen. Zur Not, wenn wir weder ein Foto haben noch die Person kennen, können wir den Namen der Person auch auf einen Zettel schreiben und die Symbole in der vorgegebenen Reihenfolge darüber malen. Dann legen wir die Hände jeweils etwa acht Minuten nebeneinander auf unser rechtes Knie, danach auf unseren rechten Oberschenkel und dann auf unseren linken Oberschenkel. Dabei stellen wir uns im Geiste jeweils etwa zwei Minuten lang die einzelnen Positionen vor, als ob wir eine Ganzbehandlung durchführen würden.

Wenn unsere Gedanken abschweifen, ärgern wir uns nicht darüber, sondern lassen sie wie Vögel oder Wolken vorüberziehen. Wir erinnern uns daran, dass wir keine Mentalbehandlung auf der Ebene der Gedanken durchführen, sondern die Energie so lange fließt, wie wir die Hände auf unserem Körper haben. An die einzelnen Positionen zu denken hilft uns, »bei der Sache« zu bleiben und uns daran zu erinnern, was wir gerade machen, und so offen für Inspirationen und Eingebungen zu bleiben. Am

Ende der Behandlung legen wir unsere Hände noch eine Weile auf die Herzposition und öffnen dann langsam wieder die Augen und kommen zurück ins »Hier und Jetzt«.

Ich war einmal im Urlaub auf Hawaii und hatte mit meinem Freund einige Tage nur mit frisch gepressten Obstsäften gefastet. Fasten lockert unsere Verbundenheit mit der körperlichen Ebene und öffnet uns für die feinstofflichen Energien. Ich saß am Strand auf einem Felsen. Gegenüber lag im silbrigen Abendlicht die Nachbarinsel, und die Abendsonne färbte sich langsam rot. Ich fühlte mich von der warmen Luft gestreichelt und schloss die Augen, um mir selbst Energie auszurichten, also eine Behandlung auf den inneren Ebenen zu geben. Ich sah mich im Geiste vor mir liegen und mir nacheinander alle zwölf Positionen einer Ganzbehandlung geben. Dabei wurde ich besonders bei der Herzposition von einer bedingungslosen Liebe zu mir selbst überwältigt. »Liebe deinen Nächsten wie dich selbst« – plötzlich wurde mir die Bedeutung dieses Satzes so klar wie nie zuvor. Es gab keine Kritik, kein Verurteilen, sondern nur noch völlige Akzeptanz, begleitet von Freude, Dankbarkeit und Glück. Als ich die Augen wieder aufschlug, fühlte ich mich eins mit meiner Umgebung, wie ein Tropfen im Ozean bedingungsloser Liebe. Ich »wusste« tief in meinem Inneren, dass diese Erfahrung kein schöner Traum, sondern Realität und wirklicher war als das, was ich in meinem Alltagsbewusstsein oft als wirklich ansah.

Nicht nur unseren Liebsten sollten wir Energie ausrichten!

Auf diese Weise können wir alle Menschen behandeln. Es lohnt sich, Energie auf unsere Eltern auszurichten, egal, ob sie noch leben oder nicht. Unsere Eltern stellen für uns Modelle dar, was Frausein und Mannsein betrifft. Wenn wir unser Verhältnis zu ihnen nicht klären, kann es sein, dass wir als Frau unser Leben lang ein »Abziehbild« unseres Vaters suchen, falls wir das Gefühl hatten, nicht genug Liebe von ihm bekommen zu haben. Oder wir hassen unseren Vater und suchen als Partner das genaue Gegenteil. Oft sind Töchter besonders erfolgreicher Väter ihr ganzes Leben lang mit Hippietypen zusammen, die nicht arbeiten und auch sonst nichts zustande bringen. Unbewusst versuchen die erwachsenen Töchter ihrem Vater, selbst wenn er gar nicht mehr lebt, damit zu zeigen: »Was du von mir hältst, ist mir egal, ich mache, was ich will!« Doch solch eine Haltung hat mit wahrer Freiheit nicht viel zu tun.

Ich war immer froh, ganz anders als meine Mutter zu sein, die sofort ihren Beruf aufgab, als sie meine Schwester und mich geboren hatte, und von da an nur Hausfrau und Mutter war. Während sie den Abwasch erledigte, diskutierten wir mit unserem Vater über Politik. Mit 16 zog ich von zu Hause aus, finanzierte mein Studium teilweise selbst durch Nachtwachen im Krankenhaus und andere Jobs und war stolz darauf, selbstständig und finanziell unabhängig zu sein. Nie war ich finanziell von einem Mann abhängig, oft war eher das Gegenteil der Fall. Dass meine »Kontrasthaltung« seltsame Blüten trieb und fast schon neurotische, zwanghafte Züge annahm, war mir damals gar nicht bewusst. Zum Beispiel lehnte ich es jahrelang ab, mich von einem Mann zu einem Getränk oder gar einem Essen einladen zu lassen, und ich ließ mir von einem Mann auch nicht die Tür aufhalten oder in den Mantel helfen. Ich sagte dann immer: »Nein danke, das kann ich selber.« Als ich durch das Energieausrichten mein Verhältnis zu meiner Mutter bearbeitete, stellte ich fest, dass ich mich in meiner frühen Kindheit entschlossen hatte, das genaue Gegenteil meiner Mutter zu werden, mit der ich mich nicht identifizieren wollte. Jetzt versuche ich herauszufinden, wer ich wirklich bin, jenseits von »Kopie« oder »Kontrastprogramm«!

Nachdem ich das Verhältnis zu meiner Mutter und meinem Vater aufgearbeitet hatte, stellte ich fest, dass meine Begegnungen mit ihnen viel harmonischer wurden. Wir sind seither sogar zusammen verreist, und das hätte ich mir früher gar nicht vorstellen können. Nach kürzester Zeit brachen früher bei Familienzusammenkünften regelmäßig Konflikte auf, und wir machten einander Vorwürfe wegen unserer unterschiedlichen Ernährungsweisen und Ansichten über Kindererziehung usw. Geben Sie sich nicht zu schnell zufrieden, was Ihr Verhältnis zu Ihren Eltern betrifft. Denken Sie nicht, wie ich früher: »Ach, eigentlich war unser Verhältnis früher noch schlimmer. Du kannst ja schon ganz zufrieden sein.« »Früher noch schlimmer« heißt nicht: befriedigend, erfüllend, herzlich, verständnis- und liebevoll! Das sollte unser Ziel sein. Immer, wenn Ihr Verhältnis zu Ihren Eltern nicht liebevoll ist, können Sie durch Energieausrichten Gewinn bringend daran arbeiten, und wenn es bereits von Liebe geprägt ist, kann es immer noch besser werden.

Es geht bei dieser Methode nicht um das Verdrängen von negativen Gefühlen, was auf die Dauer nicht funktioniert und zu psychosomatischen Beschwerden führt, sondern um die Transformation von negativer Energie. Wenn wir beim Fernbehandeln durch unser Höheres Selbst Verständnis für unsere Eltern oder andere Menschen bekommen, können wir sie unmöglich noch hassen! Hass ist im Übrigen nicht das Gegenteil von Liebe – das ist Gleichgültigkeit –, sondern verletzte Liebe. Wenn wir unsere Eltern fernbehandeln, werden wir irgendwann spüren, dass sie uns sehr wohl geliebt haben und immer noch lieben, nur vielleicht nicht in dem Ausmaß und auf die Weise, wie wir es uns als Kind gewünscht haben. Wir werden auch erkennen, dass sie uns so sehr, wie sie es damals eben konnten, geliebt haben! Wenn wir diese Erkenntnis gewonnen haben, brauchen wir unseren Eltern nicht mehr zu verzeihen. Was sollten wir verzeihen, wenn es nichts zu verzeihen gibt?

Eltern, unsere wichtigsten Modelle für Frau- und Mannsein

Nachdem ich meine Mutter eine Weile behandelt hatte, stellte ich fest, dass ich früher bei Telefongesprächen, manchmal auch bei direkten Gesprächen, mit ihr fast nie wirklich präsent war. Ich dachte immer, ich hätte gerade etwas Wichtiges zu tun und meine Mutter würde zu ungelegener Zeit anrufen oder mich besuchen. Statt ihr nun bei unserem Gespräch meine ungeteilte Aufmerksamkeit zu schenken, tat ich genau das Gegenteil. Ich dachte an dies und jenes, malte Strichmännchen aufs Papier und hörte nur mit halbem Ohr zu. Die Gespräche zogen sich in meinen Augen endlos hin, meine Mutter kam vom Hundertsten ins Tausendste, und ich wurde immer ungeduldiger.

Mir war gar nicht bewusst, dass ich diese Situation durch mein eigenes Verhalten verursachte! Jetzt rufen wir einander abwechselnd an, und ich empfinde diese Gespräche als bereichernd und wundere mich manchmal, wie prägnant und konzentriert meine Mutter reden kann. Meine negative Erwartungshaltung hatte früher genau das angezogen, was ich befürchtet hatte! Die Engländer nennen diesen Mechanismus »Self-fulfilling prophecy«, eine sich selbst erfüllende Prophezeiung. Sie gilt im Negativen wie im Positiven! Wir erschaffen uns, was wir erwarten, und fühlen uns dadurch auch noch bestätigt (»Habe ich mir doch gedacht, dass sie stundenlang über Unwichtiges reden muss.«).

Mit meinem Vater hatte ich beim Ausrichten von Energie eine ähnlich wichtige Erfahrung. Früher störte mich, dass mein Vater ständig den »Sunnyboy« spielt, das heißt, er lacht und lächelt fast immer, egal, wie es ihm wirklich geht. Dieses Verhalten fand ich oberflächlich und verlogen und betrachtete sein Lächeln auf vielen Fotos als »Honigkuchenpferd-Lächeln«. Jetzt halte ich ihn für charmant und finde, dass er ein sonniges Gemüt hat. Wie mein derartiger Sinneswandel zu erklären ist? Ich habe mit einer einfachen Technik, die jeder im 2. Grad lernt, Licht in die Kindheit meines Vaters geschickt. Wir erinnern uns: Die Energie, mit der wir beim 2. Grad arbeiten, wirkt jenseits von Zeit und Raum. Wir können also auch – energetisch – unsere eigene Kindheit und die anderer aufarbeiten! In Findhorn sagte mal jemand: »Es ist nie zu spät, eine glückliche Kindheit zu haben.« Natürlich können wir Ereignisse auf den äußeren Ebenen nicht mehr ändern, ich werde zum Beispiel immer ein Achtmonatskind sein. Aber die Energie, die sich um dieses Ereignis rankt – ob es traumatisch nachwirkt, eine willkommene Lernerfahrung darstellt oder eine Belanglosigkeit –, können wir durch das Ausrichten von Energie verwandeln.

Ich habe also Licht in die Kindheit meines Vaters geschickt und mir besonders die ersten Jahre vorgenommen, weil ich wusste, dass mein Vater die ersten $2^1/_2$ Jahre in einem Waisenhaus verbrachte, bis er von einem jüdischen Ehepaar – daher auch mein jüdischer Nachname – adoptiert wurde. Ich schickte also das Licht der Erkenntnis zu seiner Situation im Waisenhaus. Was ich dabei erlebte, war alles andere als erfreulich. Mein Vater ist Jahrgang 1919. Es kamen etwa 20 Kinder auf eine Betreuerin, das Essen war schlecht und knapp, und allgemein herrschte eine rohe Atmosphäre mit Schlägen usw. Diese Situation erhellte mir mein Höheres Selbst beim Energieausrichten. Ich erlebte meinen Vater als kleinen Jungen im Waisenhaus, wie in einem Film. Mein Vater wusste damals im zarten Alter von $2^1/_2$ Jahren schon, dass es im Heim ums nackte Überleben ging. Etwa die Hälfte der Kinder in Waisenhäusern erreichte damals nicht das Erwachsenenalter! Als das kinderlose jüdische Ehepaar durch die Räume ging, um sich einen Jungen auszusuchen – er sollte blond und blauäugig sein –, lächelte mein Vater wie ein Weltmeister, um von seinem Schicksal erlöst zu werden. Und er hatte Erfolg damit! Endlich hatte er Eltern und war dem Heim entkommen. Dass mein Vater dieses Verhalten, das für ihn vielleicht lebensrettend und damit sehr erfolgreich war, auch später bei jeder Gelegenheit einsetzte – meistens ebenfalls mit Erfolg –, ist leicht nachvollziehbar. An Stelle von Unverständnis ist bei mir Verständnis getreten, und damit hat die Liebe gesiegt. Wenn wir einen Menschen verstehen, können wir ihn nur noch wertschätzen und lieben.

Mit der Zeit erkennen wir, dass wir uns unsere Eltern selbst ausgesucht haben, um möglichst viel zu wachsen und zu lernen, und dass Eltern nicht dazu da sind, uns jeden Wunsch von den Augen abzulesen und zu erfüllen. Gerade »Reibung« birgt oft große Wachstumschancen. Ich bin jetzt meiner Mutter dankbar dafür, dass ich so früh den Impuls hatte, selbstständig zu sein und auf eigenen Füßen zu stehen. Wenn Ihre Eltern verstorben sind, ist diese Methode genauso wirksam, nur, dass sie die Früchte Ihrer Arbeit auf den inneren Ebenen, jedoch nicht mehr im Äußeren »ernten« können.

Wir können auch mehrere Personen gleichzeitig behandeln!

Wenn ich mir selbst morgens eine Direktbehandlung gebe, schließe ich meine Kinder mit ein. Man kann also Direktbehandlung und Fernbehandlung kombinieren und dann noch mehrere Personen gleichzeitig behandeln! Wenn wir mehrere Personen gleichzeitig behandeln, malen wir vorweg im Geiste über die Stirn jeder Person alle drei Symbole, in der Reihenfolge HSN, SHK und TKR, und beginnen dann mit der ersten Kopfposition. In unserer Vorstellung können wir alle Personen ineinander schichten. Wir sollten aber nie mehr als drei bis vier Personen gleichzeitig Energie ausrichten, weil wir ja auch noch wahrnehmen und beobachten wollen, was uns unser Höheres Selbst zu den einzelnen Personen und der möglichen Ursache ihrer Probleme »sagen« will.

Meine Schwester hat vier Kinder. Früher, mit dem 1. Grad, war sie beim Behandeln überfordert. Hätte sie sich selbst, ihre Kinder und ihren Mann gründlich behandeln wollen, hätte sie mindestens einen halben Tag dafür gebraucht! Entweder war ein kleineres Kind hingefallen, oder ein älteres hatte Schulprobleme, oder es galt, Streitigkeiten zu schlichten. Meine Schwester war also fast immer mit ihren »Lichthänden« im Einsatz, ohne die Aussicht, allen Bedürftigen jemals, außer vielleicht im Urlaub, eine tägliche Ganzbehandlung geben zu können. Jetzt sitzt sie abends, wenn die Kinder im Bett sind, ganz gemütlich in ihrem bequemsten Sessel und richtet ihrer ganzen Familie, sich selbst eingeschlossen, in nur 25 Minuten Energie aus, mit der Wirkung einer einstündigen Ganzbehandlung.

Negative Gefühle machen krank!

Wir sollten das Energieausrichten aber nicht auf diejenigen beschränken, die wir mögen oder lieben. Vielleicht gibt es noch einen Menschen in unserem Bekannten- oder Verwandtenkreis, der für uns ein »rotes Tuch« darstellt. Das heißt, wir sind ärgerlich und erregt, wenn wir nur an diese Person denken. So etwas sollten wir nicht länger zulassen. Jeder negative Gedanke wird nämlich von einem negativen Gefühl begleitet. Wenn wir negativ über jemanden denken, schwächen wir mit der Zeit unser Immunsystem, behindern Atmung und Verdauung und kreieren psychosomatische Beschwerden. Dass man, wenn man negativ über jemanden denkt, vor allem sich selbst Energie abzieht, kann man ganz einfach mit dem kineologischen Muskeltest demonstrieren. Ob die negative Energie auch den anderen schwächt, hängt von seinem seelischen Zustand und der Intensität unseres telepathischen Kontaktes ab.

Es ist also in unserem ureigensten Interesse, mit Menschen, mit denen wir innerlich auf Kriegsfuß stehen, endlich Frieden zu schließen. Uns kann dabei die Vorstellung motivieren, dass wir bestimmte Eigenschaften und Verhaltensweisen von jemanden, auf den wir »allergisch reagieren«, als Feindbilder oder Projektionen benutzen, um von unseren eigenen ähnlichen Persönlichkeitsanteilen abzulenken. Wenn jemand in unseren Augen extrem unordentlich ist, regt uns das nur auf, weil wir selbst ein Problem damit haben. Wir sind selbst latent unordentlich, und vielleicht kompensieren wir dies durch extreme Ordentlichkeit. Wir können es dann nicht ertragen, dass jemand seine Unordentlichkeit so ungeniert auslebt. Für unseren eigenen Seelenfrieden unerlässlich ist es, Licht in das Dunkle negativer Beziehungen zu bringen und unser Verhältnis zu diesen Menschen durch das Ausrichten von Energie zu harmonisieren. Damit leisten wir einen Beitrag für unser eigenes Wohlergehen, unsere Gesundheit und unser spirituelles Wachstum und gleichzeitig für den Frieden auf der Welt.

Irgendwann fiel mir auf, dass ich ein negatives Verhältnis zu Franz Josef Strauß hatte. Er lebte damals noch. Jedes Mal, wenn ich ihn im Fernsehen oder in der Zeitung sah, merkte ich, wie verärgert ich war. Ich fand diesen Mann einfach unmöglich. Meine Oma war ein Fan von ihm, und das machte ihn in meinen Augen nicht sympathischer. Egal, was Franz Josef Strauß sagte oder tat, er hatte bei mir schlechte Karten. Wenn es etwas war, was ich eigentlich gut hieß, dachte ich: »Ach, bei welcher Interessengruppe muss er sich denn jetzt wieder anbiedern.« Wenn er etwas sagte oder tat, mit dem ich sowieso nicht einverstanden war, dachte ich: »Typisch. Von FJS ist ja auch nichts anderes zu erwarten.« Als mir dies auffiel, sagte ich mir: »Das ist doch nicht möglich. Diesen Menschen hast du noch nie getroffen, und du wirst ihm wahrscheinlich auch nie begegnen, und trotzdem hast du so eine schlechte Meinung von ihm und regst dich auf, wenn du nur seinen Namen hörst.« Ich beschloss, Franz Josef Strauß Energie auszurichten.

Etwa ein halbes Jahr lang schickte ich ihm ungefähr ein Mal pro Woche Energie. Und dann hatte ich ein Erfolgserlebnis, das bis heute anhielt. Auf einem Flug von München nach Hamburg las ich die »Welt«. Ich stieß beim Lesen auf ein Interview mit Franz Josef Strauß. In diesem Interview gab er zu, dass er früher Gorbatschow als »Wolf im Schafspelz« betrachtet und seine Abrüstungsbemühungen für verlogen gehalten hatte. Mit der Zeit aber habe er erkannt, dass er sich geirrt hatte und Gorbatschow es mit seinen Friedensbemühungen wirklich ernst meinte. Ich dachte: »Toll! Endlich mal ein Politiker, der nicht nur Fehler macht, sondern sie auch öffentlich zugibt und etwas daraus lernt.« In meiner Achtung war Strauß sehr gestiegen. Früher hätte ich gesagt: »Ach, nein. Franz Josef muss sich jetzt auch noch bei den Pazifisten anbiedern. Wie widerlich!« Ich hatte jetzt meinen Seelenfrieden wieder, wenn ich an FJS dachte!

Mit dem 2. Grad politisch aktiv sein – auf den inneren Ebenen!

Ich habe Politologie studiert und werde manchmal gefragt, warum ich heute nicht mehr politisch aktiv bin. Dann antworte ich: »Ich empfinde mich jetzt politischer als früher, wo ich bei jeder Demonstration dabei war und mit irgendwelchen Schildern durch die Gegend gelaufen bin. Jetzt arbeite ich an mir selbst. Außerdem richte ich jeden Tag Energie aus auf Krisengebiete.« Meist ernte ich nur ein mildes Lächeln. Die Arbeit auf den inneren Ebenen wird von Politikaktivisten meist gering geschätzt. Und dass man für den Weltfrieden meditieren kann, finden sie abwegig. Ihr »Argument«: Wenn Energieausrichten und Meditieren wirklich so wirksam wäre, dürfte es ja gar keine Kriege und Umweltkatastrophen oder Verbrechen mehr geben! Mein »Gegenargument«: Vielleicht sähe es ohne diese vielen Menschen, die sich auf den inneren Ebenen engagieren, noch viel schlimmer auf der Welt aus.

Wir können die Nachrichten in der Tagesschau oder im Radio als Inspiration benutzen, wohin wir Energie ausrichten sollten. Während zum Beispiel Bilder von einem Erdbeben über die Mattscheibe flimmern, malen wir die drei Symbole darüber und legen die Hände auf irgendeine Stelle unseres Körpers. Wir brauchen nicht die Tageszeitung abzubestellen, weil wir so sensibel geworden sind, dass uns die negativen Ereignisse deprimieren. Wenn wir Energie ausrichten, sind wir aktiv, gehen auf »Sendung« von positiver Energie, und indem wir das tun, sind wir viel weniger empfänglich für negative Schwingungen.

Gruppenmeditation für den Weltfrieden

Es gibt eine »Gruppenmeditation für den Weltfrieden«, an dem sich jeder ab dem 2. Grad beteiligen kann. Man schickt dabei Lichtenergie auf die Welt und auf seine eigene Entwicklung. Ohne das Wohlergehen der Erde können wir uns nicht weiterentwickeln, und ohne unsere eigene Bewusstseinsentwicklung geht es der Erde nicht gut. Wir leben in Symbiose. Durch den Potenzierungseffekt erschaffen wir ein sehr kraftvolles Energiefeld, in das wir eintauchen und aus dem wir gestärkt für unseren Alltag zurückkehren. Es wird empfohlen, sich entweder um 12 Uhr mittags oder um 21 Uhr am Netzwerk zu beteiligen, aber wir können auch eine andere Zeit wählen, weil wir auf einer Ebene arbeiten, die jenseits von Zeit und Raum liegt. Für die regelmäßige Teilnahme empfiehlt es sich jedoch, jeden Tag zu einer bestimmten Zeit für die Welt und unsere Entwicklung Licht auszusenden.

Wir können Lichtenergie auch auf Umweltprobleme wie das Ozonloch oder den durch sauren Regen geschädigten Schwarzwald ausrichten oder auf bedrohte Tierarten wie Wale oder Tiger, unserer Phantasie sind keine Grenzen gesetzt. Wenn es sich, wie beim Ozonloch oder der Erde, nicht um eine Person handelt, stellen wir uns beim Behandeln der einzelnen Positionen ein Energiewesen vor. Bei diesem Energiewesen brauchen wir uns jedoch keine Arme und Beine vorstellen, weil wir sie für die Behandlung nicht brauchen. Während des Energieausrichtens gehen wir nun, wie bei einer Person, die einzelnen Positionen durch und verweilen bei jeder Position etwa zwei Minuten. Wenn es uns zu seltsam erscheint, uns ein Energiewesen vorzustellen, können wir uns auch das TKR-Symbol vorstellen. Der Vorteil: Wir bleiben »beim Thema« oder kommen zumindest immer wieder darauf zurück. So bleiben wir offen für Eingebungen und Inspirationen der höheren Bewusstseinsebenen. Die Energie fließt, solange wir Körperkontakt haben.

Mit dem 2. Grad und der Fernbehandlung, die wir damit lernen, können wir Verwandte behandeln, die weit weg wohnen, Vorbilder wie Albert Schweitzer oder Mutter Teresa, Verstorbene, erleuchtete Meister. Da alles Energie ist, können wir tatsächlich zu allem und jedem eine innere Lichtbrücke von »Lichtpunkt« zu »Lichtpunkt« aufbauen. Dem Energieausrichten sind keinerlei Grenzen gesetzt. Wenn wir Menschen Energie ausrichten, die schon weiter entwickelt sind als wir, wie Buddha oder Christus, werden wir davon profitieren! Denn auf diese Art und Weise kommen wir mit der Essenz ihrer Lehren in Kontakt.

Sich mit Verstorbenen verbinden

Wir können Verstorbenen Energie ausrichten, denen wir gerne noch ein paar liebe Worte gesagt hätten, und damit eine sehr intensive Beziehung herstellen, in der wir ihnen noch mehr verbunden sein können als zu Lebzeiten. Ich kenne Opernsänger aus den USA, die, bevor sie eine neue Oper einstudieren, erst einmal dem Komponisten Energie ausrichten, um herauszufinden, in welcher Energie und mit welcher Absicht das Werk entstanden ist.

Wunschklärung

Die Methode des Energieausrichtens können wir auch nutzen, um Wünsche zu klären. Wir schreiben den Wunsch auf einen Zettel, malen dann alle drei Symbole in der bekannten Reihenfolge HSN, SHK und TKR darüber und richten Energie aus, wobei wir uns den Wunsch als Energiewesen vorstellen oder im Geiste ab und zu das TKR malen. Wir achten dabei auf unsere Gefühle, weil unser Höheres Selbst zu uns über die Gefühlsebene »spricht«. Wenn sich der Wunsch gut anfühlt, können wir ihn in die Tat umsetzen. Fühlt er sich nicht gut und immer schlechter an, sollten wir ihn zumindest im Moment nicht verwirklichen.

Manchmal ändert sich auch nur ein Detail. Zum Beispiel bleibt beim Wunsch »Ich möchte ein neues, schnelleres Auto haben« nur »neues Auto« übrig. Das heißt dann, dass die PS-Zahl, die unser altes Auto hat, völlig ausreicht.

Vor etlichen Jahren wollte mir eine Frau eine wunderschöne Araberstute schenken, aus Dankbarkeit dafür, dass ich ihrem zweiten Pferd, einem Araberhengst mit dem 1. und 2. Grad gesundheitlich und seelisch so gut helfen konnte. Erst war ich begeistert. Ein eigenes Pferd, davon hatte ich schon als kleines Mädchen geträumt! Und reiten liebte ich. »Das Universum liebt dich, dass es dir jetzt diesen Herzenswunsch erfüllt«, dachte ich, und bestellte eine Anhängerkupplung für mein neues Auto, falls ich mit dem Pferd unterwegs sein sollte. Dann richtete ich zum Glück doch noch Energie auf »mein eigenes Pferd« aus. Es fühlte sich ganz schlecht an. »Warum?«, fragte ich, trotzig wie ein kleines Kind. Und dann wurde mir meine Situation vor Augen geführt: Ich war damals allein verdienend und stillte meinen halbjährigen Sohn. Wir – mein Sohn, ich und das Pferd – wären alle in Dauerstress gekommen, weil ich neben meiner Seminartätigkeit gar nicht genug Zeit für beide gehabt hätte. Ein Pferd braucht jeden Tag Bewegung und Zuwendung. Wahrscheinlich hätte ich eine Reitbeteiligung suchen oder das Pferd wieder abgeben müssen. Dieses Schicksal blieb uns erspart! Ich bin froh und dankbar für diese Möglichkeit, Wünsche zu testen, und die Besitzerin der Stute, die selbst den 2. Grad hatte, war voller Verständnis.

Der 2. Grad hilft, Projekte zu verwirklichen

Wenn sich unser Wunsch gut anfühlt, können wir dieselbe Technik benutzen, damit er schneller in Erfüllung geht. Eine Freundin und frühere Organisatorin von mir in Hamburg war noch jung, 20, und studierte. Sie hatte ein halbes Jahr zuvor den 2. Grad gemacht und richtete Energie auf das Thema »3. Grad« aus, um herauszufinden, ob der richtige Zeitpunkt dafür gekommen sei. Es fühlte sich sehr gut an, und sie sagte mir: »Ich mache demnächst den 3A-Grad in Berlin.« »Hast du denn dafür schon das nötige Kleingeld?«, fragte ich sie, denn ich wusste, dass sie nicht viel Geld besaß. »Nein, aber das wird sich schon finden«, antwortete sie voller Optimismus. Ich hatte so meine Zweifel, sagte aber nichts. Dann geschah ein kleines Wunder: Sechs Wochen vor Beginn des Kurses, sie hatte sich einfach angemeldet, bekam sie eine kleine Erbschaft von einer Großtante, die sie nur einmal im Leben gesehen hatte. Es war genau die Summe, die sie brauchte, um das Seminar, die Reise nach Berlin, das Hotel dort und die Verpflegung zu bezahlen.

Geld steht uns zu! Wir sind Kinder Gottes!

Dieses Beispiel zeigt, dass wir uns nicht selbst begrenzen sollten, was Geld betrifft. Wenn wir sagen: »Der 3. Grad (oder der 1. oder 2.) ist zu teuer für mich«, werden wir ihn wahrscheinlich auch nicht machen. Das Universum kann immer nur die Position unterstützen, die wir einnehmen!

Wer noch nicht das nötige Füllebewusstsein besitzt, sollte die Bücher von Neale Donald Walsch, »Gespräche mit Gott« lesen, wo wir an unsere wahre, göttliche Natur erinnert werden. Wenn Gott Fülle und Überfluss ist, dann ist es ganz natürlich, daran teilzuhaben. Hilfreich sind auch Affirmationen, wie sie sich in dem Büchlein »Stell dir vor« von Shakti Gawain finden. Wir sollten vor allem mit den Affirmationen arbeiten, bei denen sich noch emotionaler Widerstand regt, wie zum Beispiel: »Ich genieße einen täglich wachsenden Reichtum« oder »Mir fallen ungeheure Reichtümer wie von selbst in den Schoß«. Unser Ziel sollte sein, auch zu Geld als einer Form göttlicher Energie ein freundschaftliches Verhältnis zu gewinnen.

Wir brauchen uns keine Sorgen zu machen, dass wir das Geld verprassen oder geizig werden, wenn wir reich sind. Es gibt genügend gute Projekte, die wir mit Geld unterstützen können, und das werden wir ganz natürlich von innen heraus tun, wenn wir mit dem authentische Reiki unser Bewusstsein entsprechend entwickeln. Teilnehmer im 2. Grad fragen mich oft, ob man auch auf einen Lottogewinn Energie ausrichten könne. Natürlich kann man das! Aber was nützt der Lottogewinn, wenn wir das dazugehörige Füllebewusstsein nicht parallel entwickeln? Es gibt viele Gelegenheiten, Geld wieder loszuwerden, wenn ich unbewusst glaube, es stehe mir nicht zu. Oder weil ich irrtümlich denke: Wenn ich viel Geld habe, dann haben andere weniger. Viele glauben auf Grund eines Mangelbewusstseins, die Menge von Geld und Reichtum auf diesem Planeten sei begrenzt. Etliche »Lottokönige« sind ihr Geld ganz schnell wieder losgeworden, indem sie es an Freunde verliehen haben, von denen sie eigentlich hätten wissen müssen, dass sie es nicht zurückzahlen. Oder sie haben es in die Spielbank getragen oder sonst wie verjubelt. Viele Menschen sind ein Jahr nach ihrem Lottogewinn ärmer als vorher! Indem wir uns mit universaler Energie versorgen,

entwickeln wir immer mehr unser Fülle- oder Überfluss-
bewusstsein auch in Bezug auf die materielle Ebene.

Wir können Ereignisse in der Vergangenheit wie auch in der Zukunft behandeln!

Es ist auch möglich, Energie in die Zukunft auszurichten.
Vielleicht haben wir Angst vor einem Zahnarzttermin.
Dann schreiben wir auf einen Zettel: »Meine Angst vor
dem Zahnarzttermin« und richten auf dieses Thema Energie aus. Wenn mein Sohn eine Klassenarbeit schreibt und
ich am Wochenende zuvor schon weiß, dass ich zu dieser
Zeit nicht behandeln kann, dann kann ich »vorarbeiten«.
Ich schreibe das Thema auf einen Zettel und behandle es.
Wir können so auch Menschen vor einer Operation unterstützen, wenn der Operationstermin noch nicht genau fest-
steht, oder Menschen durch Prüfungen begleiten.

Ich habe das mit einer Gruppe schon oft bei Fahrprüfun-
gen, Heilpraktikerprüfungen oder Examen an der Universität mit Erfolg praktiziert. Heilpraktikerprüfungen »haben
es in sich«, in manchen Städten beträgt die Durchfallquote
90 Prozent. Heilpraktiker müssen ein immenses Wissen be-
herrschen. Sinnvoll ist es, schon einige Tage vor der Prüfung Energie auszurichten, wenn möglich, mit mehreren
2.-Gradlern gleichzeitig. Bisher hatten wir damit immer Erfolg. Manchmal haben die Prüflinge ein paar Tage vor der
Prüfung die Prüfungsfragen vorhergesehen. Man nennt
dies »Präkognition«. Sie hatten dann noch genug Zeit, sich
auf die Fragen vorzubereiten, und glänzten entsprechend
in der Prüfung.

Wir können auch weniger »dramatische« Ereignisse, wie
zum Beispiel unseren nächsten Urlaub, behandeln. Zum

einen können wir so intuitiv etwas über unser ideales Urlaubsziel erfahren. Zum anderen ist es ja wichtig, dass nicht nur die Umgebung stimmt, sondern zum Beispiel auch das Wetter mitspielt und die Laune derjenigen, die mit uns verreisen. Was nützt das schönste Urlaubsziel, wenn die Kinder die ganze Zeit »nerven« oder es zwischen den Partnern kriselt?

Es ist nie zu spät, eine glückliche Kindheit zu haben!

Wie sieht nun eine sinnvolle und systematische Vergangenheitsbewältigung mit Hilfe des Energieausrichtens aus? Wir können äußere Ereignisse zwar nicht mehr ändern, aber die Energie, die sich noch um diese Ereignisse rankt. Ereignisse aus der Kindheit können durch ihre Speicherung im Unterbewusstsein auch unser heutiges Fühlen, Denken und Handeln beeinflussen! Nehmen wir einmal an, wir hatten früher eine Babysitterin, die nur eklig und gleichgültig uns gegenüber war. Nehmen wir weiter an, diese Person hatte eine große Nase und rote Haare. Jetzt werden wir einer ähnlich aussehenden Person auf einer Party vorgestellt und sofort verspüren wir ein merkwürdiges Gefühl in der Magengegend. Wir begrüßen die Person höflich und suchen dann schnell das Weite. »Warum?«, fragen wir uns anschließend. »Das ist doch ungerecht. Die Person hat mir ja gar nichts getan!« Das stimmt, aber wir haben sie mit jemand anderen in Verbindung gebracht, gegen den wir eine tiefe Abneigung hegen. Vielleicht lernen wir auf diese Weise eine sehr wertvolle Persönlichkeit gar nicht erst kennen.

Wenn wir manchmal unser eigenes Verhalten nicht verstehen, sollten wir »Licht ins Dunkel unserer Vergangenheit« bringen! Ich plädiere für ein systematisches Vorgehen am besten mit Beginn der Schwangerschaft. Wir schreiben also auf einen Zettel »Zeugung/Empfängnis« (oder eins von beiden) und behandeln dies wie bereits beschrieben. Erst, wenn wir beim Behandeln nur gute Gefühle haben wie Freude, Leichtigkeit und Harmonie, gehen wir weiter, am besten durch jeden Monat, den unsere Mutter mit uns schwanger war. Wir wissen ja durch die Pränatale Therapie und Pränatale Psychologie, dass wir nicht als unbeschriebene Blätter zur Welt kommen, sondern schon im Mutterleib Erfahrungen ausgesetzt waren, die uns geprägt haben, wie Streit der Eltern oder die Unsicherheit unserer Mutter über ihre zukünftige Rolle usw.

Die Geburt – eines der wichtigsten Ereignisse in unserem Leben!

Auf diese Weise pirschen wir uns an das Ereignis unserer Geburt heran. Unsere Geburt, egal, ob wir sanft auf die Welt gekommen sind oder nicht, birgt ein ungeheures Transformationspotenzial. Wir haben das Element gewechselt, von Wasser zu Luft, und auf Eigenversorgung umgeschaltet, was Atmen, Nahrungsaufnahme und Verdauung betrifft. Außerdem haben wir uns unseren Weg auf die Welt erkämpft. Eine tolle Leistung! Es lohnt sich also auf jeden Fall, das Ereignis unserer Geburt entsprechend zu würdigen und Energie darauf auszurichten.

Vielleicht war unsere Geburt auch kein erfreuliches Ereignis, und der Empfang außerhalb des Mutterleibes nicht gerade herzlich. Babys meiner Generation, ich bin Jahrgang 1954, wurden noch mit einem Klaps auf den Po empfangen, mit dem Kopf nach unten, und an einem Bein festgehalten! Von dieser barbarischen Methode, die bei keinem Naturvolk angewandt wird, ist man zum Glück mittlerweile abgekommen. Aber immer noch wird das Baby erst untersucht, bevor es der Mutter auf den Bauch gelegt wird. Und es kann natürlich auch Komplikationen geben, wie Kaiserschnitt-Geburt, Zangengeburt oder Saugglocke. Auch voll gepumpt mit Medikamenten, wie Beruhigungs- und Schmerzmitteln, auf die Welt zu kommen ist nicht gerade das, was sich ein Baby gewünscht hätte, wenn es vorher gefragt worden wäre.

Der Empfang auf der Erde kann unsere Einstellung zum Leben bestimmen

Die Art und Weise, wie der kleine Erdenbürger auf diesem Planeten empfangen wurde, kann sein Verhältnis zum Leben überhaupt bestimmen. Ich kenne einen Opernsänger, der trotz guter Kritiken bei jedem Auftritt furchtbares Lampenfieber hatte. Diese Beschwerden wurden so schlimm, dass er seinen Beruf aufgeben musste und in der Computerbranche arbeitete. Außerdem fiel er mindestens einmal im Jahr in ein »tiefes Loch«, eine Depression, die er sich nicht erklären konnte. Er hatte eine Hasenscharte, als er auf die Welt kam, die operiert wurde, und die man heute kaum noch sieht, besonders, wenn er einen Oberlippenbart trägt. Ein Zusammenhang mit seinen unbegründeten Komplexen, seinen Depressionen und seiner fast unsichtbar verheilten Hasenscharte hätte er weit von sich gewiesen. Er fing dann an, Energie auf seine Geburt auszurichten. Er erlebte seine Geburt noch einmal und hörte, wie die Hebamme, die ihn in Empfang nahm, ausrief: »Ach Gott, der ist ja noch gar nicht fertig!« Allerdings kann ein Baby ja auch nicht einfach zurückkrabbeln und sich fertig machen! Ein Baby will so akzeptiert und geliebt werden, wie es ist. Heute hat der Mann keine Depressionen oder Minderwertigkeitsgefühle mehr, sondern hält begeistert Vorträge vor Hunderten von Menschen.

Als ich das erste Mal in der Findhorn-Gemeinschaft war, vor mehr als zwanzig Jahren, waren Rückführungen nach Leonard Orr »in«, in denen man zum Beispiel sein Geburtserlebnis energetisch aufarbeiten können sollte. Ich habe damals eine Unmenge Geld für diese Rückführungen bezahlt, weil ich wusste, dass Zwillingsschwangerschaften und -geburten bestimmt kein »Honigschlecken« sind und ich deshalb sicherlich etwas aufzuarbeiten hatte. Wir lagen in einer Badewanne mit warmem Wasser und Schnorchel, um die Geburtssituation möglichst originalgetreu zu simulieren, und mussten sehr tief dabei atmen. Ich fühlte anschließend wirklich so etwas wie Freude und Euphorie und dachte daher, ich hätte dieses Ereignis jetzt ein für alle Mal aufgearbeitet.

Als ich begann, meiner Geburt Energie auszurichten, stellte ich fest, dass ich mich zu früh gefreut hatte. Unsere Mutter lag wochenlang im Krankenhaus wegen Gebärmuttersenkung und der Gefahr der Frühgeburt. Die Wehen setzten dann im 8. Monat ein, was für Zwillingsgeburten normal ist, und nach sechs Stunden Wehen und Pressen war meine Schwester da. Ich erlebte diese Situation wieder und fühlte mich unbehaglich, weil unsere Mutter einfach zu erschöpft war, um weiter zu pressen. Ich aber war ja noch im Bauch! Ich »hörte« mit meinen inneren Ohren, wie der Arzt zu unserer Mutter sagte: »Frau Simonsohn, ruhen Sie sich bitte nicht auf Ihren Lorbeeren aus, Sie wissen ja, es geht noch weiter!« Dann strengte sich unsere

Mutter noch einmal an, und 25 Minuten nach meiner Schwester war auch ich auf der Welt.

Dies klingt etwas unglaublich, genauso habe ich es aber erlebt. Und das Tolle und für mich Unerwartete dabei: Mein Verhältnis zu meiner Schwester ist seither nicht mehr von Eifersüchteleien und Distanz geprägt, sondern herzlich und liebevoll, wie man es sich bei eineiigen Zwillingsschwestern vorstellt! Mir ist blitzartig klar geworden, dass ich mich meiner Schwester gegenüber immer als »2. Wahl« gefühlt habe, als zweitrangig und minderwertig. Ich hatte schon als kleines Kind das Gefühl, wenn wir irgendwo waren, dass mit meiner Schwester die »Hauptsache« schon da war. Dauernd fragte ich mich: »Wie wirkt sie auf die anderen? Komme ich genauso gut an?« Meistens war sie beliebter, weil sie nicht ständig mit solch inneren Konflikten beschäftigt war! Eifersüchteleien und Konkurrenzverhalten prägten Kindheit und Jugend. Wie ich jetzt feststellen kann, gingen diese Verhaltensmuster meistens von mir aus. Ich bin froh und dankbar, die »Früchte« für meine innere Arbeit jetzt auf den äußeren Ebenen ernten zu können, indem ich endlich das gute und innige Verhältnis zu meiner Schwester habe, das ich mir schon immer gewünscht hatte.

Vielleicht war Ihre Geburt nicht so dramatisch. Aber möglicherweise ist ein anderes Ereignis in Ihrer frühen Kindheit es wert, behandelt zu werden. Vielleicht waren Sie als kleines Kind einmal im Krankenhaus oder Ihre Eltern haben sich getrennt. Wenn Sie sich an die Einzelheiten nicht mehr erinnern können, gehen Sie einfach systematisch ein Jahr nach dem anderen Ihrer Kindheit durch, malen Sie die Symbole darüber und legen Sie die Hände auf den Körper. Man kann übrigens auch die Kindheit oder

Geburt anderer Menschen aufarbeiten! Es gibt eine Menge zu tun, und mit dem authentischen Reiki ist nichts unmöglich.

Psychische Probleme und Süchte aufarbeiten und transformieren

Viele wenden diese Technik auch an, um Energie in frühere Leben zu schicken. Das geht rein technisch natürlich auch. Ich denke nur, unser augenblickliches Leben zeigt uns deutlich genug, speziell, wenn wir mit Partner und/oder Kindern zusammenleben, auf welchen Gebieten wir noch längst nicht vollkommen sind. Wenn wir dann auf Eigenschaften gestoßen sind, die uns nicht gefallen, schreiben wir sie einfach auf einen Zettel, zum Beispiel »Meine Eifersucht« oder »Meine Rechthaberei«, und behandeln dieses Thema durch Energieausrichten. Vielleicht zeigt uns unser Höheres Selbst eine Situation in unserer frühen Kindheit, wo wir uns entschieden haben, genauso wie Mutter oder Vater zu werden oder das genaue Gegenteil. Schlaglichtartig bringt uns unser »innerer Meister« in Kontakt mit den wahren Ursachen eines Geschehens. Wir brauchen keine Angst zu haben, dass wir von Kindheitserlebnissen »überschwemmt werden«, und in unserem Alltag merken wir, ob wir noch weiter an einem Thema arbeiten müssen oder uns einem neuen zuwenden können.

Wenn wir eine Abhängigkeit oder Sucht entwickelt haben, wie zum Beispiel Rauchen, machen wir dasselbe, um herauszufinden, wo die wahren Ursachen liegen. Vielleicht haben wir angefangen zu rauchen, um eine innere Leere zu übertünchen. Wenn wir dies herausgefunden haben, »basteln« wir uns eine Affirmation, die keine negativen Aussagen enthält, also nicht zum Beispiel »Ich brauche keine Zigaretten mehr«. Eine geeignete Affirmation wäre »Ich bin jeden Augenblick meines Lebens erfüllt und glücklich.« Wir legen die Hände auf die alternative dritte Kopfposition – eine Hand vor dem Dritte-Auge-Zentrum, die andere auf den Hinterkopf –, malen das SHK gefolgt vom TKR und wiederholen dabei die Affirmation, die wir durch das Energieausrichten gefunden haben, so lange, bis das Problem gelöst ist.

Wenn wir zum Beispiel schüchtern und gehemmt sind, wählen wir die Affirmation »Ich, ... (Name), bin eine selbstbewusste Frau«. Wir arbeiten so lange mit dieser positiven Aussage, bis unsere Alltagserlebnisse uns zeigen, dass wir sie nicht mehr brauchen. Wenn wir auf einer Party spontan eine Rede vor 20 Leuten gehalten haben und uns wird das erst auf dem Nachhauseweg klar, sind wir mit diesem Thema »fertig« und können uns einem anderen zuwenden.

Eine Teilnehmerin im 2. Grad litt unter Magersucht. Sie hatte seit zehn Jahren nicht mehr arbeiten können und wog nur noch 37 Kilogramm bei 173 Zentimeter Körpergröße. Immer wieder war sie im Krankenhaus, um künstlich ernährt zu werden oder Herzmittel zu bekommen. Gott sei Dank hatte die Psychologin, bei der sie in Behandlung war, sie auf Reiki hingewiesen. Sie begann, mit dem 2. Grad Energie auf ihre frühe Kindheit auszurichten. In der Nacht hatte sie Träume, die sie mit einem sehr dunklen Kapitel ihrer Vergangenheit konfrontierten: Sie war seit ihrem zweiten Lebensjahr von ihrem Großvater jahrelang sexuell missbraucht worden! Jetzt hat sie dieses Thema aufgearbeitet, ihre Magersucht besiegt, eine Ausbildung abgeschlossen und arbeitet ganztags in einer Pflegeeinrichtung.

»Ich bin mit dem 2. Grad ein neuer Mensch geworden«, stellt sie dankbar fest.

Ängste abbauen

Ich hatte früher panische Angst vor Spinnen. Eine ganze Weile richtete ich Energie auf dieses Thema aus, weil ich meine Spinnenangst leid war, die selbst die Wahl meiner Urlaubsländer beeinflusste. Heute habe ich ein ganz entspanntes Verhältnis zu ihnen. Wenn ich im Haus eine sehe, nehme ich sie ruhig in die Hand, rufe die Kinder, wenn sie da sind – wir zählen dann die Beine nach und betrachten sie genau –, und dann überlegen wir, je nach Wetter, wo sie wohl am liebsten hinmöchte, nach draußen oder in den trockenen Keller. Früher hätte ich beim Anblick einer Spinne hysterisch geschrien, sie jedoch niemals getötet. Ich erinnere mich, als Kind ein Geschirrtuch genommen, die Spinne darin eingewickelt und aus dem Fenster geworfen zu haben. Dann trauten sich meine Schwester und ich tagelang nicht, das Tuch aufzuheben, weil wir befürchteten, die Spinne könne noch darunter versteckt sein. Nachbarn beschwerten sich daraufhin bei unseren Eltern darüber, dass wir Tücher aus dem Fenster warfen! Einmal im Urlaub, in Jugoslawien, wollte ich in der Mittagshitze ins Zelt. Dieselbe Idee hatte wohl eine Spinne. Als ich sie sah, schrie ich gellend, riss vor lauter Angst das kleine Zelt aus den Heringen und zog es hinter mir her. Einige Zeltplatzbewohner dachten, ich sei vergewaltigt worden!

Diese Zeiten sind nun endgültig vorbei. Ein toller Nebeneffekt: Mit meiner Spinnenphobie bin ich auch meine Abneigung gegen stark behaarte Männer losgeworden! Früher empfand ich sogar Ekel vor ihnen. Es gibt ja Frauen, die von starker Brustbehaarung schwärmen. Bei mir war genau das Gegenteil der Fall. Wenn sich im Schwimmbad ein stark behaarter Mann in meine Nähe legte, sammelte ich meine Sachen ein und zog ein großes Stück weiter. Heute nehme ich nicht mal mehr sofort wahr, ob jemand stark behaart ist oder nicht! Es ist mir völlig unwichtig geworden. Und diese Veränderung stellte sich genau zu dem Zeitpunkt ein, als ich meine Spinnenphobie loswurde.

Früher hatte ich auch Flugangst. Das war sehr unpraktisch, da ich beruflich öfters fliegen musste. Ich richtete so viel Energie auf dieses Thema aus, bis es sich vollkommen in Wohlgefallen auflöste. Heute steige ich in ein Flugzeug wie andere in den Bus. Früher bekam ich jedes Mal beim Starten und Landen Angstzustände. Wenn die Stewardessen freundlich lächelten, dachte ich: »Siehst du, es geht bergab, und sie machen gute Miene zum bösen Spiel.« Wenn sie ernst guckten, bestätigte das ebenfalls meine Angst abzustürzen. Heute kann ich darüber lachen! Es gibt nichts, wovor Menschen nicht Angst entwickeln können. Die einen haben Höhenangst, die anderen Angst vor Menschenansammlungen, wieder andere, verlassen zu werden oder arm zu sterben. Bei allen möglichen (und unmöglichen) Ängsten ist das Energieausrichten gut geeignet, um sie ein für alle Mal zu überwinden!

Der Entwicklungsprozess mit dem 2. Grad

Viele entwickeln mit dem 2. Grad ein bisher nie gekanntes Selbstbewusstsein und Selbstwertgefühl. Sie haben plötzlich den Mut, schwierige Dinge anzusprechen, ob in der Partnerschaft oder in der Arbeit. Viele suchen sich eine neue Arbeitsstelle, wenn sie merken, dass sie sich an der alten nicht mehr verwirklichen können, oder machen sich vielleicht mit einer Freundin zusammen selbstständig.

Viele Frauen sind irritiert, wenn sie merken, dass sie plötzlich »nein« sagen können. Manchmal bekommen sie Angst und befürchten, dass ihre Umwelt auf ihr neues Verhalten negativ reagiert. Meist gewöhnt sich aber das Umfeld schnell daran, dass die Arbeitskollegin oder Mutter oder Partnerin nicht mehr zu allem »Ja und Amen« sagt. Eine Österreicherin aus Tirol erzählte mir, ihr Mann habe ihr gesagt, sie solle nicht joggen, die Leute könnten darüber reden. Seit sie den 2. Grad erlernt hat, macht sie einfach, was sie will, und hat beobachtet, dass ihre Umgebung viel toleranter ist, als sie glaubte, und sie so akzeptiert, wie sie ist. Und ihr Mann liebt sie immer noch!

Ich habe beobachtet, dass Menschen, die den 2. Grad gemacht haben, eher bereit sind, die Verantwortung für ihr Leben zu übernehmen, und nicht länger anderen die Schuld geben für Dinge, die ihnen nicht gefallen. Sie gehen kreativer mit ihren Möglichkeiten um und entwickeln mehr Ideen, wie sie ihr Leben gestalten können. Außerdem sind sie eher bereit, Verantwortung für ihre Emotionen zu übernehmen und daran zu arbeiten. Allerdings sind sie auch weniger bereit, sich die »Opfergeschichten« anderer anzuhören und sich als Klagemauer missbrauchen zu lassen. Sie lernen sehr gut, zwischen Mitleid und Mitgefühl zu unterscheiden. Und sie erkennen immer schneller, dass Probleme Chancen zum Wachstum bieten.

Viele, die den 2. Grad erlernt haben, engagieren sich auf den inneren oder auch zusätzlich auf den äußeren Ebenen für Umweltprojekte, bedrohte Tierarten oder Ähnliches. Dies ist ein ganz natürlicher Ausdruck dessen, dass unsere Liebesfähigkeit wächst und wir uns immer mehr mit allem und allen im Licht verbunden fühlen. Wir verstehen immer mehr, dass das Wohl des Ganzen auch unser Wohl ist.

Die weiteren Grade

Alle Grade im authentischen Reiki erweitern im Vergleich zum vorherigen Grad dauerhaft unsere Kapazität, mit universaler Energie zu arbeiten, und verdoppeln etwa unsere Ausstrahlung. Jeder Grad harmonisiert unser gesamtes Chakrensystem, mit einem besonderen Schwerpunkt auf einem unserer Energiezentren.

Einige Reiki-Systeme kennen nur drei Grade. Daher werde ich öfter erstaunt gefragt, ob es denn wirklich sieben Grade gibt! Jeder, der mehrere Grade absolviert hat, weiß aus Erfahrung, dass mit jedem der höheren Grade ein weiterer »Quantensprung« in unserem Bewusstsein möglich wird, und wie kraftvoll *alle* sieben Symbole dieses Energiezentrums sind. »Sieben« ist eine heilige Zahl, und wir haben nicht »zufällig« sieben Hauptenergiezentren. Offenbar kennen andere Reiki-Systeme auch nicht sieben, sondern nur vier kosmische Symbole. Hierzu kann ich sagen, dass die Symbole, die man in höheren Graden kennen und einsetzen lernt, sehr kraftvoll sind und ganz besondere Aspekte universaler Energie darstellen und aktivieren.

Wertvolle Informationen über die spirituelle Bedeutung der Zahl sieben findet man in dem Buch von Magda Wimmer »Die Maya, Weber der Zeit, Spieler des Universums« (Goldmann Verlag, München 2000). »Sieben ist die Zahl des Göttlichen in allen Religionen und galt vielfach als unberührbar heilig.« (vgl. ebd., S. 100) Die Zahl 7 ist in allen Kulturen eine mystische, heilige Zahl, die »unsichtbare Kraft allen Lebens«. Es ist die Zahl für Gott, Schöpfer und Erhalter des Universums, und bei den Maya auch die Zahl der Pyramide.

Die Zahl 7 wird durch die Sonne symbolisiert, die für alle alten Kulturvölker im Mittelpunkt der Verehrung steht. Bei den Urvölkern Amerikas steht die Sonne für den höchsten Geist, repräsentiert von Adler und Jaguar. Die Maya nennen ihn Hunab Ku, jene Kraft, von der alles ausgeht und zu der alles zurückkehrt. Für die Maya ist die Zahl 7 in ihrem 13-Zahlen-Zyklus die höchste Kraft, die die verschiedenen Welten verbindet und Vergangenheit und Zukunft im Hier und Jetzt vereinigt. Mit der Zahl 7 verbinden wir uns mit Fähigkeiten, die uns bislang als mystisch und unerreichbar erschienen. Unsere Wahrnehmung von Realität dehnt sich aus. Wir verbinden uns mit Kräften, die uns bisher nicht zur Verfügung standen, und werden mit der Zeit in die Lage versetzt, mühelos von einer Ebene der Wirklichkeit zur anderen zu wechseln. Mit den verschiedenen Graden des authentischen Reiki entdecken wir immer mehr unser »inneres Universum«!

Der erste Grad fördert vor allem das Wurzel- oder Basiszentrum. Viele Teilnehmer berichten, dass sie sich mit dem 1. Grad geerdeter fühlen und besser mit Verantwortung und Geld umgehen können. Der 2. Grad fördert vor allem das 2. Zentrum für Sinnlichkeit, Sexualität, Kreativität und Fortpflanzung.

Der 3. Grad aktiviert vor allem das Solarplexus-Zentrum, Sitz von Selbstwertgefühl und Selbstbewusstsein. Teilnehmer berichten, dass sie viel mehr Kraft haben und sich viel mehr zutrauen. Außerdem *vervierfacht* sich unsere Kapazität, mit universaler Energie zu arbeiten, und wir lernen Einstimmungen.

Im 4. Grad wird besonders intensiv das Herzchakra aktiviert. Viele Menschen erleben, dass der »Eispanzer«, den sie sich auf Grund »schlechter« Erfahrungen um ihr Herzenergiezentrum aufgebaut haben, endgültig zum Schmelzen kommt und sich auch nicht wieder aufbaut. Ich habe zum Beispiel die Erfahrung gemacht, dass ich nach der 4.-Grad-Einstimmung nach zehn Jahren wieder weinen konnte! Ich ließ mich wieder berühren, mir gingen Menschen, Tiere und Erlebnisse wieder nahe. Das Ergebnis: Ich fühlte mich viel lebendiger als zuvor und erlebte auch Freude wesentlich intensiver! Wir entwickeln mit dem 4. Grad immer mehr die inneren Qualitäten von bedingungsloser und universaler Liebe sowie grenzenlosem Mitgefühl.

Der 5. Grad aktiviert vor allem das Halszentrum und die Verbindung von Herz- und Halszentrum. Wir bekommen das Bedürfnis, die Liebe, die wir im Herzzentrum mehr und mehr entwickeln, auch in allem, was wir tun, zum Ausdruck zu bringen, also »den Himmel auf die Erde zu bringen«. Unsere Stimme bekommt einen weicheren, sanfteren Klang, und wir lernen mit der Zeit, sie nur noch positiv einzusetzen, um Liebe auszudrücken, zu loben usw., und sie nicht länger als Schwert oder Waffe zu missbrauchen. Außerdem werden wir wahrheitsliebender, und unser Gerechtigkeitssinn wächst. Ganz natürlich, von innen heraus, setzen wir uns mehr für Schwache und ungerecht Behandelte ein. Vielleicht engagieren wir uns ehrenamtlich. Außerdem kann der 5. Grad bei Wirbelsäulen- und Haltungsproblemen helfen.

Der 6. Grad aktiviert *besonders* intensiv unser Drittes-Auge-Zentrum. Es kann sein, dass wir plötzlich die Aura eines anderen sehen. Unsere Intuition wird gestärkt, und, wer noch nicht seine Lebensaufgabe gefunden hat, wird sie mit dem 6. Grad leichter finden. Unsere Sichtweise wird ganzheitlicher und universaler. Wir erkennen immer mehr, dass das Wohl des Ganzen auch unseres beinhaltet, und verhalten uns entsprechend. Unsere Verbindung zum Universum wird verstärkt.

Der 7. Grad aktiviert vor allem das Kronenchakra, den Punkt höchsten Bewusstseins. Wir entwickeln immer mehr und dauerhaft ein kosmisches oder Einheits-Bewusstsein, in dem wir uns eins mit allem Lebendigen fühlen und auch so handeln. Wenn alle Menschen in diesem Bewusstsein sind, gibt es keinen Streit mehr, keine Kriege, keine Lügen, keinen Egoismus und keine Umweltzerstörung. Einerseits wird unsere Verbindung zur Erde gestärkt, andererseits die zum Kosmos.

Kosmische Symbole

Mit dem 2. Grad lernen wir drei der Symbole kennen, auf denen das gesamte System des authentischen Reiki basiert. Im 4. Grad lernen wir ein weiteres kosmisches Symbol kennen, im 5. und 7. Grad ebenfalls. In den Seminaren lernt man, die universalen Symbole einzusetzen, im Alltag, für die intensivere Ganzbehandlung, für den »Tanz der Symbole« und zum Energieausrichten oder für Einstimmungen. Kosmische Symbole sind kraftvolle Werkzeuge, um jederzeit in Kontakt mit den höchsten Bewusstseinsebenen zu kommen. Sie aktivieren ausschließlich universale, kosmische Energie.

Mit dem 3A-Grad lernt man, so genannte »Einstimmungen« zu geben. Menschen, die noch nicht in den 1. Grad eingestimmt sind, kann man damit für eine Weile befähigen, selbst Erfahrungen mit universaler Energie zu machen. Wie durch eine »Lichtdusche« können wir mit den Einstimmungen, die wir im 3A-Grad lernen, Menschen helfen, aus ihrer Spirale von negativen Gefühlen wieder herauszukommen. Wir lernen auch, uns selbst die Einstimmungen und sie aus der Ferne zu geben. Wer mindestens den 1. Grad hat und von uns eine Einstimmung erhält, erweitert seine Kapazität, mit universaler Energie zu arbeiten, dauerhaft. Es eröffnen sich also mit dem 3A-Grad traumhafte Möglichkeiten!

Mit dem 3B-Grad wird man ausgebildet, selbst Vorträge zu halten und 1.- und 2.-Grad-Kurse zu geben. Lehrer oder Lehrerin des authentischen Reiki zu sein ist die befriedigendste Tätigkeit, die ich mir vorstellen kann, weil man andere befähigt, zu effektiven Lichtarbeitern zu werden. Dieser Mulitplikator-Effekt ist einfach atemberaubend! Wer den 7B-Grad absolviert hat, ist in der Lage, alle Grade weiterzugeben. Es gibt bisher nur wenige Menschen, die diesen Grad besitzen. Im deutschsprachigen Raum gehören dazu Dr. Willy Fraefel, in Australien Gary Samer. Sie können weitere Informationen über die einzelnen Grade und die Lehrerausbildung bei den im Adressenteil angegebenen Ansprechpartnern anfordern.

Hilfe bei emotionalen Problemen

Der gewöhnliche Mensch sieht alles im Leben entweder als Segen oder Fluch, während der Krieger mit Herz alles als Herausforderung nimmt. Verloren in Verzweiflung oder Jubel sehen wir die Zyklen nicht, die den Teppich unseres Lebens weben ... Angenommen, wir glauben tief daran, dass wir die Kraft des Heilens und der Transformation in unseren Händen und Herzen halten. Wie würde sich das auf unser Leben auswirken?

CHRISTINA FELDMANN und JACK KORNFIELD
»Das strahlende Herz der erwachten Liebe«

Gedanken erzeugen Gefühle. Negative Gedanken erzeugen negative Gefühle. Glückliche, ausgeglichene Menschen leben gesünder und länger.

Auf der Ebene unserer Gefühle sind wir mit Ereignissen, Beziehungen und Gefühlen in der Vergangenheit, Gegenwart und Zukunft verbunden. Viele Menschen hadern ständig mit ihrer Vergangenheit und machen sich Sorgen um die Zukunft. Die Vergangenheit hat bereits stattgefunden, und die Zukunft wird sicherlich sowieso anders, als wir denken. Warum also sich Sorgen *machen*?

Wenn Ereignisse in der Vergangenheit nicht energetisch aufgearbeitet werden, können sie unsere jetzigen Denk-, Gefühls- und Verhaltensmuster prägen und beeinflussen. Wir sind dann nicht »ganz entspannt im Hier und Jetzt«, und es fehlt uns der Raum für Spontaneität und die Fähigkeit, Menschen und Situationen mit neuen Augen zu sehen. Durch Reiki haben wir die Möglichkeit, unser Bewusstsein von der emotionalen Ebene zu vertiefen, Gründe für den Charakter dieser Energie zu erforschen und die Energie zu harmonisieren. Mit den Techniken, die wir ab dem 2. Grad lernen, sind wir in der Lage, Ereignisse in unserer Vergangenheit energetisch aufzuarbeiten, sodass sie keine »Macht« mehr über uns haben und wir wieder Herr/Herrin über unser Leben werden.

Mit Reiki brauchen wir uns angesichts der Herausforderungen und Stresssituationen in unserem Leben nicht hilflos zu fühlen. Wir können mit Hilfe von Reiki bei negativen Gefühlen wie Selbstmitleid, Trauer, Wut, Depressionen »mit einem Bein im Licht« bleiben und die Klarheit und Kraft entwickeln, durch schmerzhafte Prozesse hindurchzugehen, wobei wir unsere Gefühle und die ihnen zu Grunde liegenden Gedankenmuster betrachten und dann loslassen können. Wir lernen mit Reiki Verantwortung für unsere Handlungen und Beziehungen zu übernehmen und nicht in Schuldgefühlen – sie sind eigentlich gegen uns selbst gerichtete Aggressionen – stecken zu bleiben, sondern aus unseren Erfahrungen zu lernen. Wir öffnen unser Herz, um uns selbst zu lieben und die Schuldgefühle, die uns vom wirklichen Leben ablenken, loszulassen.

Während unserer Sozialisation wurde uns beigebracht, dass wir immer irgendeiner »Ursache« die Schuld für ein Ereignis anlasten können. Wenn sich die Eltern trennen, glauben Kinder unbewusst, dass sie schuld an der Trennung sind. Wenn ein geliebter Mensch oder ein Haustier stirbt, geben viele Angehörige sich selbst oder den Ärzten die Schuld daran. Reiki hilft uns, durch die Wut hindurch zu gehen, mit unserer Trauer in Kontakt zu bleiben und unser Herz durch diesen Trauerprozess noch mehr zu öffnen. Damit erweitern wir unser Bewusstsein und erken-

nen, dass Geburt und Tod universale Zyklen aller Lebens-
prozesse sind und Bestandteile einer ganzheitlichen Le-
benserfahrung.

Mit Reiki haben wir eine profunde Methode zur Verfügung, unsere äußeren Ebenen, und damit auch die emotionale Ebene, von innen heraus in Einklang und Harmonie
mit den Schwingungen unseres Innersten zu bringen. Unser Innerstes schwingt immer in der Frequenz von heiterer
Gelassenheit, innerem Frieden, Freude am Sein und bedingungsloser Liebe. Diese hohen Schwingungen sind in der
Lage, niedere Schwingungen wie Wut oder Selbstmitleid
zu transformieren. Wir können Reiki »mit Sofortwirkung«
einsetzen, um negative Gefühle wie Angst, Trauer oder
Wut zuzulassen, loszulassen und zu transformieren. In Zukunft haben wir eine Alternative: »negative« Gefühle nicht
auszuleben – mit all den negativen Konsequenzen für unsere Umgebung – oder hinunterzuschlucken – mit all den
negativen Auswirkungen wie etwa psychosomatische Beschwerden für uns selbst –, sondern die Ursache dieser Gefühle zu erkennen und zu transformieren. Aus Feindselig-
keit und Wut werden Vertrauen, Liebe und Freude; aus
Depressionen entsteht Freude und bedingungslose Liebe
auch zu uns selbst; Ängste werden in Urvertrauen und
Verbundenheit mit allem Lebendigen verwandelt.

Indem wir einfach die Hände auflegen, nachdem wir
richtig eingestimmt sind, können wir Gefühle mit einer höheren Energiefrequenz in Harmonie bringen. Wir schließen die Augen und spüren in uns hinein, wo wir negative
Gefühle wie Frustration, Wut oder Selbstmitleid haben.
Dort legen wir unsere Hände auf. Viele Menschen verdrängen ihre negativen Gefühle, sie spielen ständig irgendeine
Rolle. Wer negative Gefühle immer unterdrückt, ver-

braucht viel kostbare Lebensenergie und schneidet sich von positiven Gefühlen wie Freude oder Liebe ab. So wird man mit der Zeit zu einem »Gefühlszombie« und funktioniert nur noch. Wir müssen zunächst einmal in Kontakt mit unseren »negativen« Gefühlen wie Wut und Trauer kommen, um auch Glück, Freude und Anteilnahme wieder intensiv erleben zu können.

Wer negative Gefühlsmuster wie Phobien, Ängste, Depressionen oder Süchte an sich entdeckt, sollte den 2. Grad erlernen, der besonders tief auf der emotionalen Ebene wirkt und hilft, unser seelisches Gleichgewicht wiederherzustellen.

Reiki ist eine einzigartige und sehr wirksame Methode, um ein Gefühl von Wohlbefinden aufrechtzuerhalten, unabhängig vom Alter und auf allen Ebenen unseres Seins. Zu diesem Wohlbefinden gehört nicht nur die Abwesenheit von Krankheit und emotionalen Problemen, sondern eine permanente Vitalität, emotionale und mentale Ausgeglichenheit, Inspirationen von der spirituellen Ebene, Hunger nach Leben, Spontaneität und Lebensfreude. Das authentische Reiki ermöglicht uns, ständig weiter zu wachsen und uns immer wieder zu verändern. Wir gleichen die Energie auf der mentalen, emotionalen und körperlichen Ebene und den verschiedenen Ebenen miteinander aus. Wir lernen, Verantwortung für unser Leben und unser Wohlbefinden zu übernehmen und Körper, Seele und Geist zu integrieren. Mit einer möglichst täglichen Ganzbehandlung tun wir vorsorgend etwas für unsere Gesundheit.

Ganzheitliche, universale Energie wirkt immer unterstützend und trägt uns bedingungslos durch alles Negative hindurch in Richtung Licht und Ganzheit. Es kann jedoch nicht Sinn und Zweck von Reiki sein, uns Probleme aus dem Weg zu schaffen, weil wir durch Herausforderungen wachsen und lernen. Universale Energie nährt uns in diesem Prozess und gibt uns die Unterstützung, die wir in der jeweiligen Situation brauchen.

Eine große Hilfe bei seelischen Herausforderungen und Problemen von uns und anderen ist das Erlernen des 2. Grades. Denn wir lernen, mit Hilfe des Energieausrichtens und der kosmischen Symbole unsere mental-emotionale Ebene zu harmonisieren sowie die wahren Ursachen von tief verwurzelten seelischen Problemen zu erkennen und aufzulösen.

Wenn wir den 1. Grad haben und negative Gefühle in uns wahrnehmen, legen wir die Hände dahin, wo wir sie am intensivsten spüren, und lassen sie dort so lange liegen, bis diese Gefühle verschwunden und verwandelt sind.

Ängste

Wenn wir uns unwohl und ängstlich fühlen oder wahrnehmen, dass jemand anderes Angst hat, sollten wir unsere Hände sofort mindestens fünf Minuten lang auf eine bzw. eine Kombination der folgenden Positionen legen, bis das emotionale Gleichgewicht wieder hergestellt und die Angst verschwunden ist.

Alle Kopfpositionen sind dabei empfehlenswert, außerdem die Vorderposition eins und die Rückenposition drei. Die Kopfpositionen beruhigen, klären und harmonisieren unsere Gedanken und bringen uns in Kontakt mit heiterer Gelassenheit, Freude und Frieden. Die erste Vorderposition vermittelt Urvertrauen, Entspannung und Kraft und bringt uns mit der Frequenz bedingungsloser Liebe in

Kontakt. Die dritte Rückenposition entspannt unsere Adrenalindrüsen und baut bereits produziertes Adrenalin ab.

Sehr hilfreich kann auch die alternative dritte Kopfposition sein, bei der eine Hand auf das Dritte-Auge-Zentrum gelegt wird und die andere auf den Hinterkopf. Wer den 2. Grad hat, kann dabei mit dem SHK, gefolgt von dem TKR, arbeiten und als Affirmation still wiederholen: »Ich fühle mich sicher und geborgen« oder »Liebe ist meine wahre Natur«. Zur Harmonisierung auf der seelischen Ebene kann man auch eine Hand auf das Dritte-Auge-Zentrum legen und die andere auf das Solarplexus-Zentrum.

Wer unter Angstzuständen leidet, sollte sich am besten zweimal täglich eine Ganzbehandlung geben. Als zusätzliche Unterstützung empfehle ich das Erlernen des 2. und 3. Grades. Auch die Afa-Alge ist hilfreich, weil sie unser Gehirn mit den notwendigen Vitalstoffen versorgt (siehe mein Buch »Die Heilkraft der Afa-Alge«, Goldmann, München 2000).

Wenn wir den 2. Grad erlernt haben, können wir konkrete Ängste und Phobien von uns oder unseren Kindern energetisch aufarbeiten. Wir haben die Möglichkeit, Licht in das Dunkel unserer Vergangenheit zu bringen, in der die Ängste und Phobien ihre Wurzeln haben.

Viel Leid wird allein durch Sorgen verursacht. Wenn euer Bewusstsein auf Gott gerichtet ist, werdet ihr keine Furcht mehr kennen.

YOGANANDA

Depressionen

Bei akuten Depressionen empfiehlt es sich, die Hände auf die zweite und dritte Kopfposition zu legen, außerdem auf die erste und dritte Vorderposition und zusätzlich für längere Zeit auf die dritte Rückenposition (Adrenalindrüsen).

Durch die Kopfpositionen werden vermehrt so genannte »Glückshormone«, körpereigene Endorphine, ausgeschüttet. Die erste und die dritte Vorderposition stärken unser Selbstvertrauen und Selbstwertgefühl. Außerdem fühlen wir uns geliebt und geborgen. Bei häufiger auftretenden Depressionen sollten wir uns täglich mindestens eine Ganzbehandlung geben, um die Ursachen der Depression mit der Zeit aufzulösen. Bei chronischen Depressionen wird als zusätzliche Hilfe empfohlen, den 2. Grad zu erlernen. Die Lektüre der Bücher von Neale Donald Walsch, »Gespräche mit Gott«, kann hilfreich sein, weil sie uns mit unserer wahren Natur konfrontieren. Als Vitalstoffquelle bietet sich die wild wachsende Afa-Alge an. Vielleicht brauchen wir auch zusätzliche Nährstoffe, am besten von der Firma »Life Plus«, weil diese nur natürliche Quellen verwendet und die Konservierung enzymschonend bei Körpertemperatur stattfindet. Ausdauersport wie Joggen oder Walking ist empfehlenswert.

Deine Seele – eine Widerspiegelung des ewig freudigen Geistes – ist ihrem innersten Wesen nach das Glück selbst.

YOGANANDA

Drogenmissbrauch und Suchtverhalten

Alkoholismus und der Konsum anderer Drogen stellt nicht nur für unseren Körper eine toxische Belastung dar, sondern ist auch »Gift« für unsere psychische Ebene. Wir können mit Reiki Entzugserscheinungen mildern, uns von alten, negativen Verhaltensmustern lösen, unser Reservoir an Lebensenergie auffüllen und stärker mit inneren Qualitäten wie Freude, Mut, Durchhaltevermögen und Klarheit in Kontakt kommen.

Wer sich von seiner Drogenabhängigkeit mit Hilfe von Reiki befreien möchte, sollte sich täglich mindestens eine Ganzbehandlung, am besten zwei, geben. Unterstützend sind die Möglichkeiten des 2. Grades. Man sollte viel reines Wasser trinken, um die Entgiftung zu unterstützen, und sich vitalstoffreich ernähren, weil alle Drogen Vitalstoffräuber sind. Am besten ist es, die Nahrung mit natürlichen Ergänzungen wie der Afa-Alge und Gerstengras aufzuwerten oder auch durch natürliche Vitamine und Vitalstoffe (Life Plus). Heute enthalten unsere Lebensmittel durch die Auslaugung der Böden nicht mehr in ausreichendem Maße die Stoffe, die wir für Vitalität, Durchhaltevermögen, starke Willenskraft und Lebensfreude brauchen. Sehr empfehlenswert ist die häufige Teilnahme an Gruppenbehandlungen und Reiki-Marathons. Wir können Freunde, die den 2. und/oder 3. Grad erlernt haben, um Energieunterstützung für unseren Prozess bitten.

Ich selbst habe einmal in einer Hamburger Drogeninitiative einen 1.-Grad-Kurs für ehemalige Heroinabhängige gegeben, die an einem Methadonprogramm teilnahmen. Die Menschen waren von den Glücksgefühlen, die sie während der Einstimmungen, Behandlungen und Gruppensitzungen hatten, begeistert. Manchmal gingen wir erst nach Mitternacht auseinander. Eine junge Frau brachte zum Ausdruck, was viele dachten: »Warum habe ich Reiki nur nicht viel früher kennen gelernt? Dann hätte ich mir vieles ersparen können. Sich ›high‹ fühlen ohne Drogen – dass das möglich ist!«

Beispiel: Eine Frau konsumierte jahrelang regelmäßig Haschisch und gelegentlich LSD und bewusstseinsverändernde Pilze. Als sie das authentische Reiki kennen lernte, verdiente sie sich ihren Lebensunterhalt mit Dealen.

Als diese Frau den 1. Grad machte, wusste sie intuitiv, dass dies eine Möglichkeit ist, von ihrer Drogenabhängigkeit loszukommen. Sie gab sich jeden Tag mehrere Ganzbehandlungen und ließ keine Gruppenbehandlung und keinen Marathon in ihrer Nähe aus. Nach einiger Zeit erlernte sie auch den 2. und später den 3. Grad. Heute, nach einigen Jahren Abstinenz, ist diese Frau »clean«. Sie sagt, sie würde jetzt »high« durch Lichtarbeit und die Erfahrung von bedingungsloser Liebe und ekstatischer Freude – durch Reiki und ohne Nebenwirkungen.

Einsamkeit

Immer, wenn wir uns einsam fühlen, sollten wir uns sofort eine Reikibehandlung geben. Dadurch spüren wir unsere tiefe Verbundenheit mit allem Lebendigen und harmonisieren unsere emotionale Ebene. Wir entwickeln ein Gefühl von Dankbarkeit und Vollständigkeit. Neben einer täglichen Ganzbehandlung sollten wir zusätzlich Zeit mit der zweiten und dritten Kopfposition sowie der ersten Vorderposition verbringen. Die beiden genannten Kopfpositionen aktivieren die Produktion von Glückshormonen, und die erste Vorderposition schenkt uns Urvertrauen und die Gewissheit, dass eine Kraft, wie immer wir sie nennen möchten, uns liebt und trägt. »Liebe dich selbst«: Oft hilft ein warmes Vollbad mit wohlriechender Badeessenz, schöner Musik und einer Kerze. Gut ist auch eine aufbauende Lektüre wie die Bücher von Yogananda oder Taniguchi, die uns deutlich machen, dass Gott uns liebt und wir Kinder Gottes sind.

Essstörungen

Essstörungen wie Magersucht und Bulimie verbreiten sich immer mehr, neuerdings sind auch junge Männer davon betroffen. Bei Bulimie haben die Betroffenen Fressattacken mit anschließendem Erbrechen. Oft steht ein mangelndes Selbstwertgefühl dahinter, das durch die Essstörung noch mehr geschwächt ist. Eine Negativspirale setzt ein.

Bei Essstörungen wird empfohlen, sich täglich mindestens eine Ganzbehandlung zu geben und zusätzlich Zeit mit den Kopfpositionen zwei und drei sowie der dritten Vorder- und Rückenposition zu verbringen. Außerdem sollte der 2. bis 3. Grad erlernt werden, um die seelischen Ursachen zu klären und die Kraft zu erlangen, dem Leben eine neue Richtung zu verleihen.

Beispiel: Eine magersüchtige Frau ließ sich einige Behandlungen von mir geben. Nach der zweiten Behandlung war sie in der Lage, ihrem Mann gegenüber Kritik auf eine Art zu äußern, die er akzeptieren konnte. Er war erleichtert über diese Aussprache, und sie fühlte sich nach langer Zeit wieder in der Lage, mit ihm ins Fitnessstudio zu gehen und an Geräten zu turnen. Anschließend lud ihr Mann sie zum Essen ein, und sie verbrachten einen wunderschönen, harmonischen Abend miteinander. Diese Frau hatte mit Hilfe von Reiki gelernt, ihre Gefühle auszudrücken statt hinunterzuschlucken. Mittlerweile hat sie selbst den 1. und 2. Grad erlernt, um sich selbst helfen zu können. Sie hat in kurzer Zeit ihr Normalgewicht erlangt und kann es auch halten, und sie ist eine fröhliche, selbstbewusste Frau geworden.

Frustration

Wenn wir negative Gefühle wie Frustration durchleben, haben wir mit dem authentischen Reiki die Chance, tief in die Gefühle hineinzugehen, hindurchzugehen und sie hinter uns zu lassen. Es ist hilfreich, sich entweder eine Ganzbehandlung zu geben oder die Hände dorthin zu legen, wo sich das negative Gefühl »ballt«, vielleicht am Hals oder in der Magengegend. Wer den 2. Grad erlernt hat, kann mit dem SHK- und TKR-Symbol arbeiten. Bewährt hat sich auch eine Kombination von Hals- und Herzposition. Während der Behandlung sollten wir aufmerksam unsere Gedanken registrieren und vielleicht sogar festhalten, um anschließend darüber reflektieren zu können.

Hassgefühle

Wir reagieren oft mit Hassgefühlen auf Personen, die sich nicht so verhalten, wie wir es von ihnen erwarten. Empfehlenswert sind die zweite und dritte Kopfposition und die erste Vorderposition. Während wir uns behandeln, nehmen wir die Hassgefühle aufmerksam wahr, ohne sie zu verurteilen. Wir kommen so in Kontakt mit dem, was wir im anderen als negativ wahrnehmen, und erhalten die Chance, diese Eigenschaften im anderen wie auch in uns selbst zu akzeptieren.

Während wir uns Reiki geben, können wir uns auch fragen, warum wir jemanden hassen. Unser Höheres Selbst wird uns eine Antwort erteilen. Wir werden vielleicht herausfinden, dass wir jemanden für eine Eigenschaft hassen, die wir bei uns noch nicht wahrgenommen und akzeptiert haben. Bei länger anhaltenden Hassgefühlen empfiehlt es sich, mit den Möglichkeiten des 2. Grades zu arbeiten.

Hilflosigkeit

Wenn wir uns hilflos oder machtlos fühlen, sollten wir uns täglich mindestens eine Ganzbehandlung geben mit längerem Verweilen auf den Kopfpositionen zwei, drei und vier und der Vorder- und Rückenposition drei. Wir können auch eine Hand auf das Solarplexus-Zentrum oberhalb des Nabels und eine Hand gegenüber auf den Rücken legen, um unser Selbstwertgefühl zu stärken.

Selbst wenn wir im Krankenhaus sind oder zu Hause im Bett liegen müssen, können wir uns durch einfaches Handauflegen selbst helfen, unabhängig von unserem Gesundheitszustand.

Panikattacken

Angstgefühle können sich zu Panikattacken steigern. Sie sollten sofort Reiki anwenden, wenn Sie Angst haben oder in Panik sind.

Sie können Ihren Weg zu seelischem Gleichgewicht unterstützen und beschleunigen, indem Sie mindestens fünf Minuten lang die Kopfpositionen eins, zwei und drei, die Vorderpositionen eins und drei sowie die dritte und vierte Rückenposition machen. Alternativ können Sie im akuten Fall in sich hineinspüren, wo Sie konzentriert Angstgefühle wahrnehmen, und dort Ihre Hände auflegen. Wenn Sie jemand sind, der zu Ängsten neigt, geben Sie sich prophylaktisch täglich eine Ganzbehandlung, um dauerhaft in einen Zustand von Wohlbefinden auf allen Ebenen zurückzufinden. Empfehlenswert ist der 2. Grad, um die Ursachen Ihrer Ängste zu erforschen, die mit Kindheitserlebnissen zusammenhängen können. Ausdauersport wie Joggen hilft, Ängste und Panik abzubauen, und zwar genauso effektiv wie die Behandlung mit Psychopharmaka, nur ohne jede Nebenwirkung.

Phobien

Phobien sind Ängste, die sehr stark werden und uns emotional aus dem Gleichgewicht bringen können. Frauen sind häufiger von Phobien betroffen als Männer. Die meisten Phobien beziehen sich auf Spinnen, Ratten und Schlangen.

Besonders empfehlenswert sind alle Kopfpositionen sowie die erste und dritte Vorderposition und die dritte Rückenposition, jeweils für mindestens fünf Minuten. Wenn wir uns täglich eine Ganzbehandlung geben, können wir unsere Ganzheitlichkeit stärker wahrnehmen. Empfehlenswert ist auch das Erlernen des 2. Grades, um Licht ins Dunkel der möglichen Ursachen zu bringen.

Schuldgefühle

Wer häufig unter Schuldgefühlen leidet, sollte sich täglich eine Ganzbehandlung geben, um seine Beziehungen ganzheitlich zu sehen und nicht Schuld mit Verantwortung zu verwechseln. Schuldgefühle können uns davon ablenken, durch eine aktuelle Situation hindurchzugehen, von ihr zu lernen und sie loszulassen.

Besonders die erste Vorderposition in verschiedenen Kombinationen mit der zweiten und dritten Vorderposition oder der dritten Rückenposition ist empfehlenswert, um unser Herz zu öffnen, uns selbst zu lieben und zu lernen, Schuldgefühle loszulassen. Lektüre, die uns mit unserer wahren, göttlichen Natur in Kontakt bringt, wie die Bücher von Walsch, Taniguchi oder Yogananda, ist ebenfalls für eine geistige Neuorientierung nützlich (siehe Kapitel mit Buchempfehlungen).

Sorgen

Wenn Sie sich beim Sorgenmachen ertappen, legen Sie Ihre Hände sofort für fünf bis fünfzehn Minuten auf die Kopfpositionen zwei und drei, die Vorderposition eins sowie die vierte Vorder- und Rückenposition. Dabei können Sie Affirmationen wiederholen, wie »Ich bin in der Liebe Gottes geborgen« oder »Ich bekomme alles, was ich wirklich brauche«. Im 2. Grad lernt man eine Technik, um schnell wieder ins seelische Gleichgewicht zu kommen.

Wenn Sie jemand sind, der sich oft über längere Zeit Sorgen macht oder abends vor Sorgen nicht einschlafen kann, sollten Sie sich täglich mindestens eine Ganzbehandlung geben, um mit der Zeit eine heitere, positive Haltung zu sich selbst und zum Leben zu entwickeln. Wenn Sie sich jeden Tag mit universaler Lebenskraft aktivieren, fördert dies Ihre Selbstachtung, Ihr Selbstbewusstsein und Ihr Vertrauen – wichtige Aspekte Ihres seelischen Wohlbefindens. Sie können auch in Kontakt mit der Energie von »Lächeln« und »Leichtigkeit« kommen, wenn Sie die Übungen machen, die am Ende des Kapitels »Wahre Freude kommt von innen« beschrieben sind. Wenn Sie den 2. Grad erlernt haben, können Sie mit dem SHK den »Tanz der Symbole« ausführen.

Transformation

Mit Reiki können wir uns der Transformationsenergie öffnen, die Teil jedes wirklichen Wachstums- und Lernprozesses ist. Wir lernen, überflüssige Denk- und Verhaltensmuster loszulassen und uns in unbekanntes Neuland zu wagen. Durch diesen Transformationsprozess kommen wir mehr in Kontakt mit unserem inneren, universalen und harmonischen Selbst.

Veränderungen gehören zum Leben. Mit universaler Energie gewinnen wir ein »freundschaftliches Verhältnis« dazu und entwickeln eine positive Erwartungshaltung: »Alles ist gut«. Wir erkennen, dass wir uns alles im Leben selbst kreieren, um daran zu wachsen und zu lernen. Reiki aktiviert von innen her unsere Lichtnatur und erweitert so unsere Kapazität, Ganzheit und Harmonie auf allen Ebenen unseres Seins wahrzunehmen und zu erleben. Wir wachsen mit der Zeit in Einheits- oder kosmisches Bewusstsein hinein und werden uns unserer inneren Verbindung zu allen Lebewesen immer stärker bewusst.

Um mehr in Kontakt mit der Energie von »Umwandlung« zu kommen, empfehle ich eine tägliche Ganzbehandlung und zusätzliche Zeit auf der ersten Vorderposition sowie der vierten Vorder- und Rückenposition. Mit dem HSN, das wir im 2. Grad lernen, erhalten wir ein Werkzeug, um direkt mit der Energie von Transformation in Kontakt zu kommen und unser Vertrauen in das Leben, das es gut mit uns meint, zu stärken.

Trauer

Auch Trauerprozesse sind eine Möglichkeit zu Transformation und Wachstum. Oft empfinden wir tiefe Trauer beim Verlust eines geliebten Menschen oder eines Haustieres. Verdrängen ist keine Lösung, die »Unfähigkeit zu trauern« bedroht die seelische Gesundheit vieler Menschen.

Mit dem authentischen Reiki haben wir die Chance, durch den Trauerprozess hindurchzugehen und unsere Gefühle zuzulassen. Am besten geben Sie sich täglich eine zeitlich nicht begrenzte Ganzbehandlung. Wir können auf diese Weise unsere Gefühle erforschen, uns mit der Liebe hinter der Trauer verbinden und mit der Zeit Empfindungen wie Trauer und Selbstmitleid hinter uns lassen. Hilfreich ist auch eine Lektüre, die uns mit dem Wissen um die Unsterblichkeit der Seele von Mensch und Tier in Verbindung bringt, wie die Bücher von Walsch, Elisabeth Kübler-Ross, Jerry Jampolsky und Yogananda. Die Mystiker sagen, »die Geburt ist ein Tod«, und »der Tod ist eine Geburt«, der Beginn von etwas Neuem und Wunderbarem. Mit der Zeit spüren wir, dass der Tod wie die Geburt zum Leben dazugehört und wir mit allen, die wir je geliebt haben, für alle Zeiten verbunden sind.

Bei Gefühlen von Trauer sind besonders die erste Vor-

derposition sowie die dritte Vorder- und Rückenposition
hilfreich. Zur Aufarbeitung trauriger Erlebnisse in unserer
Vergangenheit bis hin zur Kindheit empfehle ich das Erlernen des 2. Grades

Ungeduld

Viele Menschen haben keine Geduld und kein Durchhaltevermögen. Sie haben Schwierigkeiten, wenn sie etwas
nicht sofort bekommen, oder Probleme, Dinge, die sie einmal begonnen haben, mit Elan und Tatkraft zu Ende zu
führen. Wenn wir ungeduldig sind, verpassen wir das Hier
und Jetzt und fühlen uns im Leben nie richtig zu Hause.

Wenn Sie mehr Geduld und Durchhaltevermögen entwickeln wollen, sollten Sie sich täglich eine Ganzbehandlung geben und auch zwischendurch mindestens eine
Hand auf das Solarplexus-Zentrum oder das Herzzentrum
legen. Bei der Ganzbehandlung sollten Sie besonders lange
die dritte Kopfposition sowie die erste und dritte Vorderposition machen.

Wut

Es heißt, Wut sei ein Schrei nach Liebe. Wenn Sie zu Wutanfällen neigen, sollten Sie sich möglichst täglich eine
Ganzbehandlung geben, mit besonderer Berücksichtigung
der vierten Kopf- und ersten Vorderposition sowie der
dritten Rückenposition. Sie kommen so in Kontakt mit
Ihrer Liebesfähigkeit und entspannen Ihr Solarplexus-
Zentrum und Ihre Nebennieren. Fragen Sie sich dabei, warum Sie wütend sind, und warten Sie auf eine Antwort
Ihres Höheren Selbst. Und fragen Sie sich dann, was das,

warum Sie wütend sind, mit Ihnen selbst zu tun hat. Wenn wir uns über jemanden oder etwas aufregen, hat dies immer auch etwas mit uns selbst zu tun. Indem wir lernen, »Schattenseiten« in uns zu akzeptieren, bringen wir Licht in das Dunkel unserer Gefühle und brauchen sie nicht mehr nach außen zu projizieren. Wir werden toleranter und friedvoller.

Beim Behandeln können wir auch mit Affirmationen arbeiten, wie »Ich bin in jeder Situation heiter und gelassen« oder »Der Frieden in mir ist meine wahre Natur«.

Wer oft unter Wutanfällen leidet, sollte sich täglich eine Ganzbehandlung geben, um die Energie seiner körperlichen und seelischen Ebene mit der Energie seiner inneren Ebene zu harmonisieren. Dass die Psyche Auswirkungen auf unsere körperliche Ebene hat, ist hinlänglich bekannt, aber noch relativ unbekannt ist, wie Defizite in unserer Ernährung die Psyche relativ beeinflussen können. Deshalb empfehle ich, die Nahrung mit natürlichen Vitaminen und Zusätzen wie der Afa-Alge zu ergänzen. Nur, wenn unser Vitalstoffspeicher gut gefüllt ist, können wir in jeder Situation heiter und gelassen reagieren.

Beispiel: Eine Friseurmeisterin hatte den 1. Grad gemacht und erwartete, dass sie nun noch liebevoller und freundlicher mit Kunden und Mitarbeitern umgehen würde. Bis dahin war sie stolz darauf, nie ein böses Wort in ihrem Friseursalon verloren zu haben. Als sie mich ein paar Wochen nach dem Seminar anrief, war sie ganz aufgeregt. Sie kannte sich gar nicht wieder! Wenn ihr etwas nicht passte, wurde sie manchmal laut und wütend. Die Friseurmeisterin war über sich selbst entsetzt und befürchtete, dass nun ihre Mitarbeiterinnen kündigen und sie kaum noch Kunden haben würde. Ich beruhigte sie und empfahl ihr, sich weiterhin jeden Morgen eine Ganzbehandlung zu geben.

Nach ein paar Wochen sah ich sie zum 2. Grad wieder. Das Gegenteil ihrer Befürchtungen war eingetreten: Das Betriebsklima hatte sich verbessert, die Mitarbeiterfluktuation war gestoppt, und sie konnte den Kundenandrang kaum bewältigen. Vorher hatte sie ihre negativen Gefühle und Kritik heruntergeschluckt und die Rolle der Friedlichen und Netten gespielt. Die meisten Menschen spüren, ob jemand wirklich friedlich ist oder nur eine bestimmte Rolle spielt. In ihrer Gegenwart fühlte sich niemand richtig wohl, weil jeder das Gefühl hatte, nicht ganz Mensch sein zu dürfen, sondern auch schauspielern zu müssen. Das strengt auf die Dauer an. Da die Friseurmeisterin sich jetzt traute, auch einmal Negatives anzusprechen und sich durchzusetzen, entspannte sich die Atmosphäre, weil sie sich als Mensch zeigte und damit auch andere energetisch einlud, sie selbst zu sein. Sie war authentisch geworden, und sogar ihre Stimme hatte sich verändert, sie war nicht mehr hoch und piepsig, sondern voll und dunkel geworden.

Beim authentischen Reiki geht es nicht darum, von einer rosaroten Wolke zur anderen zu schweben, und auch nicht um »Friede, Freude, Eierkuchen« oder »so tun, als ob«. In unserer ganzheitlichen Entwicklung müssen alle Teile unserer Persönlichkeit akzeptiert und integriert werden. Einige Menschen müssen auf dem Weg zu bedingungsloser Liebe erst einmal in Kontakt mit ihrer Wut oder ihrer Traurigkeit kommen, um diesen Teil von sich akzeptieren, transformieren und auch in anderen annehmen zu können.

Hilfe in Beziehungsfragen

Ihr werdet selbst im stummen Gedenken Gottes
zusammen sein.
Aber lasst Raum zwischen euch.
Und lasst Winde des Himmels zwischen euch
tanzen.

KHALIL GIBRAN, *»Der Prophet«*

»Jedes Verhalten, das nicht Liebe zum Ausdruck
bringt, ist ein Schrei nach Liebe.

CHUCK SPEZZANO *in*
»Wenn es verletzt, ist es keine Liebe«

Manchmal rufen mich Frauen an, die gerne den 2. Grad machen möchten. Sie erzählen begeistert von den Auswirkungen des 1. Grades, zum Beispiel, dass sie sich viel entspannter und wohler fühlen und die Direktbehandlung sehr genießen. Dann kommt der Wehmutstropfen: »Mein Partner lässt sich leider nicht von mir behandeln. Er findet das Ganze lächerlich. Dabei würde ich ihn so gern behandeln! Wenn ich den 2. Grad mache, kann ich meinem Mann doch einfach Fernbehandlungen geben. Vielleicht wird er dann wieder so aufmerksam wie am Anfang unserer Beziehung. Das müsste doch funktionieren!«

Meine Antwort ist für die Betreffende oft ernüchternd. Natürlich können wir mit dem 2. Grad anderen, auch unserem Partner, Behandlungen auf den inneren Ebenen geben. Ob sich unsere Erwartungen allerdings erfüllen werden, bleibt dahingestellt. Die Wirkung geht immer in Richtung Ganzheit, Harmonie, Gesundheit und bedingungslose Liebe und bringt den Behandelnden stärker in Kontakt mit seinen wahren Bedürfnissen. Ob wir dabei der konkrete Nutznießer dieser Entwicklung unseres Partners sind, können wir nicht vorhersehen und bestimmen. Vielleicht bedankt sich unser Partner für alles, was er in der Beziehung mit uns lernen durfte, und trennt sich dann von uns, um *seinen* Weg zu gehen.

Reiki stellt also keine Garantie für uns dar, dass Beziehungen halten oder sich verbessern. In jedem Fall haben wir aber mit dieser Methode eine Unterstützung, um unsere Beziehungen zu harmonisieren und im Falle einer Trennung diese besser und leichter zu verarbeiten.

Auch in unsere Beziehungen zu unseren Kindern, Eltern, Freunden, Nachbarn, Freizeitpartnern und Arbeitskollegen können wir durch Reiki mehr Fürsorglichkeit, Wärme, Geduld, Vergebung, Akzeptanz, Freundlichkeit, Integrität, Authentizität, bedingungslose Liebe und Zärtlichkeit fließen lassen. Bei schwierigen Beziehungen können wir uns mit den Techniken des 2. Grades auf den inneren Ebenen engagieren und die »Früchte« dieser Arbeit auch auf den äußeren Ebenen »ernten«. Oft erkennen wir dabei, dass es eigentlich nicht um die andere Person geht, sondern um die Harmonisierung unserer eigenen Beziehung zu dieser Person. Was wir mittels Reiki für andere tun – ob eine Direktbehandlung, eine Einstimmung, Energieausrichtung oder die Anwendung kosmischer Symbole –, kommt auch uns selbst zugute.

Emotionale Intelligenz

Der amerikanische Psychologe Daniel Goleman stellt in seinem Buch »Emotionale Intelligenz« die These auf, dass die »emotionale Intelligenz« entscheidend für den »sozialen Erfolg« eines Menschen ist. Diese »emotionale Intelligenz« ist bei vielen unterentwickelt, und sie lässt sich mit Hilfe des authentischen Reiki fördern.

Besonders durch die zweite Kopfposition aktivieren wir unsere Gehirnkapazität und bilden verstärkt Nervenverbindungen, Synapsen, zwischen linker und rechter Hemisphäre. Unsere Handlungen und Entscheidungen werden nicht länger hauptsächlich von der linken Gehirnhälfte gesteuert, dem Sitz unseres analytischen, rationalen Verstandes, sondern immer mehr gleichzeitig auch von der rechten Gehirnhälfte, dem Sitz unserer Intuition, unserer Phantasie und Kreativität sowie einer ganzheitlichen Sichtweise. Mit der rechten Gehirnhälfte erkennen wir uns selbst im Spiegel, und hier ist auch der Sitz von Selbstbewusstsein und Selbstwertgefühl. Verstand und Gefühl arbeiten sozusagen in Zukunft Hand in Hand statt gegeneinander. Außerdem aktivieren wir immer mehr graue Zellen, die noch im »Dornröschenschlaf« sind. Bisher sollen wir erst ein Drittel unserer Gehirnkapazität aktiviert haben. Von dieser ganzheitlichen Gehirnentwicklung profitieren selbstverständlich auch unsere Beziehungen zu unseren Mitmenschen.

Die Beziehung zu den Eltern heilen

Wir haben mit Reiki eine wirksame Möglichkeit, unsere Beziehung zu unseren Eltern zu heilen, unabhängig davon, wie alt wir selbst sind oder ob unsere Eltern noch am Leben sind oder nicht. Unsere Beziehung zu unseren Eltern hat unser Verhältnis zum eigenen und anderen Geschlecht und unser Rollenverständnis von Frau und Mann sowie Mutter und Vater geprägt. Da wir mit dem authentischen Reiki ab dem 2. Grad die Möglichkeit haben, unsere Beziehung zu unseren Eltern aufzuarbeiten, können wir Verständnis für ihr Verhalten gewinnen, sie akzeptieren, wie sie sind, und eine liebevolle, entspannte Beziehung zu ihnen aufbauen. Unser Verhältnis zum eigenen und anderen Geschlecht profitiert davon, und das zu unseren Kindern und Mitmenschen. Wir entwickeln die Freiheit, uns von Rollenklischees zu lösen, und können herausfinden, wer wir und andere wirklich sind, unabhängig von unseren Eltern.

Viele Menschen sind dazu erzogen worden, sich für andere zu engagieren und sogar aufzuopfern, besonders Frauen, ohne je ein wirklich liebevolles Verhältnis zu sich selbst gewonnen zu haben. Reiki hilft uns, ein zärtliches, freundliches, liebevolles, fürsorgliches Verhältnis zu allen Ebenen unserer Persönlichkeit aufzubauen.

Bonding-Prozesse

Viele Menschen fühlen sich zu intimen, intensiven Beziehungen nicht in der Lage, weil irgendwann in ihrem Leben wichtige »Bonding«-Prozesse nicht oder nur unvollständig stattgefunden haben. »Bonding«-Prozesse sind Prozesse der inneren Verbindung, wie sie zum Beispiel während der Schwangerschaft und gleich nach der Geburt zwischen Mutter und Kind entstehen. »Bonding«-Prozesse begleiten uns unser ganzes Leben hindurch und finden später mit Menschen unserer Umgebung, mit Partnern und Freunden statt. Dieser natürliche Prozess ist sehr störanfällig und sensibel. Wenn er während des entsprechenden Stadiums unserer Entwicklung nicht vollständig stattgefunden hat, neigen manche Menschen, da sie keine tiefen inneren Verbindungen erlebt haben, zu oberflächlichem Verhalten oder »Klammern«. Manche haben dann zum Beispiel die Angewohnheit, andere »in Beschlag zu nehmen«, weil sie glauben, nicht die innere Kraft zu haben, um selbst ihre Bedürfnisse zu erfüllen.

Reiki aktiviert direkt universale, transzendentale Energie, schärft unsere Intuition, weckt unsere Fähigkeit, uns auf einer tiefen Ebene miteinander zu verbinden, und unterstützt damit den Aufbau gesunder Beziehungen und die Bereitschaft, »Bonding«-Prozesse einzugehen. Besonders mit den Techniken, die man im 2. und 3. Grad lernt, sind wir in der Lage, »Bonding«-Prozesse, die nicht oder nur unvollständig stattgefunden haben, aufzuarbeiten und zu heilen.

Der Wunschpartner

Wer seinen Wunschpartner noch nicht gefunden hat, sollte nicht traurig sein. Ich habe mich früher oft gefragt: »Du willst einen Märchenprinzen zum Mann. Bist du überhaupt schon eine Prinzessin und damit eines Märchenprinzen ebenbürtig und würdig?« Die Zeit, die wir ohne Partner verbringen, können wir nutzen, um mit Reiki an unserer Ausstrahlung und inneren Schönheit zu arbeiten und unsere Qualitäten wie Liebesfähigkeit, Lebensfreude, Mitgefühl, Anteilnahme und Begeisterungsfähigkeit zum Leuchten zu bringen. Ein Meister sagte einmal, er sei zufrieden, wenn wir nur die Hälfte der Energie, die wir darauf verwenden, gut auszusehen, darauf verwenden würden, gut zu sein. Letztlich sind es nicht äußere Attribute, die uns attraktiv erscheinen lassen, sondern unsere Ausstrahlung. Eine Untersuchung des Max-Planck-Instituts in München hat ergeben, dass Lachen auf Anhieb Sympathie schafft und außerdem Lust am Leben und an der Liebe signalisiert. Mit Reiki kommen wir auch stärker mit der Energie von Freude, Leichtigkeit und Lebenslust in Kontakt und werden zu fröhlicheren Menschen.

Verzeihen als Heilung von Hass

Sich entschuldigen zu können ist die Basis jeder guten Beziehung. Wer in der Lage ist, den Einfluss des Partners zu akzeptieren, kann sich auch entschuldigen. Die Unfähigkeit, zu verzeihen und sich zu entschuldigen, hängt häufig mit schmerzhaften Erfahrungen in der Vergangenheit und einem daraus resultierenden Schamgefühl zusammen. Solch eine Person hat leicht das Gefühl, dass ein Irrtum ihrerseits »das Ende der Welt bedeutet«. Es geht in Beziehungen nicht um Schuldzuweisungen – der eine hat Recht, der andere Unrecht –, sondern darum, einander zu respektieren und auf eine respektvolle Art und Weise die eigene Meinung zu vertreten. Wer sich dafür entscheidet, nicht zu verzeihen, schadet der Beziehung, weil der andere keine Chance erhält. Wenn er das Gefühl hat, einen Fehler nie wieder gutmachen zu können, wird er die Beziehung vielleicht schnell abbrechen.

Ein wunderbares Buch zu diesem Thema ist »Verzeihen ist die größte Heilung« von Gerald G. Jampolsky (Integral Verlag, München 2000). Zitat: »Die Fähigkeit, wirklich zu verzeihen, bewirkt eine so umfassende Wandlung unseres Lebens, wie wir sie uns niemals hätten träumen lassen. Wenn an Stelle von Hass die Liebe, an Stelle von Angst die Zuversicht tritt, haben wir unseren Frieden mit uns und der Welt gemacht, ersetzen wir Krankheit durch Gesundheit und Unglücklichsein durch Glück.«

Das authentische Reiki hilft uns, negative Verhaltensweisen loszulassen und »dichte« Energien wie Rechthaberei in höhere Frequenzen wie Achtung und Akzeptanz umzuwandeln. Mit Reiki können wir die Energie negativer Kindheitserlebnisse umwandeln. Wir können unser oft gespanntes Verhältnis zu Eltern oder Geschwistern klären.

Die Botschaft der Worte

Reiki hilft uns auch, auf die Schwingung hinter unseren Worten zu achten. Signalisieren wir, auch beim Telefonieren, Akzeptanz und guten Willen, oder brüskieren wir unseren Gesprächspartner, indem wir vielleicht heimlich denken: »Wie konnte er oder sie nur so dumm sein?« Die Botschaft hinter den Worten kommt beim anderen immer an. Es sind oft nicht die Worte, die in einer Kommunikation verletzend wirken, sondern die Schwingung hinter den Worten. Manchmal streitet sich ein Ehepaar über ein Ereignis in der Vergangenheit. Der eine Partner sagt, der andere habe ein bestimmtes negatives Wort benutzt, was der andere abstreitet. Beide haben Recht. Zwar ist das Wort nicht gefallen, aber die Schwingung hinter den Worten hat eine sehr negative Botschaft vermittelt.

Mit Reiki haben wir die Möglichkeit, durch einfaches Handauflegen – ich empfehle die Hals- und Herzposition in Kombination – unsere Gespräche auch am Telefon harmonischer und liebevoller zu gestalten. Erst, wenn wir dem anderen signalisieren, dass wir ihn wertschätzen und akzeptieren, ist er in der Lage, unsere vielleicht berechtigte Kritik anzuhören und daraus zu lernen. Es ist eigentlich ganz einfach: Wir verhalten uns so, wie wir gern behandelt werden möchten.

Mit dem authentischen Reiki erweitert sich das Spektrum, wie wir mit den Menschen kommunizieren, mit denen wir zusammenleben, oder zusammenarbeiten. Worte sind in ihrer Aussage und Wirkung begrenzt und meist Ausdrucksmittel des Verstandes. Durch einfaches Berühren können wir einander oft mehr vermitteln als durch viele Worte. Wer den 2. Grad beherrscht, kann eine Gesprächssituation durch den Gebrauch kosmischer Symbole entspannen und wichtigen Verhandlungen schon vorab Energie ausrichten.

Reiki-Umarmungen

Auch wenn ich manchmal im Laufe des Tages wenig Zeit oder Gelegenheit gefunden habe, meinen Kindern zu sagen, dass ich sie liebe und schätze, kann ich ihnen abends, selbst wenn wir müde sind, eine Behandlung geben, und dieses tiefe Wissen zwischen uns ist wieder frisch und gegenwärtig. In vielen Beziehungen zwischen Mann und Frau kommt es selten zu Berührungen, und längerer körperlicher Kontakt findet oft nur im Zusammenhang mit sexuellen Aktivitäten statt. Durch die gegenseitige Direktbehandlung und möglichst viele Reiki-Umarmungen bleibt der körperliche Kontakt auch in langjährigen Beziehungen wach und lebendig, und die Liebe, die man füreinander spürt, bleibt im Vordergrund. Wer den 2. oder 3. Grad erlernt hat, kennt weitere Möglichkeiten, jenseits von Worten und sogar ohne Berührungen mit Hilfe kosmischer Symbole auf den innersten Ebenen miteinander zu kommunizieren.

Sehr empfehlenswert für Paare und die Beziehung zwischen Eltern und Kindern sind »Shanti-Übungen«, die man am besten täglich machen sollte. »Shanti« ist ein Wort aus dem altindischen Sanskrit und heißt: »Ich grüße das Licht in dir.« Wenn wir mit Shanti-Übungen unsere innere Verbindung stärken, kommt es seltener zu Dissonanzen und Streitigkeiten. Wir ehren und wertschätzen mit »Shanti« das Göttliche im anderen und erinnern uns daran, wer er wirklich ist. Wir können uns selbst jeden Morgen im Spiegel mit dieser Shanti-Übung als Lichtwesen begrüßen und feiern. Am besten wiederholen wir die Übung drei Mal. Im Laufe des Tages sehen wir dann nicht nur uns selbst als Lichtwesen, sondern immer mehr auch unsere Mitmenschen. Gut ist es auch, seine Kinder mit »Shanti« zu ehren und ihnen so zu zeigen, dass man als Elternteil weiß, dass man eine alte Seele vor sich hat und sein Kind nicht nur mit seinem kleinen und manchmal noch unbeholfenen Körper identifiziert.

Wenn es nicht möglich ist, jemanden mit »Shanti« zu begrüßen und zu ehren, wir aber in einer Beziehung das Bedürfnis nach mehr Harmonie haben, können wir die Übung auch im Geiste durchführen. Wir stellen uns vor, dass wir einander gegenüberstehen und uns mit Blickkontakt, und im Shanti-Bewusstsein, voreinander verneigen. So können wir zum Beispiel Lichtarbeit mit einem schwierigen Chef machen. Wenn wir diese Übung ein paar Tage durchgeführt haben, werden wir bemerken, dass unser Chef plötzlich viel freundlicher zu uns ist. Wir haben ihn nicht verwandelt, sondern er hat gemerkt, dass wir unsere Einstellung geändert haben, indem wir in die Beziehung zu ihm Energie und Zeit investieren. Das Ergebnis ist dasselbe.

Mit Reiki machen wir die Erfahrung, dass wir Liebe sind und geliebt werden. Wir entwickeln damit »Reichtumsbewusstsein«. Es ist ein großer Unterschied, ob wir aus einem »Mangelbewusstsein« heraus – aus der Haltung heraus, dass wir bedürftig sind und andere Menschen brauchen, um Geborgenheit, Zärtlichkeit und Liebe zu erfahren – Beziehungen eingehen und pflegen oder aus einem Bewusstsein aus Fülle, des Überflusses heraus, um die Schönheiten des Lebens miteinander zu teilen – »Liebe ist ein Kind der Freiheit«. Wir erfahren, dass »lieben« und »brauchen« nicht dasselbe ist. Mit Reiki werden wir bedingungs- und erwartungslos und lassen dem anderen den Raum, er selbst zu sein. Wir feiern in solchen Beziehungen die Schönheit, Fülle und Vielfalt des Lebens und gleichzeitig unser Einssein mit allem, was lebt.

Im Folgenden möchte ich Ihnen zu Fragen und Problemen, die in zwischenmenschlichen Beziehungen häufig auftreten, einige der wichtigsten Reiki-Anwendungen vorstellen.

Akzeptieren

Viele denken, akzeptieren heißt resignieren. Mit dem authentischen Reiki bereiten wir uns darauf vor, auch Ungewohntes zu akzeptieren, ohne es reflexartig kritisieren oder gar ablehnen zu müssen. Wir werden innerlich flexibler und lehnen andere Ansichten nicht ab, weil sie nicht mit unseren harmonieren. Wir lernen, die Ereignisse in unserem Leben als zu uns zugehörig zu beachten und das Positive in ihnen zu sehen.

Um unsere Fähigkeit, Dinge und Personen zu akzeptieren, zu vertiefen, sind besonders die erste Vorder- sowie die vierte Vorder- und die vierte Rückenposition empfehlenswert, und zwar im Rahmen einer möglichst täglichen Ganzbehandlung. Wer den 2. Grad erlernt hat, kann – besonders wirksam – das HSN-Symbol über die Positionen malen oder den »Tanz der Symbole« praktizieren.

Beziehungen nähren

Es ist wichtig, sich bewusst zu machen, dass Beziehungen keine Gegenstände oder Besitzgüter sind, sondern etwas Lebendiges, das fortwährend genährt werden will, um zu wachsen und zu gedeihen. Je mehr Zeit und Energie wir in Beziehungen investieren, desto mehr Energie bekommen wir zurück. Mit dem authentischen Reiki haben wir die Chance, uns an eine unerschöpfliche Quelle universaler Energie anzuschließen, und brauchen nicht länger unbewusst zu versuchen, dem anderen Energie abzuzapfen, weil wir denken, wir hätten selbst nicht genug. Daran kranken fast alle Beziehungen.

Besonders die Kopfpositionen drei und vier und die Vorderpositionen eins und vier aktivieren unsere Lebenskraft von innen heraus und machen uns gleichzeitig bewusst, wie viel wir zu geben haben. Wir gewinnen ein immer liebevolleres und unterstützendes Verhältnis zu uns und anderen. Die Illusion des Getrenntseins vom anderen verschwindet immer mehr.

Wenn wir Beziehungen zu Menschen stärken und nähren wollen, die wir nur selten treffen, empfiehlt es sich, den 2. Grad zu erlernen, mit dem wir Lichtenergie jenseits von Zeit und Raum ausrichten können, den 3. Grad, um jemandem »Lichtduschen« oder Einstimmungen geben zu können, und auch den 4. Grad, um unser Herz weiter zu öffnen und den Eispanzer, den viele von uns um ihr Herzzentrum errichtet haben, zum Schmelzen zu bringen.

Eifersucht

Mit Eifersuchtsdramen können wir uns selbst unsere eigene »Hölle« bereiten. Eifersuchtsgefühle können uns überwältigen und die Qualität unseres Denkens, Fühlens und Handelns beeinträchtigen. Aus Liebe kann leicht Hass werden, wenn wir unter Eifersucht leiden, und wir können damit genau das bewirken, was wir zu vermeiden suchen: den Verlust unseres Partners. Hinter Eifersucht stehen Angst vor Verlust und Minderwertigkeitsgefühle.

Im akuten Fall sollten wir uns sofort zurückziehen und eine Ganzbehandlung durchführen, es reicht auch, die Hände einfach auf eine Position, etwa die erste Vorder- oder die dritte Vorderposition, zu legen. Am besten spüren wir in uns hinein, wo wir die negativen Gefühle am stärksten wahrnehmen, und legen dort die Hände auf.

Hilfreich bei Eifersucht ist das Erlernen des 2. Grades und weiterer Grade. Mit dem 2. Grad können wir alte Verhaltensmuster besonders wirksam bearbeiten und unsere emotional-mentale Ebene schnell und intensiv harmonisieren. Besonders wirksam zur Harmonisierung der seelischen Ebene ist das SHK-Symbol.

Negative Einstellungen und Vorurteile

Negative Einstellung anderen gegenüber führen auf geradezu magische Weise dazu, dass sich dieses Bild bestätigt, weil wir dem Gegenüber zu wenig Raum geben, seine positiven Seiten zu zeigen, und auch unsere Wahrnehmung der Person getrübt ist. Vorurteile können sich so leicht zementieren. Wir haben sozusagen einen »Tunnelblick«: Unsere Wahrnehmung ist eingeschränkt. Mit dem authentischen Reiki erweitern wir unsere Wahrnehmung, können uns den Mechanismus, der abläuft, bewusst machen und haben dann die Wahl, unser Verhalten beizubehalten oder unserem Gegenüber eine Chance zu geben, sich von einer anderen, positiveren Seite zu zeigen. Wir können uns auch unserer Körpersprache bewusst werden, die zeigt, welche Einstellung wir einem anderen Menschen gegenüber haben.

Probieren Sie die vierte Kopfposition und die erste Vorderposition aus, während Sie sich die andere Person vorstellen, und erforschen Sie auf diese Weise die Ursache und die Bedeutung Ihrer Einstellung ihr gegenüber. Hilfreich ist auch der 2. Grad, um auf den inneren Ebenen die Verbindung zum anderen aufrechtzuerhalten und seine Motive zu ergründen. Wenn wir jemanden verstehen, können wir ihn nicht mehr so leicht verurteilen.

Beispiel: Eine Frau, allein erziehende Mutter zweier Kinder, hatte jahrelang Groll gegenüber dem Vater ihrer Kinder gehegt, weil er sie nicht geheiratet hatte und sie der Meinung war, er kümmere sich zu wenig um die Kinder und unterstütze sie auch materiell nicht ausreichend. Auf Grund ihrer vorwurfsvollen Haltung zog er sich immer mehr zurück und konzentrierte sich noch mehr als bisher auf seine

Arbeit. Als die Frau plötzlich ihr Verhaltensmuster sah, konnte sie sich bewusst entscheiden, es aufzugeben, da es das Gegenteil von dem bewirkt hatte, was sie wollte. Sie hat jetzt nicht nur eine Beziehung, in der sie sich entwickeln kann, sondern auch einen fürsorglichen und liebevollen Vater für ihre Kinder.

Herzen verbinden

Mit dem authentischen Reiki haben wir eine Möglichkeit, unsere Verbindung von Herz zu Herz mit anderen Menschen zu vertiefen und auszubauen. Wir können schon mit dem 1. Grad die »Herzen-verbinden-Übung« zur Vorbeugung von Streitigkeiten und Unstimmigkeiten einsetzen sowie im akuten Fall.

Wir setzen oder stellen uns einander gegenüber, sodass wir bequem die Herzposition unseres Gegenübers erreichen können (siehe Abbildung S. 247). Dann legen beide ihre rechte Hand auf das Herzzentrum ihres Gegenübers in der Mitte der Brust, das Herzchakra. Die linke Hand legen wir auf die Hand des anderen. Jetzt schauen wir uns eine Weile in beide Augen gleichzeitig. Wer möchte, kann sich dabei vorstellen, eine Spirale entgegen dem Uhrzeigersinn in die Augen des Partners fließen zu lassen. Wer den 2. Grad erlernt hat, kann mit dem TKR-Symbol arbeiten. Nach etwa zwei bis drei Minuten schließen beide die Augen. Viele erleben dabei ein starkes Gefühl von Liebe und Einssein. Wer möchte, kann leise sanfte Musik im Hintergrund laufen lassen, zum Beispiel »Fairy Ring« von Mike Rowland. Nach etwa zehn bis fünfzehn Minuten beenden wir die Übung, und wenn wir möchten, können wir uns über unsere Erfahrungen austauschen.

Wenn wir die Herzen-verbinden-Übung täglich einige Minuten lang mit unserem Partner oder unseren Kindern durchführen, entwickeln wir unsere Fähigkeit, bedingungslos zu lieben, von innen heraus. Wir öffnen unser Herz und werden so immer lebendiger. Wenn wir einen Streit haben, sollten wir innehalten und unseren Partner bitten, diese Übung mit uns zu machen. Sie vereint, wo Worte meist trennen.

Gesprächssituationen

Wir können uns zum Beispiel beim Telefonieren oder auch sonst bei Gesprächen angewöhnen, immer eine Hand auf die Herzposition oder die Halsposition zu legen. Dadurch wird unsere Stimme sanfter und unsere Kommunikation liebevoller und wohlwollender. Wir bringen dann stärker die Liebe zum Ausdruck, die wir im Herzen fühlen.

Wer den 2. Grad erlernt hat, kann in Gesprächssituationen zusätzlich mit dem SHK- und dem TKR-Symbol arbeiten und auf wichtige Gespräche, wie Verhandlungen und Prüfungen, vorweg Energie ausrichten.

Wenn wir uns in unserer Kommunikation gehemmt fühlen oder Lampenfieber vor einer Rede haben, können wir die Hände für mindestens fünfzehn Minuten auf unser Solarplexus-Zentrum oder auf die erste Kopfposition legen, um uns tief zu entspannen und Energie zu sammeln. Mit Reiki wird unsere Kommunikation offener, liebevoller, klarer und authentischer, und entsprechend gut kommt sie bei anderen an.

Beispiel: Eine Frau hatte große Angst vor den mündlichen Diplomprüfungen an der Universität. Sie hatte Angst, »am

Thema vorbeizureden«, denn sie kannte diese Schwäche von der mündlichen Abiturprüfung und anderen Prüfungssituationen. Ich empfahl ihr, sich mindestens eine halbe Stunde vor dem Prüfungstermin am Prüfungsort einzufinden und sich einen stillen Platz zum Meditieren auszusuchen. Sie entschied sich für die öffentliche Toilette, den einzigen ruhigen Ort weit und breit. Wie empfohlen, legte sie für eine Weile die Hände auf die erste Kopfposition und danach auf das Solarplexus-Zentrum. Während der Prüfung begleiteten Freunde sie mit Energieausrichten und Einstimmungen. Ihre Kommunikation während der Prüfung war entspannt und locker. Sie war in der Lage wahrzunehmen, was von ihr erwartet wurde, und am Ende erörterte sie mit dem Professor die neuesten Forschungsergebnisse zum Thema. Der Professor dankte ihr für das interessante Prüfungsgespräch, und sie erhielt die Note »sehr gut«. Wenn wir in einer schwierigen Gesprächssituation entspannt sind, kann auch unser Gegenüber locker bleiben und diese angenehme Atmosphäre honorieren.

Liebenswürdigkeit

Wenn wir liebenswürdig sind, haben wir das tiefe Bedürfnis, anderen zu helfen und sie zu unterstützen, ohne eine Gegenleistung zu erwarten. Wenn wir authentische Liebenswürdigkeit ausstrahlen, sind wir in Kontakt mit unserem wahren Selbst, das ständig Liebe ausstrahlt.

Wir sollten, um unsere Liebenswürdigkeit zu entwickeln, täglich eine Ganzbehandlung durchführen, mit besonderer Berücksichtigung der ersten Vorderposition und der zweiten Rückenposition. Dichte Energien, die uns von unserer Fähigkeit, liebenswürdig zu sein, abschneiden, können wir mit den Techniken des 2. Grades transformieren. Liebenswürdigkeit ist unsere wahre Natur.

Sexualität

Fast die Hälfte der Bundesdeutschen, Frauen wie Männer, ist mit ihrem Sexualleben unzufrieden. Das ist traurig, kann doch Sexualität eine Quelle von Freude und Lebenskraft sein. Es ist erwiesen, dass regelmäßiger Sex das Immunsystem stärkt, die Seele harmonisiert und die Lebenserwartung erhöht.

Natürlich ist Sex ohne Liebe möglich. Aber wenn wir beides haben können, warum sollten wir uns dann mit nur einem zufrieden geben? Mit dem authentischen Reiki erweitern wir unsere Kapazität für bedingungslose Liebe. Wir sollten, bevor wir mit unserem Partner Sex haben, erst einige Reiki-Positionen austauschen, wie die erste Vorder- und die zweite Rückenposition zur Aktivierung unseres Herzchakras. Schön kann es auch sein, die dritte Vorder- und Rückenposition des Partners zu behandeln, um eine tiefe Entspannung zu erzeugen und die Nervosität, die oft mit Erotik verbunden ist, abzubauen.

Zur Einstimmung aufeinander können wir vor der körperlichen Vereinigung eine Weile einander gegenüber sitzen und uns an den Händen halten. Dann stellen wir uns vor, dass ein Lichtband alle unsere Energiezentren spiralförmig gegen den Uhrzeigersinn miteinander verbindet, oder wir vereinen auf diese Weise die Herzchakren miteinander. Nach einer Weile können wir die Augen schließen und die Harmonisierung und Vereinigung unserer feinstofflichen Energien still genießen.

Ich habe schon erlebt, dass diese meditative Erfahrung so schön war, dass es zum »Eigentlichen« gar nicht mehr gekommen ist! Wir bleiben mit Hilfe dieser Vorbereitung auch während der Vereinigung leichter in unserem Herz-zentrum, wir verlieren uns nicht so schnell auf der körper-lichen und emotionalen Ebene, und es findet eine Begeg-nung und Einswerdung auf allen Ebenen gleichzeitig statt. Die sexuelle Vereinigung wird so zur Meditation, in der wir die Göttlichkeit und das Licht in uns und dem anderen feiern. Ein Buch, das uns mit dieser Betrachtung der Sexua-lität in Kontakt bringt, ist »Das Tao der Liebe« von Jolan Chang (Rowohlt, Reinbek 1978). Sexualität kann Sinn, Glück und Erfüllung in die Partnerschaft bringen. Gefragt, ob sexuelle Aktivitäten denn mit dem spirituellen Weg har-monieren, antwortet Gott in »Gespräche mit Gott«: »Stellt euch vor, Eltern haben ihrem Kind zu Weihnachten Spiel-zeug geschenkt, und sie verbieten dann dem Kind, damit zu spielen. Macht das Sinn?«

Wer möchte, kann auch während des Liebesaktes still mit Affirmationen arbeiten, zum Beispiel: »Wir sind ein Ausdruck göttlicher Liebe« oder »Ich erfahre Gott in dir« oder »Wir sind eins auf allen Ebenen unseres Seins«. Zur Transformation sexueller Energie in höhere Bewusstseins-ebenen hat sich der sechste Ritus der »Fünf Tibeter« regel-mäßig ausgeführt, bewährt (siehe mein Buch »Die Fünf Tibeter mit Kindern«, Integral-Verlag, und das Kapitel über die »Tibeter« in diesem Buch). Man kann auch mit Mantren arbeiten, deren Frequenz uns in höhere Bewusst-seinsebenen bringt. Zur Aktivierung des »sexuellen Feu-ers« können beide still mit dem Mantra »Om Adi Om« ar-beiten und kurz vor dem Höhepunkt mit »Pa da Oma« zur Transformation dieser Energie in Einheitsbewusstsein.

Vor, während und nach dem körperlichen Akt können die Partner im Sitzen oder Liegen eine Hand auf das Herzzentrum des anderen legen, um eine tiefe innere Verbindung von Herz zu Herz zu erzeugen. Zur Stimulierung sexueller Energie empfiehlt sich die vierte Vorder- oder Rückenposition. Wer den 2. Grad erlernt hat, kann zusätzlich mit kosmischen Symbolen arbeiten und sich zum Beispiel vorstellen, dass das TKR-Symbol aus unseren Händen oder Augen in den Körper des Partners hineinfließt oder unsere Herzzentren miteinander verbindet. Wenn wir universale Energie in unsere sexuellen Aktivitäten einbringen, können wir mit unserem Partner tiefe Erfahrungen von Liebe, Vertrauen, Zärtlichkeit, Einheit und Fürsorglichkeit machen. Sich gegenseitig mehrmals pro Woche eine Ganzbehandlung oder Fernbehandlung zu geben, erweitert unsere Palette des tiefen Austausches miteinander, stärkt unsere Verbindung auf den inneren Ebenen, und wir erleben dann auch das körperliche Zusammensein intensiver.

Sexuelle Probleme

Bei Männern ist die häufigste Störung der vorzeitige Samenerguss, etwa 40 Prozent leiden zumindest gelegentlich darunter. Die Gründe liegen hauptsächlich im psychischen Bereich. Viele Männer sind dauerhaft überlastet, weil sie sich bemühen, allen Anforderungen gerecht zu werden. Die erhöhte Grundspannung sucht ein Ventil. Hier sorgt eine tägliche Ganzbehandlung mit zusätzlicher Zeit auf der dritten Kopf- und der dritten Vorderposition für Entspannung und den Aufbau des Selbstwertgefühls. Mindestens $1\frac{1}{2}$ Stunden Zeit sollten sich die Partner einmal pro Woche für intensive Gespräche reservieren. Hinter Impotenz, eine weitere häufige Störung im Sexualleben des Mannes, steckt meist eine starke innere Unsicherheit und ein zu hoher Erwartungsdruck. Hier ist dieselbe Therapie empfehlenswert.

Bei Frauen ist die häufigste Sexualstörung Lustlosigkeit, und die Gründe liegen fast immer in der Beziehung. Seelische Verletzungen durch den Mann werden von Frauen oft mit Libidoverlust beantwortet. Ihre Sexualität erlischt. Viele Frauen haben Orgasmusprobleme. Allerdings kann eine Frau Sexualität auch ohne Orgasmen als lustvoll erleben und sollte sich daher nicht unter Leistungsdruck auch von Seiten des Mannes setzen. Die Gründe für Orgasmusprobleme liegen in den allermeisten Fällen in der Kindheit. Ein despotischer Vater, der die Familie dominiert und tyrannisiert, hat die Entwicklung einer eigenen weiblichen Persönlichkeit vereitelt. Die Folge: Die Frau lehnt ihre eigenen Gefühle ab und kann sich körperlich nicht hingeben. Hier hilft der 2. Grad, um die Vergangenheit energetisch aufzuarbeiten, sowie die dritte Vorder- und die dritte Rückenposition, um Selbstzweifel abzubauen und das Selbstbewusstsein zu stärken. Eine tägliche Ganzbehandlung bringt uns wieder in Kontakt mit unseren Bedürfnissen und Gefühlen. Insgesamt hilft das authentische Reiki, eine verständnis- und liebevolle Atmosphäre zwischen den Partnern zu schaffen. Hilfreich ist auch, die altchinesischen Praktiken nach Chang sowie tantrische Übungen auszuprobieren, weil viele Frauen das körperliche Zusammensein mit ihrem Partner als viel zu kurz empfinden. Es braucht oft eine Zeit, bis die Auren miteinander verschmelzen, ein tiefer Seelenkontakt entsteht und die Frau Erfüllung erleben kann.

Streitigkeiten

Wenn wir uns streiten, sollten wir so schnell wie möglich innehalten und uns jeder für sich eine Ganzbehandlung geben mit Betonung auf der ersten und dritten Vorderposition sowie der dritten Rückenposition (Adrenalindrüsen). Dabei können wir uns fragen, was uns am anderen so aufgeregt hat, und auf eine ehrliche Antwort unseres Höheren Selbst warten.

Wenn die negativen Gefühle verraucht sind, können wir uns wieder zusammensetzen und miteinander reden. Am besten halten wir uns beim Gespräch an den Händen und schauen uns in die Augen, die Fenster der Seele. Wenn wir miteinander sprechen, sollten wir einander zugewandt sitzen. Wenn wir uns nicht gegenseitig berühren, sollten wir eine Hand auf unsere Herzposition legen. Wer den 2. Grad erlernt hat, kann mit dem SHK-Symbol zur Harmonisierung der seelischen Ebene arbeiten. Vielleicht möchten wir jetzt auch die Herzen-verbinden-Übung machen oder den Shanti-Gruß. Diese beiden Übungen sind auch sehr empfehlenswert zur »Streitprophylaxe«, damit es erst gar nicht zu Streitigkeiten und verbalen Auseinandersetzungen kommt.

Wenn wir Zeuge werden, wie Kinder oder ein befreundetes Paar sich streiten, können wir von hinten je eine Hand auf die Herzposition der beiden »Streithähne« legen und so ihre emotionale Ebene wieder mehr in Einklang mit der inneren Schwingung von Harmonie und Liebe bringen und dabei ihre Herzzentren miteinander verbinden.

Trennung

Mit Reiki können wir nicht immer eine Trennung vermeiden. Wir haben aber mit der Aktivierung universaler Energie eine Chance – vorausgesetzt, die Betroffenen sind guten Willens –, jederzeit mit dem wahren Selbst des Partners – seiner Liebe, Schönheit und Ausstrahlung – in Kontakt zu kommen. Wenn eine Trennung unvermeidbar ist, kann Reiki unseren Trauerprozess begleiten und unterstützen.

Beispiel: Im Sommer 1995 hatte die Beziehung zwischen Renate und Eckart (die Namen wurden geändert) ihren Tiefpunkt erreicht. Das Ehepaar hat zwei Kinder. Renate ist halbtags berufstätig. Haushalt, Beruf und Kindererziehung fordern sie sehr, und sie ist sehr pflichtbewusst. Sie konnte kaum noch abschalten, hatte oft schlechte Laune und war leicht gereizt. Wenn sie sich, was oft geschah, über die Kinder ärgerte, übertrug sie ihren Ärger meist auch auf ihren Mann. Renate und Eckart war klar, dass dringend etwas passieren musste. Renate spielte offen mit dem Gedanken, »alles hinzuwerfen« und sich von ihrem Mann zu trennen.

Eckart hatte zu dem Zeitpunkt bereits den 1. Grad, und die tägliche Eigenbehandlung tat ihm sehr gut. Er machte seiner Frau den Vorschlag, sie zwei Wochen lang täglich für eine Stunde mit Reiki zu behandeln. Renate willigte ein. Während der ersten Behandlungen schien ihr die Zeit sehr lang zu werden. Dauernd dachte sie daran, was sie in dieser Zeit im Haushalt erledigen könnte. Das änderte sich jedoch nach etwa einer Woche. Jetzt konnte sie sich auf die Behandlung einlassen, sie genießen und sich darauf freuen. Renate ließ sich von ihrem Mann dazu anregen, an einer Gruppenbehandlung in ihrer Nähe teilzunehmen. An diesem Abend erhielt sie ihre erste Einstimmung und genoss die intensive Energieerfahrung. In der folgenden Woche gaben sich Renate und Eckart gegenseitig Behandlungen. Auch beim Behandeln hatte Renate intensive Empfindungen von Kraft, Liebe und Harmonie.

Renate rief mich kurz darauf an, weil sie ganz schnell den 1. Grad machen wollte, und nahm dann am nächsten Kurs in Hamburg teil. Während des Seminars fiel allen auf, wie klar und strahlend ihre Augen geworden waren. Ihr vormals recht distanziertes Verhältnis zu ihrer Tochter wurde wesentlich liebevoller. Wenn ihre Kinder jetzt quengeln, nimmt sie sie in den Arm und unterstützt sie mit Lichtenergie. Die Partnerschaft mit Eckart ist gefestigt und nach Aussagen von beiden wesentlich schöner als vorher: »Wir erleben nun eine tiefe, gegenseitige innere Liebe und sind in dieser Liebe miteinander verbunden.« Die Gedanken an Trennung sind Vergangenheit. Renate kann sich im Gegensatz zu früher auch an kleinen Dingen erfreuen. Ihre Tochter kommt jetzt in die Pubertät. Renate sagt dazu: »Trotz gelegentlicher Meinungsverschiedenheiten ist unsere Liebe zueinander stärker als alles andere.«

Beispiel: Eine andere Frau wollte sich bereits scheiden lassen. Die Ehe war kinderlos und sehr unharmonisch. Beide Ehegatten waren sich dieses Problems bewusst. Die Frau ging eine außereheliche Beziehung ein. Der Ehemann, der nichts davon wusste, wollte sich nicht scheiden lassen.

Willy Fraefel, der Anwalt und Reikilehrer der Frau, empfahl ihr, beide Namen der Ehepartner auf einen Zettel zu schreiben und mindestens drei Wochen Reiki darauf zu

machen. Genau am 22. Tag telefonierte sie mit ihrem Anwalt und erzählte ihm, am Abend des 21. Tages sei ihr
Mann zu ihr gekommen. Er habe erstmals das Gespräch
gesucht und sie gefragt, ob sie auch der Meinung sei, dass
ihre Ehe zerstört sei. Er wolle ausziehen und sich in Frieden scheiden lassen. Auf die Empfehlung von Willy Frae-
fels hin einigten sich die Parteien gütlich und direkt über
die Nebenfolgen der Scheidung, und diese Scheidung
konnte schnell, friedlich und mit geringen Kosten vonstat-
ten gehen.

Zärtlichkeit

Je mehr wir Reiki für uns und andere anwenden, desto sensibler, sanfter und liebevoller gehen wir mit uns und anderen um. Bei jeder Berührung entwickeln wir diese Eigenschaften weiter. Wir lernen körperliche Berührung auch
jenseits von Erotik immer mehr schätzen, weil wir mit dem
authentischen Reiki stärker in Kontakt mit unseren wahren Bedürfnissen kommen, wozu auch liebevoller Körperkontakt gehört. Wenn wir unsere Erfahrungen von Zärtlichkeit und Sanftheit vertiefen möchten, sollten wir neben
der Ganzbehandlung längere Zeit auf den Kopfpositionen
eins und drei sowie auf den Vorderpositionen eins und vier
verweilen.

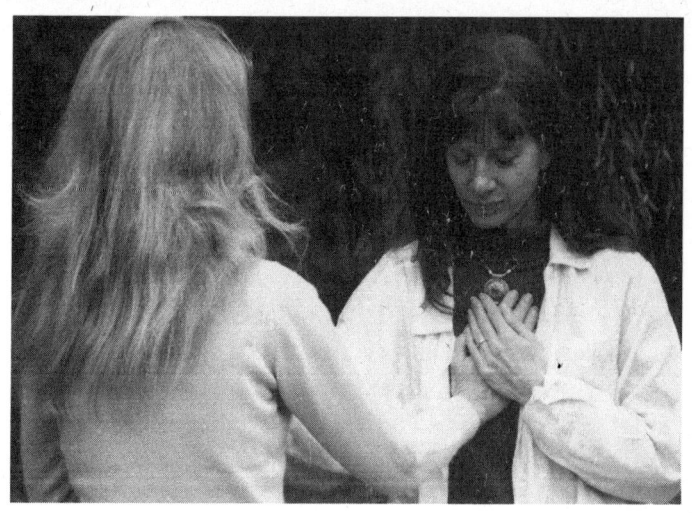

Herzen-verbinden-Übung

Stellen oder setzen Sie sich gegenüber. Legen Sie die rechte Hand auf das Herzzentrum Ihres Gegenübers in der Mitte der Brust. Legen Sie Ihre linke Hand auf die Hand Ihres Partners. Verweilen Sie so mindestens fünf Minuten. Am Anfang der Übung können Sie sich auch anschauen, wenn möglich, in beide Augen gleichzeitig.

Shanti-Gruß

»Ich grüße das Licht in dir.«

1. Blickkontakt: Shanti-Bewusstsein, Hände auf der Herzposition
2. Blickkontakt, Shanti-Bewusstsein; Hände zusammen zum Kronenzentrum oberhalb des Kopfes.

3. Blickkontakt, Shanti-Bewusstsein; Hände vor dem Herzzentrum aneinander legen.
4. Sich voreinander verneigen; Blickkontakt und Shanti-Bewusstsein, solange es geht. Unten die Hände auseinander- und wieder zusammenführen.
5. Langsam wieder aufrichten, so bald es geht, wieder Blickkontakt aufnehmen und im Shanti-Bewusstsein bleiben.
6. Hände wieder bis zum Kronenzentrum oberhalb des Kopfes, Blickkontakt und Shanti-Bewusstsein.
7. Hände ruhen auf dem Ausgangspunkt Herzposition. Immer noch Blickkontakt und Shanti-Bewusstsein. In einer Gruppe weiter zur nächsten Person, bis jeder jeden begrüßt hat.

Man kann auch während der Übung denken: »Aus dir strahlt Gottes ewige Liebe, Gottes Liebe segnet dich.«

Selbstheilungskräfte aktivieren, das Immunsystem stärken und körperliche Beschwerden kurieren

Der Körper ist ein wunderbares Instrument, um Erleuchtung zu erlangen – solange der Körper transformiert wird.

PIR VILAYAT INAYAT KHAN

Liebe ist es, welche die Kunst lehret, und außerhalb derselben wird kein Arzt geboren.

PARACELSUS

Es gibt kaum ein schöneres Ziel im Leben, als vollkommen gesund zu werden und anderen Menschen zu spontanen Verbesserungen ihrer Gesundheit und Persönlichkeit zu verhelfen. Genau dies können wir mit dem authentischen Reiki.

Die Stärke der körperlichen Abwehrkräfte hängt nicht nur von rein physiologischen Bedingungen und Fitness ab. Auch die Persönlichkeit des Menschen hat einen erheblichen Einfluss. Bei Menschen mit starken negativen Gefühlen fällt die Reaktion des Immunsystems deutlich schwächer aus. Stark neurotische Menschen neigen dazu, schwermütig und nervös zu reagieren, und sie leiden mehr unter Beschwerden und Krankheiten als andere. Sie haben geringere Abwehrkräfte. Wer auf Stress empfindlich reagiert, schwächt über den Hormonstoffwechsel sein Immunsystem.

Viele, vielleicht die meisten Menschen kommen in

meine Seminare, weil sie selbst oder ein nahe stehender Verwandter oder Freund körperliche und seelische Probleme haben. Oft sind es Kopfschmerzen, Allergien, Schlafstörungen und Krebs. Diese Menschen erleben auf ihrer »Reise des Erwachens« (Sufi-Tradition), dass Reiki auch bei körperlichen Symptomen hilft und Schmerzen lindert, aber letztlich ein wesentlich umfassenderer Bewusstwerdungs- und Transformationsprozess mit dem 1.-Grad-Seminar beginnt. Für viele ist ihre Krankheit eine Chance innezuhalten, ihre Lebensführung zu überprüfen, Einstellungen und Verhaltensmuster zu ändern und sich grundlegend mit der Frage »Wer bin ich?« zu beschäftigen. Viele fangen erst durch Krankheit an, sich selbst Aufmerksamkeit, Zuwendung und Liebe zu geben und zu gönnen.

Das authentische Reiki ist vor allem eine Selbsthilfetechnik. Mit Reiki übernehmen wir selbst die Verantwortung für unser Wohlbefinden. Wir lösen uns von der Abhängigkeit und Hilflosigkeit gegenüber Ärzten, Heilpraktikern und Geistheilern. Egal wie unser Gesundheitszustand sein mag, wir sind immer noch in der Lage, uns durch einfaches Handauflegen mit natürlicher Lebenskraft zu versorgen, unser Immunsystem zu stärken und uns körperlich, emotional und mental mehr in einen Zustand von Gleichgewicht und Harmonie zu bringen. Außerdem können wir Freunde bitten, die in Reiki eingestimmt sind, uns durch Direkt- oder Fernbehandlungen und Einstimmungen zu unterstützen.

Kontakt mit dem Meister in uns

Es gibt keine Krankheit, die »immun« gegenüber universaler Lebenskraft ist und bei der nicht durch Behandlungen zumindest eine Verbesserung des Allgemeinzustandes und eine Linderung der Schmerzen erreicht werden kann.

Während wir bei uns die Hände auflegen, sind wir an unser Höheres Selbst oder eine höhere Instanz von Weisheit in uns angeschlossen. Wenn wir einen Schnupfen haben, könnten wir uns zum Beispiel fragen: »Wovon habe ich die Nase voll?« oder »Von wem habe ich die Nase voll?« Wir werden sicher eine Antwort bekommen, da unser Höheres Selbst oder der »Meister« in uns ununterbrochen für uns im Einsatz ist, um uns beim Lernen und Wachsen zu helfen.

Kosmische Stimmgabel

Als eine Art kosmische Stimmgabel hilft universale Energie uns, wieder in die richtige »Stimmung« oder »Schwingung« zu kommen. Wir werden dann wieder »guter Stimmung« und kommen in Berührung mit unserem inneren Licht, unserer »Melodie«. Reiki harmoniert hervorragend mit allen schulmedizinischen und ganzheitlich-alternativen Heilmethoden. Es verstärkt die positiven Auswirkungen von schulmedizinischen Behandlungsmethoden wie Tabletten oder Spritzen und mildert die negativen Begleiterscheinungen.

Wenn wir selbst eingestimmt sind, sollten wir Medikamente ein paar Minuten in unseren Händen halten, bevor wir oder jemand anders sie einnimmt. Wir erhöhen so ihre Schwingung, und sie werden verträglicher. Mit der Zeit wird der verschreibende Arzt oder Heilpraktiker merken, dass die Dosis herabgesenkt werden kann, bis vielleicht gar keine Medizin mehr nötig ist. Medikamente gehören zur materiellen, stofflichen Ebene. Wir können von ihnen keine Wunder erwarten, weil sie nicht unsere gesamte Körper-Seele-Geist-Einheit ansprechen und daher nur selten ursächlich wirken.

In Kontakt mit unseren wahren Bedürfnissen kommen

Durch Reiki kommen wir mehr mit unseren wahren Bedürfnissen in Kontakt. Wir nehmen deutlicher wahr, was unser Körper und unser ganzes Wesen in einer Situation gerade braucht.

Die Rolle des Immunsystems

Viren und Bakterien »schwirren« ständig in der Luft herum, wir können uns der Berührung mit ihnen nicht entziehen. Auch die Schulmedizin geht davon aus, dass es eines geschwächten Immunsystems bedarf, damit Viren, Pilze oder Bakterien Krankheiten auslösen können. Das Immunsystem wird vor allem durch Stress angegriffen. Wer ein intaktes Immunsystem hat, kann sich inmitten von niesenden und hustenden Menschen aufhalten und wird dennoch keine Erkältung bekommen. Nur ein geschwächtes Immunsystem macht anfällig für Infektionskrankheiten; und bei der Schwächung des Immunsystems spielen Stress und emotionale Probleme eine große Rolle.

Positionen zur Stärkung des Immunsystems

Zur Vorbeugung von Krankheiten und Störungen unseres Organismus und zur Aufrechterhaltung unseres Wohlbefindens müssen wir unser Immunsystem stärken, regenerieren und beleben. Mediziner sehen im Zusammenbruch des Immunsystems die Ursache von Krebs und anderen degenerativen Krankheiten. Neben universaler Energie hilft auch eine enzymreiche, vitalstoffreiche Ernährung mit viel Obst, Tropenfrüchten und Gemüse sowie natürlichen Nahrungsergänzungen wie der Afa-Alge und Produkten von Life Plus, unser Immunsystem fit zu machen für die Anforderungen des Alltags. Tägliches Ausdauertraining wie Power-Walking und Joggen erhöht die Produktion und Aktivität von T-Lymphozyten und natürlichen Killerzellen und stärkt somit ebenfalls unsere Abwehr.

Die Ganzbehandlung hat durch die Interaktion unserer Energiezentren mit der körperlichen Ebene eine positive Auswirkung auf das Immunsystem. Wir sollten uns mindestens jeden zweiten Tag eine Ganzbehandlung geben, um unser Immunsystem ins Gleichgewicht zu bringen und zu regenerieren. Zusätzliche Zeit sollte auf der ersten Vorderposition verbracht werden. Damit wird die Funktion der Thymusdrüse gestärkt, die eine Schlüsselstellung im Rahmen unseres Immunsystems einnimmt, denn in ihr werden die weißen Blutkörperchen gebildet.

Allergien

Viele Menschen leiden heutzutage unter Neurodermitis, Heuschnupfen oder anderen Allergien.

Bei Allergien aller Art empfehle ich mindestens eine

Ganzbehandlung täglich, möglichst sogar zwei. Zusätzliche Zeit sollten auf der ersten Vorderposition zur Aktivierung der Thymusdrüse (Immunsystem) und mindestens eine Viertelstunde auf den Nebennieren, Rückenposition drei, verbracht werden. Zur Stärkung des Immunsystems sollte der Betreffende, auch Kinder und Säuglinge, die Einstimmungen für den 1. Grad haben.

Beispiel: Eine Mutter erzählte mir im 1.-Grad-Kurs verzweifelt, dass ihre neunmonatige Tochter unter heftig juckendem Hautausschlag litt und sich vor allem nachts häufig blutig kratzte. Die Neurodermitis ihrer Tochter verschwand nach nur einem halben Jahr häufiger Behandlungen völlig, und die Mutter hat nun ein ausgeglichenes, fröhliches Kind. Vielfach ist bei Neurodermitis auch eine Umstellung der Ernährung ratsam. Ärzte empfehlen das Weglassen von allem »Weißen«, das heißt von Zucker, Weißmehl und tierischem Eiweiß.

Alterungsprozess

Mein Großvater ist im September mit 105 Jahren friedlich eingeschlafen. Er war körperlich und geistig noch fit, arbeitete im Garten, las die Zeitung und unterhielt uns mit Anekdoten aus seinem langen Leben. Meine Schwester und ich schickten unserem Großvater regelmäßig Lichtenergie und aktivierten damit seine Lebenskraft. Was unseren Opa und viele über Hundertjährige auszeichnet: Optimismus, Humor und ein sonniges Gemüt.

Blasenprobleme

Mit der Radiance Technik können wir bei Blasenentzündung oder -reizung sehr schnell etwas bewirken. Wir legen unsere Hände mindestens dreißig Minuten auf die betroffene Stelle und verwenden längere Zeit auf Vorder- und Rückenposition vier.

Bettnässen oder Einnässen während des Tages bei Kindern kann seelische und körperliche Ursachen haben. Man spricht auch von »ungeweinten Tränen«.

Zusätzlich zu der Vorder- und Rückenposition vier verwenden wir längere Zeit auf den Kopfpositionen zwei und drei. Sie vermitteln Geborgenheit und bringen uns wieder ins seelische Gleichgewicht.

Oft regredieren Kinder bei Ankunft eines Geschwisterchens und machen wieder ins Bett, obwohl sie schon lange trocken waren. Wir sollten ihnen dann besonders viel Liebe und Aufmerksamkeit auch in Form von Behandlungen zukommen lassen.

Bei seelischen Ursachen von Bettnässen oder Einnässen bzw. Einkoten im Laufe des Tages ist zur Unterstützung empfehlenswert, den 2. Grad zu machen, durch den man besonders wirksam mit kosmischen Symbolen – vor allem dem SHK-Symbol, gefolgt vom TKR-Symbol – auf der mental-emotionalen Ebene harmonisierend einwirken sowie mögliche Ursachen in der Vergangenheit aufspüren und die Energie um diese Ereignisse transformieren kann.

Hilfreich ist auch die Verwendung von Affirmationen wie: »Ich lasse meinen Gefühlen freien Lauf« oder »Ich bin schön, fähig und liebenswert« oder »Ich bin ein einzigartiges Meisterwerk vom lieben Gott«, um das Selbstbewusstsein zu stärken und besser mit Stress- und Drucksituationen umgehen zu können.

Beispiel: Eine Frau aus Hamburg schrieb mir: »Im November 1995 begannen meine Blasenprobleme. Am 7. Dezember wurde nach einer Blasenspiegelung eine Stressinkontinenz 3. Grades festgestellt, und der Urologe empfahl mir eine Operation. Er meldete mich für Anfang Januar im Krankenhaus an. Während der Wartezeit sprach ich mit einer guten Bekannten, die den 2. Grad des authentischen Reiki hat. Die Blasenprobleme waren immer schlimmer geworden. Die Bekannte bat um ein Foto von mir und begann mit den Fernbehandlungen. Spät am Abend des folgenden Tages hatte ich ein starkes Wärmeempfinden am ganzen Körper. Danach trat eine Besserung meiner Blasenprobleme ein. Nur noch morgens und abends hatte ich unkontrollierten Wasserabgang, gleichzeitig ein starkes Schlafbedürfnis und einen sehr niedrigen Blutdruck.

Am 2. Januar wurde ich zur Operation ins Krankenhaus eingewiesen. Zu dem Zeitpunkt hatte meine Blase spontan aufgehört zu lecken. Sämtliche Untersuchungen – urologisch, gynäkologisch und neurologisch – brachten keinen krankhaften Befund, sodass ich nach zehn Tagen das Krankenhaus verlassen konnte, ohne operiert worden zu sein. Der Krankenhausarzt stritt sich mit meinem Urologen am Telefon, warum dieser mich überhaupt eingewiesen habe, da mir doch offensichtlich gar nichts fehle. Mein Urologe blieb bei seiner Diagnose und fand den Krankheitsverlauf sehr ›mystisch‹. Allerdings mochte ich ihm nicht sagen, dass ich Reiki-Fernbehandlungen erhalten hatte.«

Blutdruck, Kreislauf

Bei zu hohem oder zu niedrigem Blutdruck und Kreislauf-problemen wird empfohlen, zusätzliche Zeit auf Kopfposition vier (Halsschlagader) und Vorderposition eins (Herz) zu verbringen. Universale Energie passt sich immer den wirklichen Bedürfnissen des Empfängers an und wirkt stets in Richtung Harmonie und Ausgleich.

Bei niedrigem Blutdruck empfiehlt sich zur Anregung des Kreislaufs und besseren Durchblutung der Beine eine Zusatzposition, bei der man je eine Hand in die Leisten-beuge auf den Beinansatz legt. Dadurch wird die Durch-blutung der Beine angeregt, und der gesamte Kreislauf kommt in Schwung. Diese Position ist auch hilfreich bei kalten Füßen, Raucherbeinen und Krampfadern. Wer nied-rigen Blutdruck hat und sich morgens eine Ganzbehand-lung gibt, sollte diese Position im Anschluss an die Vorder-position machen, um richtig wach zu werden und in Schwung zu kommen.

Hoher Blutdruck ist oft stressbedingt. Zur Lösung von Spannungen, Regeneration und Erholung unserer gesam-ten Körper-Seele-Geist-Einheit sollten sich Betroffene täg-lich eine Stunde lang eine Ganzbehandlung geben. Zur Entspannung zwischendurch, bei der Arbeit oder in ande-ren Alltagssituationen, empfiehlt es sich, fünf bis zehn Mi-nuten die Hände auf eine der Kopfpositionen oder die zweite und dritte Vorderposition (Sonnengeflecht) zu le-gen.

Bei hohem Blutdruck empfiehlt es sich außerdem, tieri-sches Fett in der Nahrung zu reduzieren, viele Tropen-früchte wie Ananas und Papaya zu essen, und sich ausrei-chend zu bewegen.

Erkältungen

Wenn wir regelmäßig etwas zur Stärkung unseres Immunsystems tun, uns möglichst täglich mit universaler Energie versorgen, uns viel an frischer Luft bewegen und uns gesund mit viel Frischkost ernähren, werden wir immer seltener Erkältungen und Grippe haben. Ich habe in den letzten 17 Jahren nicht einen Vortrag oder ein Seminar ausfallen lassen müssen wegen Krankheit! Und ich gebe mindestens jedes zweite Wochenende einen Kurs.

Bei allen Infekten und Krankheiten der Nebenhöhlen sollten wir uns mindestens eine Ganzbehandlung pro Tag geben oder geben lassen und zusätzliche Zeit auf der Kopfposition eins, zwei und drei verbringen.

Wir können die Hände auch direkt über den Nebenhöhlen auf das Gesicht legen. Wir behandeln täglich, bis die Symptome und Störungen behoben sind.

Wenn Hals und Lunge auch betroffen sind, sollte man zusätzliche Zeit auf Kopfposition vier und Vorderposition eins verwenden. Bei Bronchitis legen wir die Hände zusätzlich auf die Lunge.

Fußverletzungen

Einmal war ich in Lenggries zum Skifahren. Ein junges Mädchen hatte sich an einer halbversteckten Baumwurzel den Fuß verdreht. Die Sanitäter waren schon da, sie lag auf einer Trage. Ich behandelte erst ihren Fuß, dann mit einer Hand den Solarplexus, mit der anderen Hand die Stirn. Die Blutung hörte innerhalb einer Minute auf, und das junge Mädchen konnte sich entspannen, ihr verkrampftes Keuchen ging in ruhiges Atmen über.

Herzbeschwerden

Bei Herzbeschwerden ist es wichtig, sich Ganzbehandlungen zu geben. Das Herz lässt das Blut durch den ganzen Körper zirkulieren, und der gesamte Körper ist daher betroffen.

Zusätzliche Zeit sollte man bei sich selbst auf Vorderposition eins und Rückenposition zwei verbringen, wenn man andere behandelt, Vorderposition eins und Rückenposition eins. Bei Herzbeschwerden sollten diese Positionen zusätzlich zur Ganzbehandlung mehrmals täglich für etwa zwanzig Minuten behandelt werden.

Bei einer Herzschwäche, einem Angina-Pectoris-Anfall oder bei Herzinfarkt ist sofort der Arzt zu rufen. Wir legen den Betreffenden zur Entlastung des Herzens etwa in einem 45-Grad-Winkel (dickes Kissen) auf die rechte Seite. Dann legen wir für einige Minuten die Hände auf den linken unteren Lungenflügel. Bei einer Herzschwäche können sich die Lungenbläschen mit Sputum, blutiger Flüssigkeit, füllen, und es besteht Erstickungsgefahr. Manchmal hört man im Inneren ein gurgelndes Geräusch. Nach ein paar Minuten legt man dann die Hände auf oder über die Herzregion. Ideal wäre, wenn wir den Patienten noch ins Krankenhaus begleiten und ihn während des Transports weiterbehandeln könnten.

Kopfschmerzen und Migräne

Sehr viele Menschen leiden unter Kopfschmerzen. Ursachen sind oft Stress, falsche Ernährung oder mangelnde Bewegung an frischer Luft und andere ungesunde Lebensweisen, und die Betroffenen nehmen meist einfach Aspirin oder andere schmerzstillende Tabletten, ohne damit an den Ursachen ihrer Beschwerden etwas zu ändern.

Bei Kopfschmerzen empfiehlt es sich, je nach Stärke der Schmerzen 15 bis 20 Minuten auf der Kopfposition zwei und drei zu verbringen. Oft tritt bereits nach zwei oder drei Minuten eine Besserung ein. Ich habe schon erlebt, dass während einer kurzen Probebehandlung der vier Kopfpositionen bei einem Vortrag Menschen von ihren Kopfschmerzen befreit wurden.

Bei Migräne können wir erforschen, in welchen Situationen Anfälle auftreten und was uns im Leben »zu viel« wird, sodass wir meinen, auf diese Art abschalten zu müssen.

Menschen können sogar vollständig und dauerhaft von Migräne befreit werden, wenn sie über mehrere Wochen oder Monate hinweg regelmäßige Behandlungen bekommen. Dabei sollten Licht, Wärme und Geräusche auf ein Mindestmaß reduziert werden.

Während man dem Betroffenen eine Ganzbehandlung gibt, sollte zusätzliche Zeit auf den Kopfpositionen zwei und drei, der Vorderposition vier und der Rückenposition drei verbracht werden. Die Vorderposition vier harmonisiert die Funktion von Verdauungs- und Fortpflanzungsorganen, und die dritte Rückenposition entspannt die Adrenalindrüsen. Migräneanfälle werden fast immer durch Stress ausgelöst. Wenn möglich, sollte der Betreffende nach der Behandlung zu Bett gehen und schlafen.

Während der Behandlung können sich die Betroffenen im Stillen fragen, warum sie Kopfschmerzen oder Migräneanfälle haben, und damit den Heilungsverlauf wesentlich beschleunigen. Unterstützend kann auch der Gebrauch von Affirmationen sein, wie zum Beispiel: »Ich bin fähig, all meine Probleme zu lösen« oder »Ich fühle mich sicher und geborgen«. Affirmationen sind wirksamer im Zusammenhang einer Behandlung, weil universale Energie auf allen Ebenen gleichzeitig wirkt und damit auch die emotionale Ebene berührt.

Krebs

Reiki stellt ein sehr wirksames, unschädliches Unterstützungssystem dar, wenn der Körper Krebszellen gebildet hat.

Geben Sie sich oder dem Betreffenden stets eine Ganzbehandlung, am besten mindestens zweimal täglich zur Aktivierung des Immunsystems und der Lebensenergie. Besonders lange sollten Sie die Kopfpositionen drei und vier, die Vorderpositionen eins (Thymusdrüse) und drei, die Rückenposition drei (Adrenalindrüsen) sowie natürlich die betroffenen Stellen behandeln. Wenn der Kranke mit Medikamenten oder Chemotherapie behandelt wird, hilft Reiki, die häufig auftretenden Nebenwirkungen zu mildern.

Nützlich wäre es, zu 70 Prozent Rohkost zu sich zu nehmen, die Krebszellen mit Bromelain, dem Ananasenzym, zu enttarnen und gleichzeitig die Abwehr zu stärken (vgl. das entsprechende Kapitel in meinem Buch »Die sagenhafte Heilkraft der Ananas«) oder täglich eine unreife, grüne Papaya zu essen (siehe mein Buch »Papaya, heilen mit der Wunderfrucht«). Sowohl Ananas als auch grüne Papayas gelten als Krebsheilpflanze bei den Indianern Südamerikas, den Kahunas auf Hawaii und den Aborigines in Australien.

Beispiel: Ich liebe es, in den Bergen zu wandern, und hatte einen Kurzurlaub im bayerischen Lenggries gebucht. Diesmal wollte ich auch »Ferien« von Reiki machen und diese Methode zur Aktivierung universaler Energie nur für mich selbst einsetzen. Daraus wurde jedoch nichts. Meine Zimmerwirtin holte mich vom Bahnhof ab und entschuldigte sich, dass sie schnell noch nach ihrer an Magenkrebs erkrankten Mutter sehen müsse. So fuhr ich mit. Als ich die alte Frau im Bett sah, fragte ich sie, ob ich sie kurz behandeln dürfe, während ihre Tochter in der Küche hantierte. Sie willigte ein, und ich legte meine Hand sanft auf ihren Bauch. Nach etwa zwanzig Minuten stand sie auf und konnte sich das erste Mal seit Jahren wieder selbst die Schuhe zubinden! Von da an kam ich jeden Tag nach meiner Bergtour vorbei und behandelte die alte Dame, die nach zehn Tagen wieder eine rosige Gesichtsfarbe und Appetit hatte.

Narben

Bei Narbenschmerzen sollte man die Hände direkt auf die Narbe legen. Fahren Sie mit der Behandlung fort, bis die Narbe vollständig verschwunden ist und sich neues Gewebe gebildet hat. Wenn die Narbe mehrere Jahre alt ist, kann der Heilungsprozess längere Zeit in Anspruch nehmen. Haben Sie Geduld!

Nasenbluten

Bei Nasenbluten sollte man den Betreffenden im 45-Grad-Winkel hochlagern, damit er sich nicht an seinem Blut verschluckt.

Dann legt man eine Hand auf den Hinterkopf – dritte

Kopfposition, wo man oft einen kalten Waschlappen hinlegt – und die andere Hand locker auf den Nasenrücken. Die gleiche Position macht man im Bedarfsfall auch bei sich selbst.

Wer Kinder hat oder viel mit Kindern zu tun hat, sollte sich diese Position merken! Zur Unterstützung kann man auch noch einen Eisbeutel oder Waschlappen mit kaltem Wasser in den Nacken legen. Meist ist die beschriebene Position allerdings so schnell wirksam, dass das nicht mehr nötig ist.

Ohrenbeschwerden

Um Ohrenbeschwerden zu lindern, sollte man die Hände direkt auf die Ohren legen und dabei einen Finger sanft in Richtung Gehörgang ausrichten (nicht zu tief!). Wie ein Laserstrahl fließt die Energie in den Gehörgang. Man wendet die Radiance Technik wiederholt so lange an, bis die Beschwerden – wie Ohrensausen, Gehörsturz, Taubheit, Mittelohrentzündung usw. – verschwunden sind. Auf diese Weise habe ich immer die Mittelohrentzündung meiner Kinder mit Erfolg behandeln können, ohne einen Arzt herbeirufen zu müssen.

Rückenschmerzen

Bei Rückenschmerzen oder Beschwerden im unteren Rücken sollte man neben der Ganzbehandlung zusätzliche Zeit auf die Vorder- und Rückenposition vier verwenden. Sie können die Hände auch direkt auf die betroffenen Stellen legen. Die erste Rückenposition »schickt« universale Energie die ganze Wirbelsäule hinunter und ist auch zur

Vorbeugung gegen Rückenbeschwerden sehr zu empfehlen.

Vielleicht erleben wir, dass wir durch Reiki nicht nur aufrichtiger werden, da wir stärker mit der inneren Qualität von Wahrheit in Kontakt kommen, sondern auch unsere Haltung aufrechter wird, sodass wir weniger Rückenschmerzen haben. Empfehlenswert für eine gerade, aufrechte Haltung und zur Vorbeugung gegen Rückenbeschwerden sind die Fünf »Tibeter«. Sie halten die Wirbelsäule geschmeidig, versorgen sie mit Nährstoffen und stärken die Rückenmuskulatur.

Bandscheibenverschleiß

Bei Bandscheibenverschleiß empfiehlt es sich, eine Ganzbehandlung der Wirbelsäule von oben nach unten durchführen zu lassen, die als sehr entspannend und lockernd empfunden wird. Man selbst kann die Hände auf die erste Rückenposition legen. Wenn zwei Behandler zur Verfügung stehen, können sie mit vier Händen gleichzeitig die gesamte Wirbelsäule abdecken, die Fingerspitzen zeigen dabei nach oben.

Bei schweren Rückenverletzungen sollte zuerst der Nacken, auch seitlich, behandelt werden und dann die betroffene Stelle.

Schlafprobleme

Etwa 50 Prozent aller Bundesdeutschen leiden unter Einschlaf- und Durchschlafschwierigkeiten. Viele fühlen sich daher morgens wie gerädert oder leiden mit der Zeit sogar an Depressionen.

Das authentische Reiki bringt uns mit innerem Frieden in Kontakt. Wir schalten gedanklich leichter ab und identifizieren uns nicht mehr so leicht mit unseren Problemen und denen anderer. Wir bauen Stress ab und harmonisieren die emotionale Ebene. Reiki ist daher eine der effektivsten und am schnellsten wirkenden Methoden, Schlafprobleme zu beseitigen. Vielfach berichten mir Kursteilnehmer während eines Seminars, dass sie das erste Mal seit Monaten oder Jahren durchschlafen konnten und seit langer Zeit rasch einschliefen.

Am besten ist es, sich jeden Tag eine Ganzbehandlung zur Harmonisierung auf allen Ebenen zu geben. Um leichter abzuschalten und einzuschlafen, sollte die erste Kopfposition oder hintereinander die zweite und dritte Kopfposition angewendet werden. Damit es bequemer ist, kann man sich dabei auf die Seite legen und etwas zusammenrollen (»Embryohaltung«). Bei der ersten Kopfposition gerät man in einen meditativen Zustand. Die zweite und dritte Kopfposition aktivieren Nervenbahnen am Hinterkopf, die für das Einschlafen »zuständig« sind.

Bei Babys und Kindern habe ich festgestellt, dass die Kombination von Drittem Auge und Sonnengeflecht gut beim Einschlafen hilft, man legt also eine Hand auf oder über den Hinterkopf, die andere auf den Rücken.

Der Schlaf wird mit dem authentischen Reiki tiefer und entspannender. Fast alle berichten nach einer Weile, dass sie wesentlich weniger Schlaf brauchen als früher.

Morgens sind Sie dann ausgeruht, aktiv und freuen sich auf den neuen Tag. Um morgens richtig wach zu werden, helfen auch wiederum die ersten drei Kopfpositionen, deshalb sollte man zumindest die Kopfpositionen noch morgens im Bett machen.

Verletzungen, Verbrennungen

Wenn wir uns verbrennen, in den Finger schneiden, den Fuß verstauchen, Kopfschmerzen, Nasenbluten oder einen Schwächeanfall haben: Stets können wir uns durch Handauflegen helfen, wenn wir den 1. Grad der Radiance Technik gemacht haben!

Es ist erstaunlich zu beobachten, wie sich vor unseren Augen ein durchsichtiger Lymphfilm über eine blutende Wunde legt und somit die Heilung beginnt, wenn wir die Hände darüber halten.

Bei Verbrennungen entsteht oft keine Brandblase, wenn wir sofort die Hände darüber legen.

Und sogar bei Verstauchungen kann die Schwellung mit Hilfe von Reiki sofort abklingen, sodass der Betroffene danach seinen Arm oder sein Bein wieder wie gewohnt benutzen kann.

Beispiel: Ich wanderte in den bayerischen Alpen bei Lenggries und war auf dem Weg zum Gipfel des Brauneck. Etwa 200 Meter vom Gipfelkreuz entfernt kauerte eine Frau auf dem Boden, schmerzverzerrt, wie ich beim Näherkommen feststellte. Die Frau, eine Berlinerin, hatte sich den Fuß verstaucht. Er war schon stark angeschwollen. Wortlos legte ich die Hände darüber. »Machen Sie Reiki?«, fragte die Frau. »Ja«, sagte ich nur. Nach etwa 15 Minuten war die Schwellung soweit zurückgegangen, dass der Fuß wieder problemlos in den Schuh passte. Die Berlinerin war schmerzfrei und konnte sogar noch zum Gipfelkreuz gehen. Auch der Abstieg bereitete ihr keine Probleme. Bei meinem nächsten Seminar in Berlin machte sie den 1. Grad.

Wunden, Entzündungen

Wenn jemand eine offene Wunde oder eine Entzündung hat, halten wir einfach die Hände in einigen Zentimetern Abstand über die Stelle. Die Energie ist dann genauso wirksam.

Angenommen, wir wurden Zeuge eines Unfalls und konnten einem Betroffenen helfen. Die Blutung bei einer offenen Wunde ist gestillt oder die Schwellung bei einer Verstauchung ist abgeklungen oder die Rötung nach einer Verbrennung geht zurück. Wenn möglich, sollten wir dann eine Ganzbehandlung folgen lassen oder zumindest bestimmte Positionen machen, um die Person emotional wieder ins Gleichgewicht zu bringen und ihr zu helfen, den Schock und die traumatische Situation zu verarbeiten.

Bewährt hat sich hierfür vor allem die Position für emotionales Gleichgewicht: Eine Hand liegt auf dem Solarplexus-Zentrum, die andere auf dem Dritte-Auge-Zentrum.

Zysten

Bei Zysten sollte man den ganzen Körper behandeln, da Zysten oft mit einer Infektion im Körper einhergehen und wir mit der Ganzbehandlung alle möglichen Ursachen abdecken. Außerdem sollten wir natürlich die betroffene Stelle so lange behandeln, bis die Zyste geheilt ist. Hilfreich ist es, viel frische Ananas zu essen oder Bromelain, das Ananasenzym, einzunehmen, weil die Entzündung dann schneller abklingt. Zucker ist in der Zeit, in der wir eine Zyste oder andere Entzündungen haben, zu meiden.

Reiki mit Kindern

Eure Kinder sind nicht eure Kinder.
Sie sind die Söhne und Töchter der Sehnsucht
des Lebens nach sich selbst ...
Ihr seid die Bogen, von denen eure Kinder als le-
bende Pfeile ausgeschickt werden.
Der Schütze sieht das Ziel auf dem Pfad der Un-
endlichkeit, und Er spannt euch mit Seiner
Macht, damit Seine Pfeile schnell und weit flie-
gen.
Lasst euren Bogen von der Hand des Schützen
auf Freude gerichtet sein; Denn so wie Er den
Pfeil liebt, der fliegt, so liebt Er auch den Bogen,
der fest ist.

KHALIL GIBRAN, *Der Prophet*

Ich wurde einmal in einem meiner Vorträge gefragt, wie ich denn als allein erziehende und berufstätige Mutter überhaupt Zeit für Meditation bzw. für Reiki finden würde. Meine Gegenfrage – und sie war nicht polemisch gemeint – lautete: »Wie kann man Kinder haben und nicht meditieren?« Damit meinte ich: Wer Kinder hat, vor allem kleine, ist oft körperlich am Rande der Erschöpfung und wird auch psychisch stark beansprucht. Wie können Eltern das schaffen, wenn Sie sich nicht immer wieder mit der eigenen Kraftquelle, dem Reservoir unerschöpflicher, universaler Lebenskraft in sich verbinden und sich zentrieren?

Das, was Familienmitglieder sich gegenseitig als Wachstumsmöglichkeiten bieten können, kann in keiner späteren Beziehung nachgeholt werden. Die meisten nachfolgenden Beziehungen spiegeln den primären Kontakt zwischen Eltern und Kind wider. Umgekehrt können Kinder zur Heilung und Ganzwerdung ihrer Eltern beitragen, indem sie sie dazu inspirieren, wieder mit ihrem »Inneren Kind« in Kontakt zu kommen und Zugang zu inneren Qualitäten wie Spontaneität, Freude am Sein, Abenteuerlust und Entdeckungsdrang zu gewinnen. Die Eltern sind die wichtigsten Lehrer ihrer Kinder und prägen diese durch ihr Vorbild. Verantwortungsvolle Eltern fragen sich deshalb: »Wie präge ich mein Kind, was lebe ich ihm vor?« Und: »Wie kann ich meinen Kindern helfen, Selbstbewusstsein zu entwickeln, sich ihrer spirituellen Natur bewusst zu werden?« oder: »Wie kann ich meinen Kindern über die physische Nahrung hinaus auch genug psychische Nahrung – Bewusstsein, bedingungslose Liebe – anbieten?« Der Mensch lebt nicht vom Brot allein, und Kinder können seelisch und körperlich verkümmern, wenn sie nicht genug Liebe bekommen.

Auch Kinder haben von klein auf das Bedürfnis, an unserem Leben teilzuhaben und uns etwas zu schenken. Sie sehnen sich nach einem tiefen Kontakt zu uns, nach Seelenaustausch. Erziehungsforscher haben herausgefunden, dass nicht die Quantität der Zeit, die wir mit unseren Kindern verbringen, ausschlaggebend ist, sondern die Qualität. Eine Stunde pro Tag, in der man sich voll auf sein Kind einstellt, ist wertvoller als mehrere Stunden, in denen man zwar zusammen ist, aber mit anderen »wichtigen« Dingen – wie Fernsehen, Zeitung lesen, sich mit Erwachsenen unterhalten – beschäftigt ist. Wenn wir zwar körperlich anwesend sind, aber unkonzentriert, abgelenkt und geistesabwesend, fühlen sich Kinder wert- und nutzlos. Sie brauchen Zuwendung, unsere Bewunderung, Berührungen und gemeinsames Spiel.

Dialog ohne Worte

Reiki ist eine wunderbare Möglichkeit, auf einer tiefen, inneren Ebene eine Verbindung, einen »Dialog ohne Worte« zwischen Eltern und Kindern aufrechtzuerhalten. Eltern können sich selbst, einander und ihre Kinder behandeln und sich von ihren Kindern behandeln lassen. Ich kenne Familien, in denen sich alle nach dem Mittagessen zu einer Stunde intensiver Gruppenbehandlung treffen. Alle Beteiligten sind danach harmonischer, entspannter, energievoller, und ihre Beziehungen untereinander sind liebevoller und belastbarer, als man es von anderen Familien kennt.

Ich richte schon morgens meinen Kindern Energie aus, und gebe ihnen eine Einstimmung, Techniken, die man im 2. und 3. Reiki-Grad lernt. Wenn ich am Wochenende unterwegs bin, bekommen die Betreuungspersonen wie die Großeltern, der Vater meiner Tochter oder ein Babysitter Einstimmungen, und natürlich bleibe ich auch mit meinen Kindern in innerer Verbindung. Abends lieben es meine Kinder, eine Ganzbehandlung zu bekommen oder, während ich ihnen eine Gute-Nacht-Geschichte erzähle, die Hände aufgelegt zu bekommen. Während ich morgens mit meinem Sohn eine Viertelstunde meditiere, lege ich die Hände auf sein Herzzentrum. So habe ich das Gefühl, dass er fit für die Anforderungen des schulischen Alltags ist.

Familienplanung

Die zukünftigen Eltern können schon bei der Familienplanung universale Energie einsetzen, um sich optimal auf ihre Rolle als Eltern vorzubereiten.

Wenn Sie den 2. Grad der Radiance Technik haben, können Sie sich auf das Thema Elternschaft, Kinder oder Familie ausrichten und auf diese Weise herausfinden, wie Sie sich auf diese Aufgabe am besten innerlich vorbereiten und einstimmen können.

Im 1. Grad legen Sie die Hände auf die Herzposition und stellen sich dann das Thema wie ein Wort auf einer geistigen Tafel vor. Unser Höheres Selbst »spricht« zu uns über die emotionale Ebene, und wir können so zum Beispiel herausfinden, ob der Zeitpunkt, Kinder zu bekommen, richtig ist.

Diese Übung können wir übrigens immer machen, wenn wir eine Entscheidungshilfe in unklaren Situationen – soll ich, soll ich nicht? – brauchen. Als junger Mensch muss man alle möglichen Prüfungen über sich ergehen lassen, aber auf den »Beruf« der Elternschaft wird man im Allgemeinen nicht vorbereitet, auch ein »Befähigungsnachweis« wird von niemandem verlangt. Kinder zu haben kann wunderschön und das größte Abenteuer unseres Lebens sein, es ist aber immer auch eine große Verantwortung und Umstellung des Alltags.

Fruchtbarkeit

Die Radiance Technik harmonisiert unsere Fortpflanzungsorgane sowie das entsprechende Energiezentrum, das zweite Chakra für Sinnlichkeit, Sexualität und Fortpflanzung. Außerdem setzt durch die Radiance Technik ein umfassender Reinigungsprozess auf allen Ebenen ein. Viele Paare, die jahrelang kinderlos waren, haben durch regelmäßige Behandlungen offenbar »den Weg freigemacht« für eigenen Nachwuchs.

Besonders empfehlenswert zur Steigerung der Fruchtbarkeit bei Mann und Frau ist eine tägliche Ganzbehandlung sowie längere Zeit auf der vierten Vorder- und Rückenposition. Zur Klärung und Auflösung der eventuell vorhandenen emotionalen und mentalen Widerstände, die einen Kinderwunsch unbewusst blockieren können, sind die Techniken, die man im 2.-Grad-Kurs und im 3.-Grad-Seminar lernt, zu empfehlen.

Die Quantität der Spermien soll sich in den letzten hundert Jahren etwa um die Hälfte vermindert haben. Möglicherweise spielen Umweltgifte dabei eine entscheidende Rolle. Durch Reiki aktivieren wir unsere Lebenskraft.

Ich weiß von zwei Paaren, die sich jahrelang vergeblich um Nachwuchs bemüht hatten. Das eine Paar hatte bereits resigniert und zwei Kinder adoptiert. Etwa ein halbes Jahr, nachdem die Frauen den 1. Grad gemacht und sich fleißig selbst und gegenseitig behandelt hatten, wurden beide Frauen schwanger.

Ja sagen zum Ungeborenen

Als ich in der sechsten Woche mit meinem Sohn Michael schwanger war, ließ ich mich vom Arzt untersuchen, der mir zu meiner Schwangerschaft gratulierte. Was er nicht wusste: Die Beziehung zu Michaels Vater war nicht mehr harmonisch, und außerdem wollte er mich zu einer Abtreibung drängen, falls ich schwanger sein sollte. Wie betäubt ging ich nach Hause. Ich tat das einzig Richtige: Ich legte mich aufs Bett und gab mir eine Ganzbehandlung. Nach vielleicht ein oder eineinhalb Stunden Handauflegen waren die Gefühle wie Hilflosigkeit, Wut, Panik und Trauer vollkommen verwandelt. Ich war wieder in Kontakt mit meinem inneren Frieden und »wusste« tief in meinem Innersten: Ich werde es schaffen, auch ohne Vater! Ich fühlte mich von einer höheren Macht getragen und geliebt und sprach zu Gott: »Lieber Gott, wenn Du mir dieses kleine Wesen eingepflanzt hast, wirst Du auch dafür sorgen, dass es ihm und uns gut geht.« Ich war voller Freude und Dankbarkeit und tanzte durch die Wohnung!

Kontakt mit dem Ungeborenen

Wunderschön ist es, als werdende Mutter oder auch werdender Vater so oft wie möglich die Hände auf den Bauch zu legen. Wir fühlen dann die Verbundenheit und Einheit mit unserem Kind ganz intensiv.

Wenn wir die Hand auf dem Bauch ruhen lassen, spüren wir, wie das kleine Wesen sich in unsere Hand schmiegt und dabei den Bauch richtig ausbeult. Wer den 2. Grad oder 3. Grad hat, kann den inneren Kontakt auch durch das Malen kosmischer Symbole verstärken und dem kleinen Wesen Energie ausrichten oder Einstimmungen geben. Wir können mit kosmischen Symbolen auch einzelne Energiezentren, zum Beispiel unsere Herzchakras, miteinander verbinden.

Wenn wir merken, dass unser Baby unruhig ist, hüllen wir es in die Energie des SHK zur Harmonisierung auf der seelischen Ebene ein, gefolgt vom TKR zur Verstärkung. Das HSN-Symbol kann helfen, uns selbst und unser Kind innerlich auf die Geburt vorzubereiten, da es uns mit der Energie von Transformation, grundlegender Umwandlung, verbindet.

Beim Handauflegen oder Symbolemalen können wir, laut oder leise, mit dem Ungeborenen sprechen. Oft werden wir eine »Antwort« bekommen, in Form eines Bildes, eines Gefühls oder auch von Worten! Wir erfahren dabei, dass unser Kind, egal wie klein es körperlich ist, ein Lichtwesen und oft eine »alte Seele« ist. Ich habe zum Beispiel von meinem ungeborenen Sohn Botschaften erhalten, wie ich mit Beziehungsproblemen umgehen sollte!

Wichtig ist, sich während der Schwangerschaft gesund und vitalstoffreich zu ernähren. Mir war während beider Schwangerschaften nicht einen einzigen Tag übel. Wichtig ist, viel Obst und Gemüse aus Bio-Anbau zu essen. Da wir über die Plazenta entgiften, sollten wir großen Wert auf schadstofffreie Ernährung legen. Optimal wäre, wenn wir uns schon vor der Schwangerschaft alle Amalgamplomben entfernen ließen und die Quecksilberausleitung mit Afa-Alge, Bärlauch und Korianderöl durch einen erfahrenen Heilpraktiker durchführten. Während der Schwangerschaft und Stillzeit können wir die Entwicklung des Kindes mit der Afa-Alge unterstützen, weil diese Wildpflanze EPA- und DHA-Fettsäuren enthält, die nachweislich die Intelligenz des Kindes fördern (siehe Literaturliste und Adressenteil).

Geburt

Reiki gibt uns keine Garantie für eine schöne, leichte oder komplikationslose Geburt. Überhaupt können wir mit universaler Lichtenergie nichts erzwingen, und sie eignet sich nicht zur Manipulation. Dennoch kann uns Reiki helfen, die Geburt unseres Kindes bewusster und schöner zu erleben. Wir lassen uns auch im Krankenhaus nicht von Hilflosigkeits- und Ohnmachtsgefühlen überwältigen. Die Kraft, etwas für unser eigenes Wohlbefinden und das unseres Babys zu tun, liegt immer in unseren Händen, egal, wie erschöpft wir uns auch fühlen mögen.

Bei der Geburt meines Sohnes lief auf den äußeren Ebenen nicht alles optimal. Erst 20 Stunden nach Platzen der Fruchtblase kamen wir endlich auf Anraten der noch sehr unerfahrenen Hebamme – es war ihre 3. Geburt – ins Krankenhaus. Für eine normale Geburt war es zu spät, weil die Wehen nach so langer Zeit »eingeschlafen« waren. Michael wurde per Kaiserschnitt auf die Welt geholt. Noch im Krankenhaus, direkt nach der Geburt, konnte ich mit den 2.-Grad-Techniken energetisch das Geburtserlebnis für Michael aufarbeiten. Aus ihm ist ein sehr fröhlicher, selbstbewusster Junge geworden.

Bei der Geburt meiner Tochter war ich schon 40 Jahre alt und hatte damit in den Augen der Ärzte eine »Risikogeburt«. Die Schwangerschaft verlief so problemlos, dass ich erst im 5. Monat merkte, dass ich schwanger war! Ich hatte damals meine Periode nur unregelmäßig. Eine Fruchtwasseruntersuchung lehnte ich ab und sagte dem Arzt: »Wenn Gott mir dieses Kind geschenkt hat, und es sollte behindert sein, wird er mir auch die Kraft geben, diese Aufgabe zu bewältigen.« Früher, ohne Reiki, hätte ich mich vermutlich durch den Arzt verunsichern lassen.

Bis eine Woche vor der Geburt joggte ich und hatte unerschöpfliche Energie, und drei Stunden vor der Geburt pflückte ich mit meiner Schwester Birnen auf dem Krankenhausgelände. Innerhalb von nur $2^1/_2$ Stunden war Freya da. Die Ärzte sprachen von einer »Bilderbuchgeburt«. Während der Geburt, zwischen den Presswehen, gab es lange Phasen, in denen ich tropische Landschaften sah und Gefühle wie Jubel und Glückseligkeit erlebte. Der Kindesvater und meine Zwillingsschwester waren bei der

Geburt dabei und gaben mir ununterbrochen Reiki. Ein paar gute Reiki-Freunde unterstützten das Ereignis, indem sie darauf Energie ausrichteten. Ich empfehle sehr, sich eine solche Unterstützung für die Geburt zu besorgen. Die Schmerzen waren nie so stark, dass ich schreien musste. Meine Tochter war kein Leichtgewicht, sondern wog an ihrem ersten Lebenstag $8^1/_2$ Pfund! Noch Stunden nach der Geburt war ich, wohl auf Grund der ausgeschütteten Glückshormone, freudig erregt und fühlte mich »beschwipst«, als wenn ich ein Glas Champagner getrunken hätte. Ich weinte vor Glück, als ich mein Töchterchen in den Armen hielt.

Beispiel: Ich besuchte eine Freundin im Krankenhaus. Sie war schon zweiundvierzig Jahre alt und mit ihrem zweiten Kind schwanger, es waren noch vier Wochen bis zum Geburtstermin. Meine Freundin lag jedoch bereits seit einigen Wochen im Krankenhaus, da die Ärzte eine Frühgeburt befürchteten. Es war nicht klar, ob das Baby noch ausreichend durch den Mutterkuchen ernährt wurde. Meine Freundin bekam starke wehenhemmende Mittel, um die Geburt hinauszuzögern. Während wir uns unterhielten, hatte ich fast die ganze Zeit, insgesamt etwa eineinhalb Stunden, meine Hände auf ihrem Bauch liegen. Allmählich verschwanden ihre Ängste und Sorgen, und meine Freundin wurde immer entspannter. Am nächsten Tag rief sie mich an: Das Baby war da! Nur eine Stunde nachdem ich mich verabschiedet hatte, war es auf die Welt gekommen. Ein gesunder, munterer Junge, reif und mit Normalgewicht! Ein winziges Wesen hatte sich mit Unterstützung von universaler Energie gegen massive Chemie in Form von wehenhemmenden Mitteln durchgesetzt und sich seinen Weg auf diese Welt gebahnt. Meine Freundin war durch die etwa eineinhalbstündige Behandlung offenbar so entspannt und angstfrei geworden, dass sie loslassen und sich dem natürlichen Prozess des Gebärens anvertrauen konnte. Dieses Erlebnis zeigt, dass nicht immer das geschieht, was die Eltern sich vorstellen, vielmehr wird das, was den wirklichen Bedürfnissen der Beteiligten entspricht, durch universale Energie unterstützt.

Aufarbeiten der Vergangenheit am Beispiel Geburt

Was auf den äußeren Ebenen bei uns oder anderen geschehen ist, können wir nicht ändern. Wir können aber die Energie transformieren, die bestimmten Ereignissen anhaftet, die traumatisch nachwirken können. Jeder Mensch »entscheidet« selbst, ob er eine Situation als traumatisch erlebt, mit all ihren möglichen Auswirkungen auf Verhaltens- und Denkmuster, oder als belanglos oder als willkommene Lernerfahrung.

Mit der Radiance Technik haben wir ab dem 2. Grad die Möglichkeit, die Energie, die Ereignissen aus der Vergangenheit anhaftet, aufzulösen, sodass diese Erfahrungen keine Macht mehr über uns haben und unser Denken, Fühlen und Handeln nicht mehr beeinflussen. Wir können systematisch die Zeit, in der unsere Mutter mit uns schwanger war, energetisch aufarbeiten, die Geburt und selbstverständlich auch unsere Kindheit – oder auch die Schwangerschaft, Geburt und Kindheit anderer.

Die moderne Psychologie geht davon aus, dass die ersten drei Jahre der Kindheit für unser ganzes Leben die prägendsten sind. Bei vielen Menschen scheinen bereits die ersten Momente ihres Lebens entscheidend gewesen zu sein (Beispiele siehe das Kapitel über den 2. Grad in diesem Buch). Mit Hilfe von Reiki können wir Licht in das Dunkel unserer Vergangenheit bringen, sodass wir nicht mehr wie eine Marionette von unserem Unbewussten »ferngesteuert« werden, sondern in unserem Denken, Fühlen und Verhalten Wahlmöglichkeiten erkennen und nützen können.

Stillen

Beim Stillen wird der wunderbare Energiekreislauf zwischen Mutter und Kind, der in der Schwangerschaft entstanden ist, nach der Geburt wieder geschlossen; Geben und Nehmen werden eins, die Einheit ist für kurze Zeit wiederhergestellt. Außerdem hält die Mutter ihr Baby ja im Arm und in den Händen, und in dieser Zeit wird es mit universaler Energie versorgt.

Beim Stillen kann man zusätzlich mit kosmischen Symbolen arbeiten und sich zum Beispiel vorstellen, dass die süße Milch in einer Spirale entgegen dem Uhrzeigersinn in den Mund des Babys fließt. Oder man stellt sich eine kosmische Spirale in den Herzzentren vor, die beide Herzchakras miteinander verbindet.

Auf jeden Fall rate ich davon ab – was in einigen Stillbüchern und Frauenzeitschriften steht –, dass man beim Stillen ein »gutes Buch lesen« sollte. Diese Zeit ist viel zu intensiv, um sich mit noch so guten Büchern abzulenken! Denn es fließt ja nicht nur Muttermilch, sondern auch feinstoffliche Energie, bedingungslose Liebe. Die Zeit, in der wir unsere Kinder stillen, geht so schnell vorbei und ist etwas Kostbares und Beglückendes, das wir genießen sollten.

Nützlich ist es, sich einer Stillgruppe der »La Leche-Liga« anzuschließen, die sehr motivierende Literatur verleihen. Durch das Zusammensein in einer Stillgruppe motiviert man sich zu dieser natürlichsten Art, einen Säugling zu ernähren. Oft ist die Umgebung nämlich nicht gerade unterstützend. Ein Bekannter fragte mich, als meine Tochter gerade zwei Monate alt war, wie lange ich denn noch stillen wolle und ob in der Milch denn überhaupt noch genug Nährstoffe vorhanden seien. Viele Partner sind unbewusst eifersüchtig auf das intime Zusammensein zwischen Mutter und Kind beim Stillen, oder sie haben Angst, dass ihre Frau nach dem Stillen nicht mehr so attraktiv ist wie vorher. Diese Angst ist meiner Erfahrung nach jedoch völlig unbegründet.

Das nötige Selbstbewusstsein, um unser Kind so lange zu stillen, bis es sich von allein abstillt, bekommen wir durch das authentische Reiki. Ich habe meinen Sohn erfolgreich gestillt, bis er $2^1/_2$ Jahre alt war, und meine Tochter bis zum 18. Monat. Bei einer gesunden, vitalstoffreichen Ernährung, ergänzt durch natürliche Nahrungsergänzungen, brauchen wir keine Befürchtungen zu haben, dass wir eine so lange Stillzeit kräftemäßig nicht durchstehen. Mütter in Naturvölkern stillen ihre Kinder durchschnittlich 4 Jahre, manche sogar bis zum 8. Lebensjahr! Natürlich bekommt das Kind in dieser Zeit auch schon andere Nahrung.

Als erste zusätzliche Nahrung empfehle ich einen Brei aus reifen Bio-Bananen und Avocados, der im Allgemeinen sehr gut vertragen wird. Mein Sohn interessierte sich vor seinem ersten Geburtstag für nichts anderes als Muttermilch, meine Tochter war schon mit sechs Monaten erpicht auf Bananen und den beschriebenen Brei.

Milchproduktion

Wenn wir die Milchproduktion fördern möchten, sollten wir auch schon vor dem Einschießen der Milch beide Hände nacheinander auf jeweils eine Brust legen. Es ist wichtig, das Baby nach der Geburt ununterbrochen bei sich zu haben, um es jederzeit anlegen zu können und zu vermeiden, dass das Neugeborene Tee zu trinken bekommt. So kann die Milch peu à peu einschießen, das wertvolle Collostrum wird ausreichend produziert, und es kommt nicht zu einem schmerzhaften Milchstau. Diese Position, beide Hände auf je eine Brust, hilft auch im »akuten Fall«, wenn wir auf Grund von Stress oder bei plötzlichem Mehrbedarf unseres Babys einmal zu wenig Milch haben sollten.

Solange ein Baby voll gestillt wird, bleibt meistens die Menstruation aus, und es besteht ein relativ hoher Empfängnisschutz durch das Milchhormon Prolaktin. Zum Thema Empfängnisverhütung empfehle ich das Buch von Bodo Baginski und Shalila Sharamon, »Kosmologische Geburtenregelung« (Windpferd-Verlag). Das Hormon Prolaktin bewirkt auch, dass die Frau während der intensiven Stillphase keine große Lust auf sexuelle Aktivitäten verspürt. Diese beiden Auswirkungen des Prolaktins erklären, warum bei Naturvölkern der Abstand zwischen den Geschwistern meist etwa vier Jahre beträgt. In dieser Zeit kann sich die Mutter von den Strapazen der Schwangerschaft und Geburt gut erholen und neue Kräfte für ein weiteres Kind sammeln.

Schlafprobleme bei Kleinkindern

Eine Ganzbehandlung kann man Babys und Kleinkindern kaum jemals geben: Die meisten sind einfach zu lebhaft und zappelig! Wir können uns aber als Eltern oder Großeltern bewusst machen, dass wir die Kinder bei jeder Berührung mit Lichtenergie versorgen, auch wenn wir sie in den Armen halten oder tragen oder mit ihnen schmusen. Mit zwei Händen haben wir bei Babys bereits Kopf und Rumpf abgedeckt, eine Ganzbehandlung dauert also keine Stunde, sondern geht deutlich schneller.

Wenn mein Töchterchen Freya sich als Baby zum Schlafen auf die Seite rollte, legte ich eine Hand auf den Hinterkopf und die andere auf den Rücken. Dabei decke ich fast alle Energiezentren ab und trage zu mehr Harmonie auf der seelischen Ebene bei, indem ich das Dritte-Auge-Zentrum und das Solarplexus-Zentrum miteinander verbinde. Babys schlafen auf diese Weise wunderbar ein. Wenn sie keine direkte Berührung mögen, können wir auch die Hände in einem Abstand von einigen Zentimetern über sie halten, diese Art von Behandlung ist genauso wirksam.

Wenn Freya auf dem Rücken oder Bauch lag, schob ich oft eine Hand unter den Bauch und legte die andere auf ihren Rücken. So war sie in meinen Händen geborgen. Manche Babys und Kinder mögen die erste Kopfposition nicht, bei der man beide Hände über die Augen legt. Kinder sind mehr als Erwachsene auf den äußeren Ebenen zu Hause, und wenn sie plötzlich nichts mehr sehen, werden sie oft unruhig oder ängstlich. Wir können uns dann sehr gut mit der dritten Kopfposition, der Hinterkopfposition, behelfen: Die Energie geht durch den Kopf hindurch und erreicht auch auf diese Weise Nase, Augen und das Dritte-Auge-Zentrum.

Schon Babys rollen sich weg oder nehmen die Hände weg, wenn sie genug haben. Wenn sie das Handauflegen nicht kennen, streicheln wir sie weiter wie gewohnt, und lassen ab und zu die Hände liegen, um sie an Reiki zu gewöhnen. Wir können sie auch behandeln, während sie schlafen, und dabei die Hände im Abstand halten. Sehr sensible Kinder merken dies manchmal und wachen davon auf. Wenn wir diese Kinder behandeln wollen, empfiehlt es sich, den 2. Grad zu machen. Dann haben wir mehr universale Energie zur Verfügung, die Behandlung dauert also nicht so lange, und wir können unsere Kinder und unseren Partner gleichzeitig aus der Ferne behandeln.

Bei Naturvölkern tragen die Mütter ihre Kinder, sie sind also nicht nur »Säuglinge«, sondern auch »Traglinge«. Es ist erwiesen, dass Babys, die viel getragen werden, sich besser entfalten und mehr Selbstbewusstsein entwickeln als Babys, die viel im Bettchen oder Kinderwagen liegen. Mit dem Didymos-Tragetuch habe ich sehr gute Erfahrungen gemacht. In jeder größeren Stadt gibt es Didymos-Beraterinnen, die einem kostenlos die richtige Bindetechnik für jedes Lebensalter zeigen. Ich bin mit meinem Sohn im Tragetuch durch die traumhafte Schweizer Bergwelt bei Arosa gewandert, als er $2^1/_2$ Jahre alt war. Mittels Reiki können wir bei diesem engen Körperkontakt und häufiger Berührung unsere Kleinen mit viel Lichtenergie »füttern«. Außerdem öffnen auch wir unser Herzzentrum bei einem so engen Kontakt mit unserem Baby.

Schule

Wussten Sie, dass 1995 Schülern fast eine halbe Million Mal Psychopharmaka gegen Stress verschrieben wurden? Ich finde diese Zahl erschreckend. Sie zeigt, dass Stress keine Managerkrankheit ist, sondern schon kleine Kinder sich gehetzt fühlen und glauben, nicht genug Zeit für sich zu haben. Eine Untersuchung des deutschen Psychologen-Verbandes ergab, dass siebzig Prozent der Sechs- bis Neunjährigen oft unter Kopf- und Bauchschmerzen, Nervosität und Schlafstörungen leiden. Viele Eltern übertragen ihre Hektik und Unruhe auf ihre Kinder, die unbewusst ihre Schwierigkeiten »somatisieren« und krank werden, um diese negativen Energien zu verarbeiten.

Schon in der Grundschule legen viele Eltern Wert auf gute Noten, die »richtigen« Hobbys und den »richtigen« Umgang mit Blick auf eine spätere Schul- und Berufskarriere ihrer Kinder. Unbewusst setzen sie so ihre Kinder unter Leistungsdruck und verplanen ihre Freizeit. Es wird geschätzt, dass zwischen 8 und 12 Prozent aller Kinder heute ADS-Symptome aufweisen, Aufmerksamkeitsstörungen mit und ohne Hyperaktivität. Das sind knapp eine Million Kinder allein in Deutschland. Wie man diesen Kindern helfen kann, habe ich in meinem Buch »Hyperaktivität – warum Ritalin keine Lösung ist« in dem Kapitel »Gesunde Alternativen« beschrieben. Neben Reiki-Behandlungen hilft auch die Afa-Alge, Nährstoffdefizite auszugleichen und das wachsende Gehirn mit den Proteinen und Fettsäuren zu versorgen, die es für optimales Funktionieren braucht. Eine Studie mit 44 Familien erbrachte ausschließlich positive Ergebnisse.

Eine Lehrerin in einem Hamburger Brennpunkt hatte

eine schwierige Grundschulklasse. Gewalt und Sticheleien waren an der Tagesordnung. Klassenfahrten oder Ausflüge waren ihr ein Graus, weil öfter ein Kind verschwand und gesucht werden musste. Die Bekannte hat den 3A-Grad im authentischen Reiki. Am Sonntagnachmittag schickte sie allen Kindern ihrer Klasse Einstimmungen. Plötzlich suchten die Kinder Körperkontakt, passten im Unterricht besser auf, und sie konnte, was vorher unmöglich war, sogar Fantasiereisen mit ihnen machen. Ein ganz anderes Arbeiten mit den Kindern war möglich. Einmal hatte sie dennoch eine Krise, weil zwei ihrer »Schwerenöter« nicht aus der großen Pause gekommen waren. Endlich kamen sie schuldbewusst. Es hatte geregnet, und die Jungen hatten die Regenwürmer, die aus der Erde gekrochen waren, wieder eingegraben und darüber das Pausezeichen überhört. Zwar musste die Lehrerin die Schüler tadeln, aber sie war gleichzeitig gerührt darüber, weil sie ihnen solche Tierliebe und Sensibilität auf Grund früherer Erfahrungen nicht zugetraut hatte.

Zur Harmonisierung der mental-emotionalen Ebene mit der Radiance Technik hat sich besonders eine Position bewährt, bei der man die eine Hand auf das Dritte-Auge-Zentrum legt und die andere auf den Solarplexus oberhalb des Nabels. Dies ist eine sehr wirksame Anti-Stress-Position, die Kinder selbst einsetzen können, wenn sie schon den 1. Grad haben (die Teilnahme an Kinderseminaren empfiehlt sich ab etwa fünf Jahren, vorher können Kinder auch schon als Babys in den 1. Grad eingestimmt werden). Die Eltern können sie im akuten Fall einsetzen.

Damit Kinder mit Stresssituationen besser zurechtkommen, empfiehlt sich jeden Tag eine Ganzbehandlung. Die Ganzbehandlung dauert bei Kindern nicht so lange wie bei

Erwachsenen, da sie kleiner sind. Besonders lange sollten die Hände auf der ersten, zweiten und dritten Kopfposition liegen bleiben und außerdem auf der ersten und dritten Rückenposition.

Eines der wirksamsten Übungssysteme für Kinder, um besser mit Stress umgehen zu können, habe ich in meinem Buch »Die Fünf Tibeter mit Kindern« (Integral Verlag, Wessobrunn 1995) beschrieben. Kinder haben mit diesen einfachen tibetischen Übungen die Möglichkeit, Abstand vom Schulstress zu gewinnen, ihr Immunsystem zu stärken und ihre Energiezentren harmonisch zu entwickeln.

Von der Drehübung, der ersten Übung, profitieren Kinder am meisten. Man steht dabei gerade, mit ausgebreiteten Armen, und dreht sich im Uhrzeigersinn. Wir können sie mit unseren Kindern nach der Schule oder vor dem Abendessen machen, um den täglichen Schulstress abzubauen. Dadurch kann sich die Bauchregion, die sich bei Angst und Stress verkrampft, entspannen, und die Kinder können das Essen besser verdauen und in gelösterer Stimmung einschlafen. Das Drehen kann man auch morgens vor der Schule machen, um Spannungen abzubauen, Lese- und Konzentrationsstörungen zu beheben und sich ganz auf den Unterricht konzentrieren zu können. Junge Menschen bewegen mit dieser kraftvollen Methode angestaute Energie und wandeln sie um. Die Drehübung ist auch zwischendurch empfehlenswert, wenn negative Gefühle wie Frustration, Wut oder Traurigkeit aufkommen. Depressive Verstimmungen verschwinden in der Regel nach wenigen Minuten. Probieren Sie es aus, allein oder mit Ihren Kindern!

Wenn ein Kind sich vor einer schwierigen Aufgabe oder einer Klassenarbeit besser konzentrieren möchte, sind die zweite und dritte Kopfposition empfehlenswert. Damit werden Kurz- und Langzeitgedächtnis aktiviert. Eine 2.-Grad-Teilnehmerin schreibt: »Ich schicke meinem Sohn jeden Tag Reiki, und kann deutlich beobachten, wie er ruhiger und umgänglicher wird. Außerdem erledigt er seine Hausaufgaben schneller und lockerer.«

Wer nervös ist, sollte eine Hand auf den Solarplexus (Sonnengeflecht) oberhalb des Nabels und die andere Hand auf das Dritte-Auge-Zentrum zwischen den Augen legen. Damit harmonisieren wir uns auf der gedanklichen und gefühlsmäßigen Ebene.

Falls die Kinder Ängste oder andere negative Gefühle wie Frustration oder Wut empfinden, sollten sie in sich hineinspüren, wo diese Empfindungen sitzen, und dort die Hände auflegen, um negative Energie zu verwandeln.

Bei Stress ist die dritte Rückenposition empfehlenswert, weil hier die Adrenalindrüsen sitzen, die das Stresshormon produzieren. Sie werden hierdurch entspannt und entlastet, und das Adrenalin wird besser abgebaut.

Wenn ein Schüler spürt, dass seine Aufmerksamkeit nachlässt, ist die erste Kopfposition ratsam, auch, um sich innerlich besser sammeln zu können und das Wichtige vom Unwichtigen zu trennen. Mit dieser Position schließen wir uns an unsere intuitive Ebene an und spüren oft, was von uns verlangt wird. Wir haben bessere Ideen und werden kreativer, wenn wir die Kopfpositionen machen. Wichtig ist bei häufigen Aufmerksamkeitsstörungen, auf Vollwert-Ernährung und die Ergänzung der Nahrung mit der Afa-Alge und Leinölkapseln (zum Aufbau von Neurotransmittern) zu achten.

Gegen Niedergeschlagenheit und Depressionen helfen die zweite und dritte Kopfposition sowie die dritte Vorder-

und Rückenposition. Die beiden Kopfpositionen fördern die Produktion von Endorphinen, »Glückshormonen«, und die dritte Rücken- und Vorderposition stimuliert unser Sonnengeflecht, den Sitz unserer Selbstachtung und unseres Selbstwertgefühls. Durch viel Lob und Zuwendung können wir zusätzlich das Selbstwertgefühl unserer Kinder stärken.

Wer den 2. oder 3. Grad des authentischen Reiki erlernt hat, kann Lichtenergie auf Klassenarbeiten und Prüfungen ausrichten, um solche Ereignisse energetisch vorzubereiten. Mit diesen Techniken können wir auch vorarbeiten, wenn wir zur Zeit der Prüfung verhindert sind. Vor der Arbeit oder Prüfung können sich die Kinder auch selbst mit der ersten Kopfposition beruhigen und innerlich sammeln und bei eventuell auftauchenden Unwohlgefühlen oder Ängsten die Hände auf die entsprechende Stelle legen.

Da die Ganzbehandlung harmonisierende Wirkung auf allen Ebenen hat, sollten wir uns alle, wenn wir den 1. Grad haben, möglichst täglich eine Behandlung geben. Aus Zeitgründen können die Kinder nur die Kopfpositionen morgens vor der Schule machen, die anderen Positionen im Laufe des Tages.

Die Kopfpositionen machen wach und gut gelaunt. Die Kinder sollten den Tag nicht ohne Reiki beginnen und auch von anderen so viel Unterstützung wie möglich für ihren Schulalltag bekommen.

Wer als Schüler schon den 2. Grad hat, kann auch unsichtbar mit kosmischen Symbolen für sich, seine Mitschüler oder Lehrer etwas Gutes tun.

Mittelohrentzündungen

Mit dem authentischen Reiki können wir unseren Kindern immer helfen. Auf Reisen hat man seine »Hausapotheke« immer dabei! Bei Mittelohrentzündungen habe ich noch nie einen Arzt gebraucht. Hilfreich sind Stoffsäckchen mit heiß gemachten Kamilleblüten. Die legt man auf die Ohren und darauf je eine Hand. Eine Seminarteilnehmerin berichtete: »Mein Sohn Marco bekam tags darauf eine Mittelohrentzündung. Er hat gleich eine Ganzkörper-Behandlung mit Zusatzposition bekommen, und am nächsten Morgen waren die Schmerzen weg.«

Selbstwertgefühl und Selbstvertrauen

Kinder möchten, dass wir ihnen unsere Liebe deutlich zeigen. Sie sind keine Gedankenleser und tappen sonst im Dunkeln. Wir leben ihnen vor, wie man Beziehungen pflegt und sichtbar liebt!

Wir sollten unsere Kinder oft berühren, sie im Arm halten, sie küssen, mit ihnen kuscheln, sie in den Schlaf wiegen. Sie sehnen sich nach unserer liebevollen Berührung und unseren zärtlichen Worten. Wir können zu ihnen sagen: »Ich liebe dich!« oder »Du bist ein Kind Gottes.« Berührungen sagen oft mehr als tausend Worte, und beim Behandeln mit Reiki signalisieren wir unseren Kindern: Ich akzeptiere dich, wie du bist, und liebe dich bedingungslos.

Wenn wir mit unseren Kindern sprechen, können wir sowohl auf unsere Worte als auch auf die Schwingung hinter den Worten achten: Sehen wir das Beste im Kind, drücken wir Zuneigung und Akzeptanz aus, loben wir seine Fähigkeiten? Das beste Buch zu diesem Thema ist meines Erach-

tens »Erziehung zum Göttlichen« von Dr. Masaharu Taniguchi (siehe Literaturliste). Weil Taniguchi einem Kind
sagte: »Du bist aber ein kluges Kerlchen! Was hast du für
eine schöne hohe Stirn!«, wurde es über Nacht zu Höchstleistungen in der Schule angespornt. Wenn wir unser Kind
als »Versager« betrachten und es vielleicht sogar als solchen bezeichnen, geben wir ihm keine Chance, sein Poten-
zial zu leben.

Während wir mit unseren Kindern reden, können wir
eine Hand auf ihr Herzzentrum legen, die andere auf unser Halszentrum. Damit bringen wir die Liebe, die wir im
Herzen fühlen, stärker zum Ausdruck und kommen mit
der inneren Qualität von Wahrheit und Weisheit in Kontakt. Wenn wir uns mit unserem Kind unterhalten, sollten
wir es dabei berühren, insbesondere, wenn wir ein »heißes
Eisen« ansprechen. Wenn wir viel Reiki praktizieren, kommen uns mit der Zeit negative Äußerungen nicht mehr so
leicht über die Lippen, und unser Umgangston wird wohlwollender und liebevoller.

Wenn wir als Eltern den 2. Grad haben, können wir unser Kind wunderbar mit dem SHK-Symbol unterstützen,
wenn es ängstlich und unsicher ist. Wir können mit dem
2. Grad sogar konkrete Ängste oder Phobien unserer Kinder, wie Flugangst oder eine Spinnenphobie, energetisch
und bewusstseinsmäßig aufarbeiten und transformieren,
indem wir Energie auf diese Probleme ausrichten und
Licht in das Dunkel der Vergangenheit bringen, in der solche Gefühls- und Verhaltensmuster entstanden sind.

Drogen

Anlässlich des ersten europäischen Kongresses zum Thema »Kinder, Jugendliche und Drogen« im März 1996 in Münster mit mehr als sechshundert Fachleuten aus ganz Europa malten Drogenexperten ein düsteres Bild: Drogenkonsumenten sind in Deutschland immer jünger. Schon Acht- und Neunjährige rauchen regelmäßig, und bereits 15 Prozent der Vierzehnjährigen sind Raucher. Beim Alkoholkonsum liegen die Werte noch höher. Etwa 80 Prozent der Konsumenten illegaler Rauschmittel wie Ecstasy und Heroin haben vorher intensiv legale Drogen benutzt, und als Ursache wird die massive Werbung für Alkohol, Zigaretten und Arzneimittel genannt. Durch den Konsum wollten Jugendliche einen »modernen Lebensstil demonstrieren«. Allein für Arzneimittelwerbung sind 1995 achthundert Millionen Mark ausgegeben worden, für Zigaretten- und Alkoholwerbung mindestens genauso viel.

Eine Untersuchung des deutschen Psychologen-Verbandes ergab, dass bereits 70 Prozent der Sechs- bis Neunjährigen oft unter Kopf- und Bauchschmerzen, Nervosität und Schlafstörungen leiden. Bei einer repräsentativen Befragung von 2400 Jugendlichen gaben 40 Prozent der Zwölfjährigen und 53 Prozent der Siebzehnjährigen an, regelmäßig Mittel gegen Kopfschmerzen einzunehmen. Acht Prozent der Zwölfjährigen räumten die häufige Nutzung von Beruhigungsmitteln ein. Zwischen sechs und elf Prozent der Jugendlichen bis siebzehn Jahre schluckten Aufputschpillen.

Schon kleine Kinder manipulieren ihre Psyche, ohne die Ursache ihres Unwohlseins und ihrer Probleme zu verstehen. Sie lernen oft durch das Vorbild ihrer Eltern, dass bei Problemen Pillen Linderung verschaffen. Dabei verlernen sie, sich positiv mit Stressfaktoren auseinander zu setzen, und gewöhnen sich an, Konflikten aus dem Weg zu gehen und die Auswirkungen – Unwohlsein, psychosomatische Probleme – mit Tabletten aus der Welt zu schaffen. Stoffe wie Nikotin, Alkohol und Medikamente werden in der Öffentlichkeit wie alltägliche Konsum- und Gebrauchsgüter dargestellt und eingesetzt und stellen eine Gefährdung für labile, konfliktunfähige und somit suchtanfällige Menschen dar.

Auch bei diesem Thema sind wir Erwachsenen als Vorbilder gefragt. Wir müssen uns ehrlich prüfen, ob wir ohne bestimmte Dinge in unserem Leben – wie Fernsehen, Süßigkeiten oder ein tägliches Glas Wein oder Bier – nicht mehr auskommen und bei jedem kleinen Unwohlsein zur Tablette greifen.

Mit der Radiance Technik haben wir nicht nur eine völlig unschädliche »Hausapotheke« für Wehwehchen, sondern eine Technik, die den Ursachen von Disharmonien auf den Grund geht und uns neben dieser Klarheit auch die Energie gibt – wenn wir wollen –, unsere Einstellungen und unser Leben entsprechend zu ändern.

Wir und unsere Kinder bekommen eine Alternative dazu, negative Gefühle wie Frustration oder Wut herunterzuschlucken oder ungefiltert auszuleben: Wir nehmen sie wahr, erkennen die Ursachen und transformieren diese Energie oder bringen sie so zum Ausdruck, dass sie nicht mehr verletzend wirkt. Bei negativen Gefühlen wie Wut oder Trauer sollten wir in uns hineinspüren, wo wir dieses Gefühl am stärksten wahrnehmen, und dort einfach unsere Hände auflegen. Wenn wir schon den 2. Grad haben, können wir zusätzlich mit kosmischen Symbolen arbeiten.

Reiki kann als Quelle universaler Energie genutzt werden und als wertvolle, jederzeit verfügbare Unterstützung dienen, um uns durch die »Tiefs« bei der Befreiung von Süchten zu begleiten. Reiki kann auch helfen, Entzugserscheinungen zu mildern, alte, negative Verhaltensmuster loszulassen und vermehrt Freude, Klarheit und Mut zu empfinden. Zusätzlich zu möglichst zwei Ganzbehandlungen pro Tag empfehle ich für längere Zeit die Kopfpositionen zwei und drei, die Vorderpositionen eins und drei sowie die Rückenpositionen zwei und drei. Darüber hinaus kann das authentische Reiki auch mit anderen Methoden kombiniert werden.

Essstörungen

Die Ursachen von Essstörungen wie Bulimie und Magersucht sitzen oft sehr tief und hängen mit frühkindlichen Erlebnissen zusammen. Manchmal sind Mädchen und Frauen, die solche Probleme haben, schon als Kleinkinder sexuell missbraucht worden. Immer mehr junge Männer lassen sich vom Schönheitsideal – schlank, muskulös, Waschbrettbauch – unter Druck setzen und reagieren mit Essstörungen. Das Problematische bei Menschen, die unter Essstörungen leiden, ist, dass es kein Leben ohne ihre Drogen – also Essen – gibt. Mit jeder Mahlzeit laufen sie Gefahr, in alte, unkontrollierte Verhaltensweisen zurückzufallen. Reiki bietet eine Möglichkeit, aus dem Teufelskreis von Depressionen, Ekel vor sich selbst und Fressattacken auszubrechen.

Empfehlenswert sind mindestens zwei Ganzbehandlungen pro Tag in Kombination mit Affirmation wie »Ich bin erfüllt und glücklich« oder »Alles, was ich brauche, finde ich in mir« sowie die Teilnahme an sehr intensiven Gruppenbehandlungen.

Um die Ursachen von Essstörungen in der Vergangenheit aufzuarbeiten, sollten die Betroffenen den 2. Grad erlernen, der sehr wirksam bei der Transformation von Süchten, Ängsten und zwanghaften Verhaltensweisen ist. Wir sollten alles, was wir essen oder trinken, vorher mit Lichtenergie aufladen und reinigen, indem wir einfach für eine Weile – etwa ein bis zwei Minuten – unsere Hände über Getränke oder Speisen halten, bevor wir sie zu uns nehmen. Wenn wir zum Beispiel für unsere Familie Essen zubereiten, können wir vor dem Auftragen die Hände über die Salatschüssel oder den Suppentopf halten. Teig für Brot oder Kuchen sollten wir mit den Händen kneten und den Salat mit den Händen vermischen, um eine hohe Schwingung ins Essen zu bringen. Es schmeckt dann besser und wird leichter verdaulich.

Das authentische Reiki beinhaltet keine Ernährungsempfehlungen. Meiner Erfahrung nach kommen wir aber durch diese Methode immer mehr in Kontakt mit unseren wahren Bedürfnissen auch auf der körperlichen Ebene und finden mit der Zeit mehr Geschmack an natürlichen, frischen Lebensmitteln, und auch die Nahrungsmenge passt sich unserem wirklichen Bedarf an.

Fantasiereise

Genau wie die Muskeln ohne Bewegung erschlaffen, verkümmert auch die Fantasie, wenn sie nicht angeregt wird. Fantasiereisen können uns helfen, in Kontakt mit unserem unendlichen Reservoir an Energie und Kreativität zu kommen, unser Selbstbewusstsein zu stärken, unsere Aufgaben im Leben klarer zu erkennen und unsere rechte Gehirnhälfte, den Sitz von Intuition, Fantasie, schöpferischen Fähigkeiten und ganzheitlichem Denken, stärker zu entwickeln.

Um Kindern Ruhe, Gelassenheit und Selbstvertrauen zu vermitteln, kann eine Fantasiereise sehr wirkungsvoll sein.

Den Text dieser Fantasiereise können wir unseren Kindern langsam und deutlich vorlesen. Ältere Kinder können sich ihn auch selbst auf Kassette sprechen. Wir können die Fantasiereise auch ausschmücken oder uns selbst welche ausdenken. Dies ist nur ein Beispiel:

»Stell dir vor, du fliegst mit mir in den Himalaja. Das ist das höchste Gebirge der Welt. Wir fliegen in ein Land, in dem die Menschen schön und gesund sind. Sie haben einen aufrechten, stolzen Gang und blicken uns Fremde freundlich an. Die Menschen dort sind nicht mit äußeren Reichtümern gesegnet, aber sie haben Kontakt zu ihrem inneren Reichtum gefunden. Sie fühlen sich der Erde unter ihnen und dem weiten, blauen Himmel über ihnen tief verbunden. Es kann sie nichts aus der Ruhe bringen. Sie strahlen eine heitere Gelassenheit aus und machen sich weniger Sorgen. Stell dir vor, du bist von der Erhabenheit majestätischer, schneebedeckter Berge umgeben, die Tausende von Metern in den Himmel ragen.

Die Probleme, die du jetzt vielleicht gerade hast, würden dir dann wahrscheinlich klein und unwichtig vorkommen. Die Weite der Landschaft lässt deinen Gedanken Raum. Die äußere Stille hilft dir, innerlich zur Ruhe zu kommen und den Geräuschen der Natur um dich herum zu lauschen:

Dem Wind, der über die Hochebene streicht und dabei deine Haut streichelt; dem Kreischen des Adlers hoch über dir und dem Meckern der Ziegen in der Ferne. Wenn du willst, kannst du tagelang mit der Natur um dich herum allein sein. Hier leben Menschen, die Kraft aus ihrer Mitte schöpfen und Macht über ihren Körper, ihre Gefühle und Gedanken gewonnen haben. Auch du kannst das, wenn du es nur zulässt. In dir ist die Kraft verborgen, Berge zu versetzen und die Welt zu verändern, wenn du anfängst, Kraft aus deiner Mitte zu schöpfen.

Stell dir ein Leben vor, in dem du aus der Kraft der Stille handelst. In der Stille liegt die Kraft. In dir wartet ein Ozean von Energie darauf, ins Fließen zu kommen. Stell dir einen großen See vor, in dem sich der Himmel und die Berge ringsherum glasklar widerspiegeln. Die Oberfläche ist nicht mehr von deinen Gedanken und Gefühlen aufgewühlt. Ein solcher See kann die Schönheiten des Lebens vollkommen spiegeln. Deshalb sind wir hier – um die Schönheit des Lebens widerzuspiegeln und sie miteinander zu feiern.

Wir suchen schweigend einen Meister auf, der halb nackt im Schnee meditiert. Er sitzt dort schon seit Tagen. Die Kälte kann ihm nichts anhaben, ihm ist wohlig warm, denn der Geist ist stärker als die Materie. Viele Menschen hier leben nach diesem Gesetz. Schau in die Augen dieses weisen Mannes. Blicke in einen Ozean von Liebe und Weisheit, der deine Liebe und deine Weisheit widerspiegelt. Nimm wahr, wie du dich in der Gegenwart dieses Mannes stark und glücklich fühlst. Lass dich durch ihn daran erinnern, wer du in Wahrheit bist: ein Wunder an Kraft, ein Pfeil, der von einer göttlichen Sehne schnellt.

Das Leben dieser Menschen ist zum Spiel geworden,

und ihre innere Stimme flüstert ihnen die richtige Zeit für ihren Einsatz zu. Sie geben sich ganz dem Augenblick hin und bekommen alles von ihm zurück. In diesem göttlichen Spiel gibt es nur Gewinner.

Kehre jetzt langsam wieder in deinen Körper zurück und fühle die Kraft, die Klarheit und den Frieden, die jetzt in dir wohnen und deine wahre Natur sind.«

Kinderseminare und Kindereinstimmungen

Manche Kinder können schon mit vier oder fünf Jahren an einem 1.-Grad-Kinderseminar teilnehmen. Ich habe schon in vielen Städten Kinderkurse mit vier bis vierzehn Kindern aller Altersstufen durchgeführt.

Kinder, die zu Hause erleben, wie sich ihre Eltern selbst und gegenseitig Behandlungen geben und auch ihnen durch Handauflegen helfen, wachsen ganz selbstverständlich mit dieser Methode zur Aktivierung von Lichtenergie auf. Vielfach sind sie schon in den 1. Grad eingestimmt, bevor sie an einem Seminar teilnehmen. Manchmal besuchen mich Eltern mit ihrem wenige Tage alten Baby oder schicken mir ein Foto ihres Neugeborenen, damit ich ihm die Einstimmungen für den 1. Grad gebe. Wenn Kinder eingestimmt wurden, sind sie meist ausgeglichener, schlafen ruhiger, ihr Immunsystem wird gestärkt, sie können sich besser konzentrieren, und ihre Verdauung funktioniert besser. Viele Eltern haben mir berichtet, dass ihr Baby nach den Einstimmungen in den 1. Grad das erste Mal durchschlief, Koliken verschwanden und es tagsüber viel fröhlicher war.

Bei Kleinkindern, die direkt eingestimmt werden, ist zu beachten, dass die Eltern ihre Kinder auf irgendeine Weise positiv darauf vorbereiten sollten, damit sie dafür offen

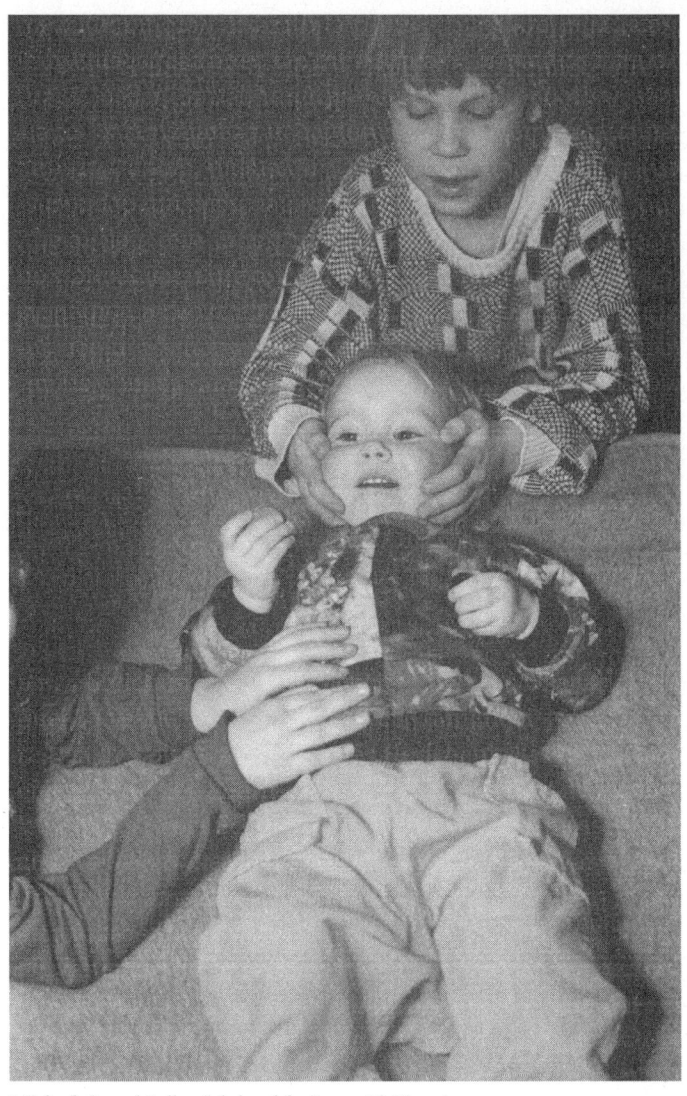

Michael, 8, und Falko, 6, behandeln Freya, 15 Monate

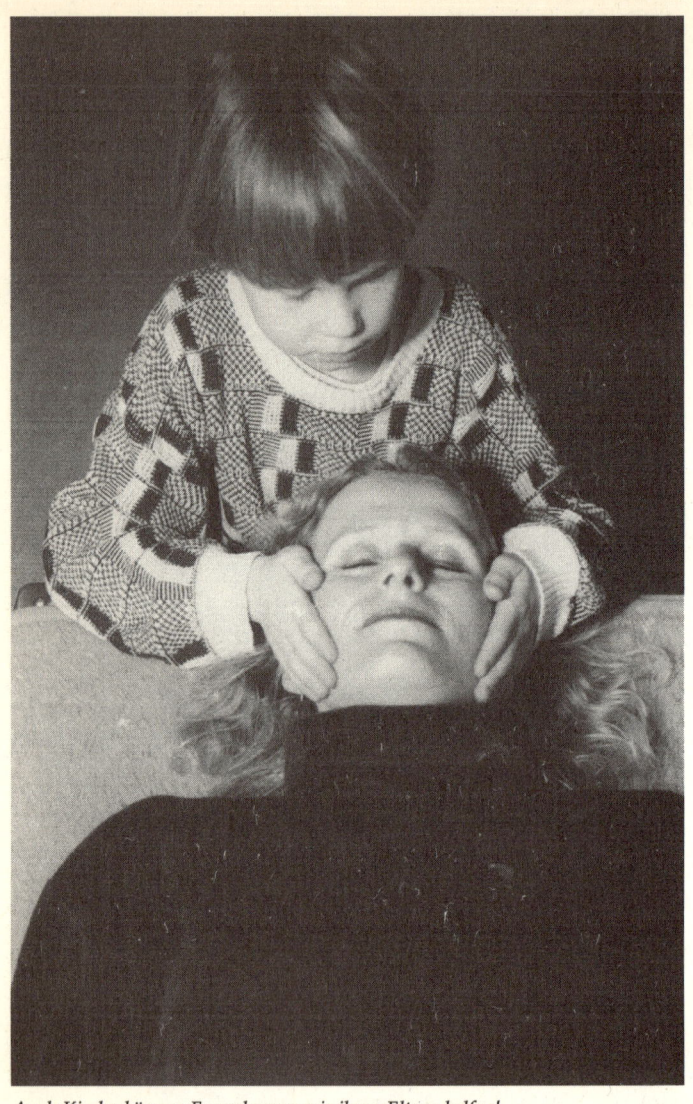

Auch Kinder können Erwachsenen wie ihren Eltern helfen!

Michael, 2 Jahre, hat bereits die Einstimmung in den 2. Grad

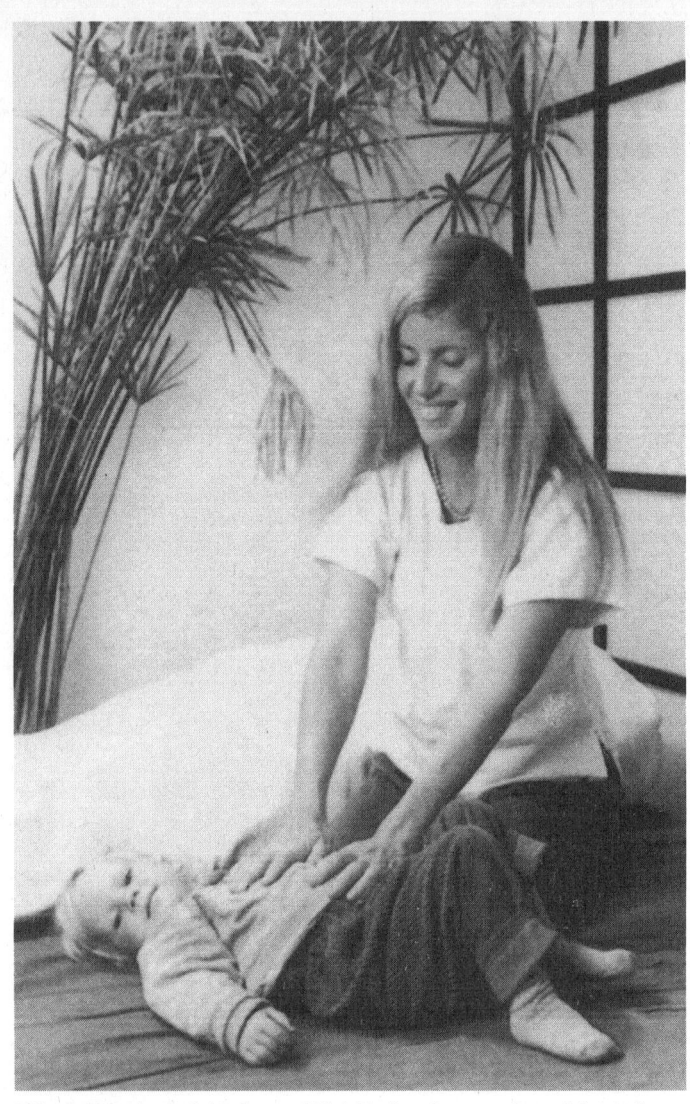

Mit zwei Händen ist bei Babys und Kleinkindern der ganze Rumpf abgedeckt.

und bereit sind. Für den Erfolg der Einstimmung ist es völlig egal, wie die Kinder dazu stehen, aber sie müssen ja bereit sein, eine Weile still zu sitzen und die Hände in die Einstimmungsposition zu halten. Meistens bin ich für die Kinder ja eine unbekannte Person, und bei der Einstimmung müssen sie ruhig sein und wissen nicht genau, was passiert. Kinder sind besonders am Thema »Kraft« interessiert, und wenn man ihnen sagt, dass sie nachher noch mehr Kraft zur Verfügung haben, finden sie das im Allgemeinen gut. Kleinere Kinder sitzen bei den Einstimmungen oft auf dem Schoß von Mutter oder Vater, die ihnen so Geborgenheit in einer fremden Umgebung vermitteln.

Kinderseminare sind ein besonderes Ereignis für alle Beteiligten. Die kleinen Seminarteilnehmer begreifen erstaunlich schnell, dass ihre Hände Verlängerung ihres Herzzentrums sind und dass sie mit ihren Berührungen Liebe von innen heraus geben. Manchmal malen sie nach den Einstimmungen Bilder von sich mit einem großen Herzzentrum in der Mitte und Herzen in ihren Händen! Viele malen die Symbole und Mandalas im Handbuch aus und lernen die Symbole. In einem Bremer Kinderkurs konnten am zweiten Seminartag alle Kinder, einschließlich der Vierjährigen, nicht nur das Yin-Yang-Symbol malen, sondern sogar das komplizierte Om-Symbol.

Kinder sind in der Regel spontaner, kreativer und neugieriger als Erwachsene. Sie fragen, was mit der Energie geschieht, die beim Behandeln übrig bleibt, und geben die Antwort gleich selbst: Sie geht in die Luft! Das heißt, Energie geht nach dem Energiegesetz nicht verloren, sondern verbessert die Atmosphäre. Manchmal bringen Kinder ihre Lieblingspuppe, ihr liebstes Stofftier oder einen Edelstein mit, die ich dann ebenfalls einstimmen muss.

Wenn ich über das Behandeln von Pflanzen erzähle, tragen Kinder oft Topfblumen zusammen und fangen an, sie zu behandeln, während ich weiterrede oder Fragen beantworte. In größeren Pausen schwärmen manchmal Kinder in den Garten aus, oder wir gehen auf ihren Vorschlag hin gemeinsam in einen nahe gelegenen Park, um Bäume zu behandeln. Manchmal machen wir dann eine Gruppenbehandlung für einen großen Baum mit viele kleinen Händen auf seinem Stamm.

Kinder mögen gern den »Herz-Sandwich«, wenn eine Hand von hinten, die andere von vorn auf dem Herzzentrum liegt. Sie lieben es, sich mit der »Shanti-Übung« zu begrüßen und sich damit als Lichtwesen zu feiern. Begeistert singen sie »Happy Birthday« mit ihrem eigenen Namen: »Happy birthday, dear... (Sabine).« Dieses Lied erinnert uns daran, jeden Augenblick mit all unseren Möglichkeiten neu geboren zu sein, und wir gewinnen ein liebevolles Verhältnis – »dear« heißt »liebe/r« – zu uns selbst. Gruppenbehandlungen sind für sie das Größte, und es bereitet ihnen Genugtuung, dass sie als gleichwertige Lichtarbeiter jetzt auch Erwachsenen und ihren Haustieren helfen können.

Es ist für mich wundervoll zu sehen, wie selbstverständlich Kinder sich als Lichtwesen erleben und mit dieser Energie ganz natürlich umgehen. Für die meisten ist es von Anfang an klar, dass sie von Liebe und Licht erfüllt und Kinder Gottes sind und dass sie selbst und andere davon profitieren, wenn sie jemandem Licht und Liebe geben. Wenn ich ihnen erkläre, dass sie schon mit dem 1. Grad etwas für den Weltfrieden und das Wohlergehen der Erde tun können, indem sie mehr Licht, Frieden und Liebe ausstrahlen, leuchten ihre Augen. Schon kleine Kinder bekommen mit, was in der Welt vor sich geht, und haben den natürlichen Wunsch, einen Beitrag zu leisten und zu helfen. Ich verteile im 1. Grad eine Postkarte mit einem Bild der Erde, und viele Kinder drücken die Karte spontan an ihr Herzchakra und halten sie dort mit beiden Händen ganz fest. Sie wissen intuitiv, dass alles, was wir zwischen Herz und unseren »Licht-Händen« halten, mit einer Schwingung von Liebe und Licht umgeben wird.

Kinder und Eltern erzählen mir oft nach den Seminaren, wie gegenseitige Lichtarbeit die Atmosphäre in der Familie verbessert und die Familienmitglieder viel enger zusammenwachsen. Da Familien immer weniger Zeit miteinander verbringen, ist die gemeinsame Lichtarbeit etwas ganz Besonderes und Wertvolles. Kinder und Eltern erfahren, was wirklich zählt: die Zuneigung und Liebe zueinander, jenseits von Worten. Und allen fällt es leichter, sie auch zum Ausdruck zu bringen durch Umarmungen, Zärtlichkeiten, Worte und Taten.

Eingestimmte Kinder sind oft hilfsbereiter, offener und freundlicher als ihre Altersgenossen. Bei uns zu Hause nehmen meine Kinder Freya, 6, und Michael, 12, an Gruppenbehandlungstreffen teil und sind stolz darauf, von anderen Erwachsenen als gleichwertig anerkannt zu werden. Wenn eine Mutter den 2. Grad erlernt hat, kann sie ihre Kinder auch außerhalb der Familie zum Beispiel im Kindergarten und in der Schule mit Lichtenergie unterstützen.

Kinder können auch mit ihren Eltern oder einem Eltern- oder Großelternteil an einem 1.-Grad-Seminar teilnehmen. Es ist für Familien sehr wertvoll, etwas Neues und Wichtiges gemeinsam zu erlernen. Einmal habe ich erlebt, wie sich eine Beziehung zwischen Mutter und Tochter während eines Seminars spontan völlig veränderte und heilte, sodass seither wieder Umarmungen und Zärtlichkeiten zwischen ihnen möglich sind. Das authentische Reiki stärkt die Brücke von Herz zu Herz und macht die Liebe bewusster und stärker, die zwischen Eltern, Kindern und anderen Verwandten ohnehin fließt.

Buchtipps:

– Tine Thevenin, »Das Familienbett, Geborgenheit statt Isolation«, Fischer-Taschenbuch-Verlag, Frankfurt am Main ³1988
– Jean Liedloff, »Auf der Suche nach dem verlorenen Glück«, C. H. Beck Verlag, München, 2. Aufl. 1999
– Mygeia Halfmoon, »Primal Mothering In A Modern World«, Maul Brothers Publ., San Diego, Kalifornien
– Steve Biddulph, »Das Geheimnis glücklicher Kinder«, Taschen Buchdienst, München 1998
– Dr. med. Robert S. Mendelsohn, »Wie Ihr Kind gesund aufwachsen kann... auch ohne Doktor!«, Mahajiva-Verlag, Holthausen 1990
– Dr. med. Norbert Enders, »Bedrohte Kindheit. Verhaltensstörungen, Impfungen, Therapieschäden«, Haug-Verlag, Heidelberg 1995
– Barbara Simonsohn, »Hyperaktivität – Warum Ritalin keine Lösung ist. Gesunde Strategien, die wirklich helfen«, Goldmann-Verlag, München 2001
– Prof. Karl J. Abrams, Hans Ludwig, »ADHD. Aufmerksamkeitsstörung und Hyperaktivität bei Kindern und Erwachsenen. Alternativen zur medikamentösen Behandlung«, 2000 AV-Publication, Neusiedel am See 2000
– Lee Carroll und Jan Tober, »Die Indigo Kinder«, Koha-Verlag, Burgrain 2000

– Thomas Gordon, »Familienkonferenz. Kinder erziehen, ohne zu strafen«, Heyne-Verlag, München 1994

– Gene Chill und John Duff, »Fakten über Drogen. Nur wer sie kennt, kann sich und seine Familie wirksam schützen«, Hrsg. Verein »Sag NEIN zu Drogen«, Neuenkirch/ Schweiz 1993

– Millich, Anne, »Kinderseelen wollen lachen. Geschichten zur Meisterung des Lebens«, Dr. Werner Japp Verlag, Wiesbaden 1995.

Erfolgreiches Stressmanagement –
mit Stress besser umgehen!

> *Es gibt zwei Wege zum Überleben: Kampf und*
> *Anpassung. Und meist ist Anpassung der er-*
> *folgreichere Weg.*
>
> HANS SELYE, *Stressforscher*

Es gibt heutzutage kaum jemanden, der nicht unter Stress leidet. »Mensch, hatte ich heute wieder Stress«, diesen Stoßseufzer kann man von Schülern, Lehrern, Hausfrauen, Verkäuferinnen, Managern und Firmenbossen hören.

Früher dachte ich, nur Großstädter würden unter massivem Stress leiden. Ich wurde eines anderen belehrt, als ich ein Reiki-Seminar in einem kleinen Dörfchen in der Nähe von Cochem an der Mosel gab. Ich war von der Landschaft – Hügel, bedeckt von Wein, und viele Burgen, mit der mäandernden Mosel – bezaubert. »Hier brauchst du den Menschen nichts über Stress zu erzählen, die haben hier keinen!«, sagte ich mir. Im Seminar wunderte ich mich: Der eine hatte feuchte Hände, der andere konnte keinen Augenkontakt halten, und die dritte zuckte unaufhörlich mit dem Mund. Im Laufe des Seminars erfuhr ich die Ursachen: Die soziale Kontrolle ist auf dem Dorf, wo jeder jeden kennt, viel größer als in der Stadt. Ein Teilnehmer erzählte: »Wenn ich mich längere Zeit über den Gartenzaun hinweg mit einer Nachbarin unterhalte, als einer anderen, die das beobachtet, lieb ist, sind im Dorf Scheidungsgerüchte in Umlauf.« Eine Frau, die ins Dorf ihres Mannes hineingeheiratet und dann gewagt hatte, sich von ihm zu trennen und mit den Kindern in den oberen Stock ihres Hauses zu ziehen, wurde von der Dorfbevölkerung wie Luft behandelt. Diese Beispiele zeigten mir: Stress ist überall!

Stress belastet das Herz, allein in Deutschland gibt es 200 000 Herzinfarkte pro Jahr. Noch vor hundert Jahren starben die Menschen hauptsächlich an den Infektionskrankheiten wie Tuberkulose und Typhus, heute sind die häufigsten Todesursachen Herz-Kreislauf-Erkrankungen und Krebs. Von vielen Ärzten wird Stress als Hauptverursacher dieser Krankheiten angesehen. Wer ständig unter Stress leidet, dessen Herz schlägt schneller und treibt den Blutdruck hoch. Zu hoher Blutdruck führt auf Dauer zu Schäden an Herz und Blutgefäßen. Darüber hinaus werden die Abwehrkräfte geschwächt, und es kann leichter Krebs entstehen.

Zwei Drittel aller Krankheiten, die heutzutage hauptsächlich auftreten, sind direkt oder indirekt durch Stress bedingt. Beispiele: Allergien, Neurodermitis, Bluthochdruck, Magengeschwüre, Herzinfarkt, Asthma, Diabetes, Kopfschmerzen, Migräne und Unfruchtbarkeit.

Stress als Krankheit wurde erstmals 1950 von dem ungarisch-kanadischen Mediziner Professor Hans Selye, führend auf dem Gebiet der Stressforschung, wie folgt beschrieben: »Es handelt sich um Anspannungen und Anpassungszwänge, die einen aus dem persönlichen Gleichgewicht bringen können und bei denen man seelisch und körperlich unter Druck steht.« (Hans Selye, »Stress, Bewältigung und Lebensgewinn«, Piper, München 1974, S. 14)

Stress zu Hause

Schon die Geräuschkulisse, in der die meisten von uns leben, ist eine Quelle negativen Stresses, auch wenn wir uns dieser Belastungen nicht immer bewusst sind. Fast ständig sind wir den Geräuschen von Automotoren und Maschinen ausgesetzt. Der Verkehrslärm von Flugzeugen kommt hinzu, außerdem viele Einzelgeräusche von Computern, Telefonen, Radios, Rasenmähern usw. Wenn wir nachts Verkehrsgeräuschen ausgesetzt sind, ist der Schlaf nicht so tief und erholsam, weil unser Nervensystem durch diese konstanten Störfaktoren belastet wird. Am Morgen wundern wir uns vielleicht, dass wir gereizt, verärgert, frustriert, ängstlich, nervös oder aggressiv sind. Mediziner haben herausgefunden, dass laute Geräusche das Verkleben der Blutplättchen beschleunigen und so langfristig zu chronischer Arterienverkalkung beitragen.

Stress am Arbeitsplatz

Sehr gefährlich ist Stress am Arbeitsplatz, wenn wir ihm fast täglich ausgesetzt sind. Konkurrenz oder Intrigen am Arbeitsplatz – »Mobbing« – können massive Stressfaktoren sein. Mehr als die Hälfte der Angestellten geht mit unguten Gefühlen ins Büro! Die Angst sitzt ihnen im Nacken, dass sie nicht gut genug sind, versagen und den Arbeitsplatz verlieren könnten. Diese Ängste führen gerade zu dem, was man befürchtet, denn nur wenn man entspannt ist, kann Kreativität sich entfalten und unsere intuitive, rechte Gehirnhälfte funktionieren.

Besonders gefährlich ist es, wenn der Stressgeplagte sich noch nicht mal mehr am Wochenende und am Feierabend entspannen und regenerieren kann, weil der Stress zu Hause und zum Beispiel durch ständigen Streit mit dem Partner oder den Kindern weitergeht.

Wie Stress entsteht

Es handelt sich um einen Aktivierungsmechanismus des gesamten Organismus auf alles, was als Anforderung, Bedrohung oder Schaden bewertet wird. Die Nebennieren schießen das Stresshormon Adrenalin ins Blut. Der Sympathikusnerv wird aktiviert und eine blitzartige Mobilisierung aller Körperreserven in Gang gesetzt, Gehirn und Muskeln werden in Alarmbereitschaft versetzt und auf Höchstleistung gebracht. Blutdruck, Puls und Atemfrequenz steigen, und die Verdauungsorgane stellen ihre Arbeit ein. Dieser Angriffs- oder Fluchtreflex war für unsere Urahnen, die Steinzeitmenschen, sinnvoll. Die sofortige Mobilisierung aller körperlichen und geistigen Kräfte ermöglichte ihnen, eine Beute rasch anzugreifen oder schnell das Weite zu suchen. Durch diese körperliche Aktion – flüchten oder angreifen – wurde das Stresshormon wieder abgebaut und der Adrenalinspiegel normalisiert.

Stress ohne die Möglichkeit, ihn abzureagieren

Heute haben wir nicht nur viel mehr Stressfaktoren zu verarbeiten als unsere Vorfahren – Verkehrslärm, Computer, Hektik, Informationsflut und so weiter –, sondern können Stress auch meist nicht mehr körperlich ausagieren. Wie würde wohl unser Chef reagieren, wenn wir bei seiner unseres Erachtens nach ungerechtfertigten Kritik fluchtartig das Büro verlassen oder ihn gar körperlich angreifen würden? Wir wären unseren Job schnell los, weil ein solches Verhalten in unserer Gesellschaft unerwünscht ist. In der Regel bleiben wir sitzen oder stehen und schlucken unseren Ärger hinunter. Unser Adrenalin wird nicht mehr abgebaut, und wenn wir im Laufe des Tages noch weitere Stresssituationen erleben, bringen uns am Abend vielleicht Nichtigkeiten wie ein unaufgeräumtes Kinderzimmer oder ein ebenfalls entnervter Ehepartner »auf die Palme«.

Viele essen Süßigkeiten, um »Dampf abzulassen«, oder greifen zur Zigarette oder zu Alkohol, um sich zu entspannen. Viele Ärzte verschreiben schon Kindern Beruhigungs- und Schlafmittel. Dies ist aber alles keine Ursachentherapie, sondern eine Symptombekämpfung mit manchmal fatalen Nebenwirkungen.

Stresssymptome

Nervosität, Gereiztheit, Unruhe, Herzklopfen, erhöhter Pulsschlag, Abgeschlagenheit, Erschöpfung, Geräuschempfindlichkeit, Stimmungsschwankungen, Wutanfälle, Unlustgefühle, unruhiger Schlaf, Schlaflosigkeit, Schweißausbrüche, Gliederzucken, Verstopfung, Konzentrationsschwäche, Vergesslichkeit, Juckreiz, Leistungsdruck, Aggressivität, Missmut, Unzufriedenheit mit sich und der Welt, Rauchen, übermäßiges Essen und Trinken, kaum Bewegung an frischer Luft, kaum Entspannung.

Wer mehrere dieser Symptome an sich selbst häufig beobachtet, sollte etwas an seiner Lebensführung ändern.

Positiver Stress

Es gibt zum Glück nicht nur negativen »Distress«, der auf die Dauer gesundheitsschädlich ist, sondern auch heilsamen »Eustress«, positiven Stress. Er wird durch erfreuliche Ereignisse wie ein Liebes- oder Naturerlebnis ausgelöst und führt dazu, dass der Körper vermehrt Endorphine, so genannte Glückshormone, ausschüttet. Dadurch fühlen wir uns wie auf Wolken, und das ohne jegliche negative Begleiterscheinungen.

Ein erfolgreiches Programm zur Stressbewältigung muss immer die gesamte Persönlichkeit auf physischer, emotionaler und mentaler Ebene ansprechen.

Das authentische Reiki ist ein sehr erfolgreiches, ganzheitliches Stressbewältigungsprogramm, dessen Wirksamkeit von vielen Tausenden von Menschen weltweit, die mit dieser Technik arbeiten, tagtäglich bestätigt wird.

Neben der Analyse von Stressfaktoren in unserem Leben – zum Beispiel sollten wir unsere persönlichen Beziehungen, unsere Einstellung zum Leben und zu unseren Mitmenschen, unsere Freizeit- und beruflichen Aktivitäten untersuchen – brauchen wir eine Technik, die die Entwicklung von konstruktiven Stressreaktionen unterstützt und uns hilft, die Auswirkungen von negativem Stress abzubauen, wenn wir die Grundreaktionen von Kampf oder Flucht nicht ausleben können, da dies meist gesellschaftlich nicht akzeptabel ist. Reiki bietet eine solche Technik.

Das authentische Reiki versetzt uns in die Lage, uns positiven und negativen Ereignissen in unserem Leben besser anzupassen. Mit der Zeit werden wir körperlich und geistig fitter denn je. Wir erkennen unsere körperlichen Bedürfnisse und genießen es, uns körperlich zu betätigen.

Durch die möglichst tägliche Ganzbehandlung gleichen wir unsere Energien auf allen Ebenen aus und ersetzen verloren gegangene Energien. Wir lernen, ein Gleichgewicht von natürlicher, universaler Energie aufzubauen und zu erhalten. Auf der emotionalen Ebene entwickeln wir Glück, Zufriedenheit, Wohlsein, Begeisterungsfähigkeit, Vertrauen, Optimismus und Spontaneität. Sorgen, Ängste und Niedergeschlagenheit lassen wir immer mehr hinter uns. Unsere Gedanken werden klarer, und wir lösen uns von Vorurteilen und begrenzenden Sichtweisen. Geistig werden wir in höhere Bewusstseinsebenen gelangen, da wir uns immer mehr mit unserer inneren Quelle aus bedingungsloser Liebe, unbegrenzter Kraft und tiefem Frieden verbinden.

Wenn Sie die richtige Einstimmung bekommen haben, kann absolut *nichts* Ihre Fähigkeit, Lichtenergie zu aktivieren, behindern. Sie müssen diese Technik einfach nur anwenden! Sie können mit Reiki immer und überall Stress abbauen und Ihre Einstellung gegenüber Stressfaktoren zum Positiven verändern. Bestimmte äußere Bedingungen in unserem Leben können wir nicht ändern, wohl aber unsere innere Einstellung dazu: ob wir sie negativ und deprimierend erleben oder positiv als Chance zum Wachstum. Mit dem authentischen Reiki bekommen wir die Verantwortung, jederzeit etwas für unser Wohlbefinden tun zu können, buchstäblich in unsere eigenen Hände.

Stressabbau

Bei Stress sollten Sie sich täglich eine Ganzbehandlung geben. Besonders wirksam zum Abbau von Stress sind die erste, zweite und dritte Kopfposition sowie die erste, zweite und dritte Vorderposition und dritte Rückenposition. Bei der ersten und dritten Kopfposition können wir wunderbar abschalten und uns entspannen. Die Wirkung der ersten Kopfposition empfinde ich als besonders tief und meditativ, wenn man sie im Liegen macht, auf der Seite und etwas zusammengerollt (»Embryohaltung«). Mit der zweiten Kopfposition regen wir die Produktion von Endorphinen (»Glückshormonen«) an. Mit der ersten Vorderposition aktivieren wir unser Herzzentrum und lernen zu akzeptieren statt zu resignieren oder zu kämpfen. Dadurch entwickeln wir mehr Vertrauen – in uns selbst, in andere und in das Leben überhaupt. Die zweite und dritte Vorderposition aktivieren und harmonisieren die Energie in unserem Solarplexus-Zentrum. Das Bedürfnis, Personen und Situationen zu kontrollieren oder zu manipulieren, lässt nach. Wir gewinnen mehr Stärke und Selbstvertrauen und reagieren auf Veränderungen und andere Ansichten positiver und flexibler. Die dritte Rückenposition gleicht darüber hinaus vor allem die Funktion unserer Nebennieren aus, die das Stresshormon Adrenalin produzieren. Dadurch reagieren sie nicht mehr auf jeden kleinen Stressfaktor übersensibel mit Hormonausstoß. Wir werden insgesamt gelassener, friedlicher und humorvoller.

Beispiel: Eine Hamburger Lehrerin an einer Schule für lern- und verhaltensgestörte Kinder berichtet: »Für mich sind die kosmischen Symbole des authentischen Reiki eine gute Möglichkeit, meine Klasse in eine Arbeitsphase hineinzuleiten und für eine ruhige Atmosphäre zu sorgen. Auch mitten in Unterrichtsstunden, wenn zum Beispiel ein Kind nicht mehr weiterweiß, sind die kosmischen Symbole ein wunderbares Mittel, verfahrene Situationen aufzulockern.

Oft schon konnte ich Hysterie und Panik durch Reiki weitgehend eindämmen. Aber natürlich habe ich das erst tun können, als ich selbst fähig war, aus einem Energieüberschuss heraus zu agieren. Denn wenn mir diese Energie fehlt, bin ich nicht wach genug, um wahrzunehmen, wo meine Schulkinder Reiki brauchen. Für mich ist deshalb die eigene tägliche Anwendung die Voraussetzung für alles andere. Und wenn ich schwierige Stunden vor mir habe oder komplizierte Gespräche führen muss, arbeite ich natürlich vorausschauend mit dem authentischen Reiki durch Energieausrichten und Einstimmungen, um im kritischen Moment so entspannt wie möglich reagieren zu können.«

Tipps zur Stressreduktion durch bewusste Ernährung

Wir können auch durch unsere Ernährung dazu beitragen, Stresssituationen besser zu bewältigen. Wer bei Stress vor allem »leere« Kalorien wie Weißbrot, Zucker, Pommes frites, Milchprodukte und Fertiggerichte zu sich nimmt, hat nicht die Nährstoffe zur Verfügung, die der Körper zur Produktion des »Glückshormons« Noradrenalin in Stresssituationen braucht. Noradrenalin aktiviert die körpereigenen Opiatsysteme und sorgt dafür, dass Endorphine nur langsam abgebaut werden. Mit Noradrenalin reagieren wir selbst bei Dauerstress gut gelaunt und sind nach harter Arbeit abends angenehm entspannt und zufrieden.

Beispiele für »Anti-Stress-Nahrungsmittel«: Nüsse, Sesam; Gemüse wie Avocados, Sellerie, Paprika, Tomaten; Obst wie Bananen, Ananas, Orangen, Zitronen, Kiwis, Melonen, Aprikosen, Datteln, Papayas und ganz besonders wirksam: die wild wachsende Afa-Alge und Gerstengrassaft (siehe meine Bücher hierzu).

Wenn der Körper nicht ausreichend Nervennahrung bekommt, übernimmt das Hormon Adrenalin ersatzweise die Rolle des Aufputschers. Wir werden zwar auch zu Höchstleistungen fähig, aber ohne Freude. Wir reagieren ängstlich und defensiv und werden am Ende sogar krank.

Aktive Entspannung

Wir können uns auf verschiedene Weise entspannen, zum Beispiel durch ein warmes Vollbad mit beruhigenden Badeessenzen oder durch das Hören von klassischer oder moderner Entspannungsmusik, durch Lesen, Yoga, Autogenes Training oder Meditation. Wer morgens Wechselduschen vornimmt, trainiert nicht nur den Kreislauf, sondern reagiert auch konstruktiver auf Stress und Aufregungen. Entspannend wirken auch Joggen, Radfahren, Körperübungen (beispielsweise »Die fünf Tibeter«), Schwimmen, Tanzen und Wandern.

Urlaub

Statt vieler Kurztrips sollten wir Urlaub lieber an einem Stück, das heißt für mindestens drei Wochen, machen, um Dauerstress abzubauen. Natürlich sollten wir im Urlaub nicht gerade den Großstadtdschungel von New York erkunden, sondern uns in der Natur regenerieren. Sonne, Meeresrauschen und warmer Sand entspannen und beruhigen unsere strapazierten Nerven. Wir sollten uns aber bewusst sein, dass einmal im Jahr Urlaub machen nicht ausreicht, um all den Stress abzubauen, den wir vielleicht schon jahrelang in uns aufgebaut haben. Viele unserer Aktivitäten bringen Stress mit sich, und wenn wir ihn nicht regelmäßig abbauen, altern wir vorzeitig, sind ständig müde (»vegetative Dystonie«) oder werden chronisch krank.

Musik

Eine sehr harmonisierende, entspannende Wirkung auf unser Nervensystem kann Musik haben. So hat der bekannte englische Heiler, Lehrer und Musiker Alexander Aandersan eine sanfte Synthesizermusik mit Chören im Hintergrund komponiert, die im Einklang mit der Schwingung von Lebenskraft in unseren Zellen und geradezu aufgeladen mit Heilenergie ist. Kinder hören auf zu streiten, Blumen wachsen besser und Besucher loben die friedliche Atmosphäre im Raum. Diese Musik hat einen therapeutischen Effekt und wird schon mit Erfolg in vielen Kindergärten, Schulen und Krankenhäusern eingesetzt (Bezugsquelle siehe »Musikempfehlungen«).

Besonders intensiv wirkt eine Ganzbehandlung in Verbindung mit unterstützender Musik. Entspannungsmusik kombiniert mit Reiki befreit uns schnell, preiswert und sehr wirksam von Negativität jeder Art und unterstützt unsere Heilung (siehe »Musikempfehlungen«).

Fünf-Minuten-Entspannungsübung: Wir setzen uns gerade und entspannt hin und legen die Hände mit den Handflächen nach unten auf die Oberschenkel. Wir schließen die Augen und lassen alle Muskeln locker. Wo wir eine Anspannung bemerken, atmen wir Licht und Wärme hin, bis die Spannung sich aufgelöst hat. Wir atmen tief durch die Nase, wobei sich beim Einatmen der Bauch wölbt (Bauchatmung). Eine Weile sagen wir bei jedem Atemzug in Gedanken: »Ich bin entspannt und heiter.« Dann für einige Atemzüge: »Meine Arme fühlen Schwere und Wärme.« Dann: »Meine Beine fühlen Schwere und Wärme.« Und zum Schluss einige Male: »Ich bin jetzt ganz entspannt und angenehm warm. Entspannung ist meine wahre Natur.«

Reiki für Beruf und Karriere

Arbeit ist sichtbar gemachte Liebe.
Und wenn ihr nicht mit Liebe, sondern nur mit
Widerwillen arbeiten könnt, lasst besser eure Ar-
beit und nehmt Almosen von denen, die mit
Freude arbeiten.

KHALIL GIBRAN, *Der Prophet*

Eure Arbeit kann nur dann erfolgreich genannt
werden, wenn sie auf irgendeine Weise euren
Mitmenschen dient.

PARAMAHANSA YOGANANDA, *Das Gesetz des*
Erfolges

Den Idealberuf finden

Reiki hilft uns, eine Tätigkeit zu finden, die wir gern ausüben. Und wenn wir etwas gern tun, engagieren wir uns
und machen es mit Liebe. Es ist scheinbar paradox: Wenn
wir irgendetwas nur machen, um möglichst viel Geld zu
verdienen, werden wir mit dieser Art von Arbeit sicher auf
die Dauer keinen großen Erfolg haben. Wenn wir aber eine
Tätigkeit ausüben, die uns so viel Freude macht, dass wir
diese Arbeit auch machen würden, wenn wir kein oder nur
wenig Geld damit verdienen könnten, ist es sehr wahrscheinlich, dass wir damit entweder sofort oder nach einiger Zeit Erfolg haben werden, was sich auch materiell widerspiegelt.

Jeder Mensch ist mit einzigartigen Talenten ausgestattet.
Die meisten haben jedoch mehr Angst, ihre eigene Großartigkeit zu zeigen, als ihre Schwächen. Eine Tätigkeit acht

Stunden am Tag auszuüben, die uns langweilt oder gar abstößt, macht uns auf Dauer krank. Wir müssen erkunden, wo unsere Talente und damit unsere Aufgaben im Leben liegen, und sie dann leben und erfüllen. Nur so ist wahre Befriedigung möglich.

Das Licht leuchten lassen

Unsere größte Furcht ist nicht, dass wir unzulänglich sind. Unsere größte Furcht ist, dass wir über alle Maßen fähig sind. Es ist unser Licht, nicht unsere Dunkelheit, das wir am meisten fürchten. Wir fragen uns: »Wer bin ich, dass ich brillant, prachtvoll, talentiert und fabelhaft sein könnte?« Nun, wer bist Du, dass es nicht so ist? Du bist ein Kind Gottes. Dich klein zu machen nützt der Welt nichts. Es ist nichts Aufklärendes daran, sich zurückzuziehen, damit andere Menschen sich durch Dich nicht verunsichert fühlen. Wir alle sind aufgefordert, wie die Kinder zu strahlen. Wir sind geboren worden, um Gottes Funken in uns Wirklichkeit werden zu lassen. Er ist nicht nur in einigen von uns, er ist in jedem. Und wenn wir unser eigenes Licht leuchten lassen, geben wir unbewusst anderen Menschen die Erlaubnis, das Gleiche zu tun. Wenn wir uns von unserer eigenen Furcht befreit haben, wirkt unsere Gegenwart befreiend auf andere.

NELSON MANDELA

Ich finde diesen Text von Nelson Mandela sehr inspirierend und empfehle Ihnen, ihn mehrfach zu kopieren und an den Badezimmerspiegel, an den Computer und an anderen Stellen zu befestigen, wo Sie öfter vorbei kommen und ihn lesen.

Wenn wir eine Tätigkeit ausüben, die uns nicht ausfüllt oder wirklich interessiert, können wir mit dem 2. Grad

Energie auf unseren Berufswunsch ausrichten und mit Hilfe unserer Intuition herausfinden, was uns wirklich liegt und was uns am meisten Befriedigung verschafft. Je mehr Freude und Liebe wir in eine Arbeit einfließen lassen, desto erfolgreicher werden wir sein, und auch nach einem langen Arbeitstag können wir uns zufrieden und ausgefüllt fühlen. Yogananda empfiehlt: »Bemüht euch, eure eigentliche Aufgabe, eure Mission im Leben zu erkennen. Versucht, das zu werden, was ihr sein solltet und gern werden möchtet.« (in: »Das Gesetz des Erfolges«). Viele entscheiden sich zur Selbstständigkeit, weil sie bemerkt haben, dass es keinen Chef gibt, der alle ihre Talente und Fähigkeiten erkennt und würdigt. Auch als Selbstständiger hat man Stress und oft eine 50-Stunden-Woche, aber dieser Stress ist selbst produziert und damit viel gesünder als der, den man in einem Angestelltenverhältnis vielleicht noch in untergeordneter Position erlebt.

Wenn wir in den 1. Grad eingestimmt sind, können wir unseren Berufswunsch klären, indem wir unsere Hände auf die Herzposition legen und uns den Beruf, der uns vorschwebt, wie an einer Tafel bildlich vorstellen. Dann spüren wir in uns hinein, wie wir uns körperlich fühlen, und anschließend denken wir wieder an den Beruf. Unser Körpergefühl wird sich immer klarer entweder in Richtung »immer positiver« oder »immer negativer« entwickeln. Wenn wir das authentische Reiki anwenden, sind wir in Kontakt mit einer höheren Intelligenz in uns – unserem Höheren Selbst. Diese Übung können wir immer dann einsetzen, wenn wir eine klare Entscheidungshilfe brauchen.

Wer den 2. Grad erlernt hat, kann auf das Thema »Mein idealer Beruf« Energie ausrichten oder auf einen konkreten Berufswunsch. Damit lassen wir sozusagen unser Höheres

Selbst für uns arbeiten. Wir bekommen dann entweder eine Idee, an die wir manchmal vorher noch gar nicht gedacht haben, oder wir erhalten ein klares Feedback beim Testen eine bestimmten Berufs, und zwar über die emotionale und physische Ebene. Entweder sind wir voller Enthusiasmus, wenn wir an den Beruf denken, oder es fühlt sich schal und unangenehm an. Hilfreich zur Einstimmung in den beruflichen Erfolg ist das Buch von Deepak Chopra, »Die sieben geistigen Gesetze des Erfolgs«.

Beispiel: Eine Seminarteilnehmerin eines Reiki-Kurses, geleitet von Willy Fraefel, war nicht glücklich in ihrem Beruf als Gärtnerin gewesen, hatte dann ins Gaststättengewerbe gewechselt und war dort relativ erfolgreich. Als sie das authentische Reiki kennen lernte, war sie so begeistert, dass sie sich zur Massagetherapeutin ausbilden ließ. Nur durch Mund-zu-Mund-Propaganda hat sie heute eine gut gehende Massagepraxis. Sie arbeitet mit Reiki und Massagetechniken und hat endlich ihre Berufung gefunden.

Beispiel: Ein zuvor handwerklich tätiger Kursteilnehmer hatte sich zum Mentaltrainer ausbilden lassen. Seine beruflichen Erfolge waren jedoch bescheiden. Seit er Reiki praktiziert, ist er immer erfolgreicher. Seine Kursteilnehmer spüren, dass er nun auch sein Herz einsetzt und vorlebt, was er lehrt.

Intelligenzentwicklung

Mit Reiki aktivieren wir unser Gehirn. Psychologen und Mediziner gehen davon aus, dass der Mensch nur etwa ein Drittel seiner Gehirnkapazität nutzt, der größte Teil liegt brach. Vor allem unsere rechte Gehirnhälfte, der Sitz unserer Kreativität, Phantasie und Intuition liegt noch zu einem großen Teil im »Dornröschenschlaf«, und auch die Anzahl der Nervenverbindungen zwischen den beiden Hemisphären, der so genannte »Balken«, ist noch nicht voll entwickelt. Bei Frauen ist dieser »Balken«, die Verbindung zwischen den beiden Gehirnhälften, stärker ausgeprägt als bei Männern. In den USA werden neuerdings Frauen bevorzugt für Führungspositionen und Managerposten eingesetzt, weil sich dort herumgesprochen hat, dass sie bei ihren Entscheidungen nicht nur ihre linke Gehirnhälfte – den Sitz des analytischen, rationalen Denkens – einsetzen, sondern gleichzeitig auch ihre rechte Gehirnhälfte. Damit verbinden sie Intellekt und Intuition, rationales Denken mit ganzheitlicher Sicht, analytisches Denken mit Fantasie und Kreativität.

Zur Entwicklung unserer Intelligenz sollten wir während der Behandlung besonders viel Zeit auf allen Kopfpositionen verbringen und diese Positionen auch immer wieder zwischendurch im Arbeitsalltag anwenden.

Kreativitätsschulung

Die Probleme, die wir uns geschaffen haben, sind vielleicht lösbar, aber nicht mit dem gewohnten eindimensionalen Denken. Ein Problem hat meist nicht nur eine Ursache, sondern ein Bündel von Ursachen, die es bei Entscheidungen gleichzeitig zu bedenken gibt. Unsere Berufswelt und unser Informationsstand ändern sich zu schnell, als dass wir uns allein auf unseren Verstand verlassen könnten. Mit Kreativität und Intuition sind wir an höhere Bewusstseinsebenen angeschlossen. Wir können nur wirklich kreativ sein, wenn wir entspannt sind. Stress und Druck sind Gift für die Entfaltung unserer Kreativität. Hier kann Reiki helfen: als profunde und einfache Technik, um Stress abzubauen und konstruktive Verhaltensmuster für Stresssituationen zu entwickeln, und als eine Möglichkeit, direkt mit unserer Kreativität in Kontakt zu kommen und sie zu entfalten.

Besonders die erste und dritte Kopfposition helfen, Nervenverbindungen zwischen den beiden Gehirnhälften entstehen zu lassen, unsere Intelligenz zu entwickeln und unseren Kontakt mit der intuitiven Ebene auszubauen. Wir können sie auch in Kombination mit der ersten Vorderposition einsetzen, indem wir jeweils eine Hand auf die entsprechende Position legen.

Kreativität ist eine natürliche Energie in uns allen. Sie ist nicht Künstlern, beispielsweise Malern und Schriftstellern, vorbehalten. Kreativität ist die Fähigkeit, schöpferisch tätig zu sein und seine Möglichkeiten im Leben voll auszunutzen. In jedem Beruf und in jeder Beziehung brauchen wir diese Fähigkeit.

Wenn wir unter Stress leiden, ist unser kreativer Fluss blockiert und gehemmt. Massiver, negativer Stress hat einen negativen Effekt auf Körper, Seele und Geist. Wirklich kreativ sein heißt in Kontakt sein mit höheren Bewusstseinsebenen. Nur dann können wir intuitive Gedankenblitze empfangen.

Die Voraussetzung für den Kontakt mit den höheren Bewusstseinsebenen, in denen wir kreativ und ganzheitlich wahrnehmen und denken können, ist Entspannung. Dann kommen uns Einfälle, Inspirationen aus geistigen Ebenen, die uns helfen, so genannte »Dritter-Weg-Lösungen« zu finden, die nicht nur die Interessen einer Partei, sondern die Interessen aller berücksichtigen.

Wenn wir an einem Projekt arbeiten und schnell eine kreative Lösung suchen, sollten wir die zweite und dritte Kopfposition einsetzen. Besonders mit der zweiten Kopfposition bringen wir beide Hemisphären ins Gleichgewicht und verstärken die Verbindung unserer beiden Gehirnhälften. Wir können auch mit der ersten Kopfposition experimentieren, die uns tief entspannen und für Dritter-Weg-Lösungen öffnen kann. Außerdem können die dritte Vorderposition sowie die dritte Rückenposition hilfreich sein, um unsere Kreativität zu steigern. Um uns unserer Kreativität auf allen Ebenen stärker bewusst zu werden, sollten wir ausprobieren, eine Hand auf das Dritte-Auge-Zentrum und die andere auf unser Herzzentrum zu legen.

Beispiel: Eine junge Journalistin hatte ein Baby bekommen. Als allein erziehende und berufstätige Mutter hatte sie anfangs große Probleme, weiterhin erfolgreich als freie Journalistin tätig zu sein. Sie konnte jetzt nur arbeiten, wenn ihr Kind schlief, und nicht, wenn sie gerade eine Inspiration hatte. Nachdem sie den 1. Grad gemacht hatte, brauchte sie nicht mehr zu warten, bis sie sich inspiriert und kreativ fühlte, sondern setzte sich einfach an ihre Schreibmaschine und tippte los. Wenn sie ins Stocken geriet, legte sie eine Weile ihre Hände auf die erste und zweite Kopfposition und war dann selbst manchmal begeistert über die Ideen, die sie hatte.

Während sie vorher ihre Artikel per Hand schrieb und mehrmals korrigierte, bevor sie sie in die Maschine tippte, setzte sie sich jetzt einfach an die Maschine und tippte die Artikel hinein. Die Qualität ihrer Artikel litt unter der neuen Arbeitsweise nicht, im Gegenteil, sie wurden fast ausnahmslos und ohne große Änderungen abgedruckt. Nach einer Weile erlernte die junge Frau den 2. Grad. Ihre Fähigkeit, jederzeit mit ihrer Kreativität in Kontakt zu kommen und diese Energien zu aktivieren, wuchs damit beträchtlich, und sie hatte außerdem in den kosmischen Symbolen, die sie jetzt anwenden konnte, eine zusätzliche Unterstützung für ihre Kreativität.

Hilfreich zur Steigerung von Kreativität ist die Einnahme der wild wachsenden Afa-Alge, weil sie laut Dr. Gabriel Cousens die linke und rechte Gehirnhälfte synchronisiert und schlafende graue Zellen aktiviert.

Beispiel: Willy Fraefel war ein erfolgreicher, forensisch tätiger Anwalt, der von den Gegnern gefürchtet war für seine harte, kompromisslose Vertretung der Interessen seiner Klienten. Ihm ging es stets darum, den Klienten bestmöglich zu helfen. Dann lernte er »zufällig« das authentische Reiki kennen. Er war sofort davon fasziniert, weil er erkannte, dass Reiki ihm und seinen KlientInnen im Beruf viel bringen könnte.

Er besuchte dann bald einen 1.-Grad- und 2.-Grad-Reikikurs. Seitdem arbeitet er täglich intensiv mit Reiki. Schon bald stellte er fest, dass er seine Mandate anders führte: sanfter, intensiver, bewusster, mit anderer Erfolgsausrichtung. »Ich wollte nun nicht mehr einen Sieg für meine MandantInnen, sondern, dass alle Beteiligten Gewinner sein sollten, so, wie es eben für jeden/jede richtig ist. Wohl gehe ich noch vor Gericht, doch sind meine Spezialitäten nun Prozessvermeidung und Beratung in Selbsterkenntnisprozessen. Wenn Leute, die mich aufsuchen, bereit sind, sich in Reiki einstimmen zu lassen, laufen die persönlichen Erkenntnisprozesse bei ihnen viel schneller ab. Die Menschen erkennen den Sinn ihrer Prüfung und können das oft in einem Verfahren ohne gerichtlichen Prozess abschließen.«

Mobbing

Ein Teilnehmer eines 1.-Grad-Kurses mit Willy Fraefel erzählte, er habe Probleme in dem Unternehmen, wo er als Handwerker seit Jahren tätig ist. Sein gutes Verhältnis zu seinem Chef wurde durch einen neuen Mitarbeiter unterminiert. Dieser wollte ihn »ausbooten« und dann später die Stelle des Chefs einnehmen. Willy Fraefel empfahl ihm, die Namen der drei Beteiligten – seinen eigenen, den des Chefs und den des Kollegen – auf einen Zettel zu schreiben und drei Wochen lang täglich mindestens eine Viertelstunde mit Reiki zu behandeln. Der Mann machte sich die Sache noch einfacher, er faltete den Zettel und klebte ihn sich mit einem Klebestreifen in die Handwurzel, sodass er ihn auf dem Weg zur Arbeit bei sich hatte. Nach kurzer Zeit war die Sache bereinigt. Der andere Mitarbeiter verließ die Firma, und nun herrscht zwischen einem neuen Mitarbeiter, ihm und dem Chef das beste Einvernehmen.

Beispiel: Ein Kursteilnehmer war in der Schweiz erfolgreicher Leiter eines Großunternehmens und Politiker. Nach seiner Pensionierung wurde er dazu berufen, ein hoffnungslos desolates staatliches Unternehmen zu sanieren. Niemand gab ihm eine große Chance. Doch mit Hilfe des authentischen Reiki schaffte er es nicht nur, im Parlament erfolgreich Initiativen einzubringen und einiges zu bewirken, sondern es gelang ihm auch, mit eigener Kraft und mit

Hilfe von fähigen neuen Mitarbeitern das Unternehmen so zu sanieren, dass es heute wieder sehr gut dasteht und als Beispiel gilt.

Burnout-Syndrom – Erschöpfung durch Stress

Stress im Arbeitsleben, Arbeitswut (»Workaholic«), Konkurrenzkampf und steigende Anforderungen können zu gravierenden psychosomatischen Beschwerden bis zum völligen Zusammenbruch führen. Es gibt Mentalprogramme, in denen man »Multitasking« lernt, mehrere Dinge auf einmal zu erledigen. Ärzte raten davon ab, weil unser Gehirn nicht darauf eingerichtet ist und es zu »Kurzschlüssen« und sogar Panikattacken kommen kann! »Burnout« bedeutet Erschöpfung auf der körperlichen, emotionalen und/oder mentalen Ebene durch langanhaltenden Stress. Wir sollten erste Anzeichen des Burnout-Syndroms wachsam kontrollieren:

Mangelnde Begeisterung für das, was wir gerade tun; Gleichgültigkeit und Apathie; das Gefühl, dass »alles zu viel« wird; mangelnde Kreativität und Lebensfreude; Verflachung unseres Gefühlslebens und unserer Wahrnehmungen.

Die tägliche Ganzbehandlung hilft uns, Körper, Seele und Geist von innen heraus tief zu entspannen, zu harmonisieren und zu regenerieren und Stress abzubauen. Wenn wir Anzeichen von Burnout bei uns wahrnehmen, sollten wir möglichst täglich zwei Ganzbehandlungen durchführen. Wir sollten darauf achten, uns im Arbeitsleben einige Pausen zu gönnen, in denen wir Reiki anwenden können. Wir können uns auch fragen, ob die berufliche Tätigkeit, die wir ausüben, die richtige für uns ist.

Im akuten Fall ist besonders die erste Kopfposition hilfreich, außerdem die »alternative dritte Kopfposition«, bei der die eine Hand auf der Stirn liegt, die andere gegenüber auf dem Hinterkopf.

Um einem Burnout-Syndrom vorzubeugen, sollten wir im Laufe des Tages besonders viel Zeit auf allen Kopfpositionen verbringen und auch Kombinationen der Kopfpositionen mit der ersten und dritten Vorderposition ausprobieren.

Wer den 2. Grad erlernt hat, kann auch bei akuter Erschöpfung mit dem SHK, gefolgt von dem TKR, arbeiten, indem er eine Hand auf die Stirn, die andere auf den Hinterkopf legt und sich dabei die Symbole vorstellt. Auch die Position zur seelischen Harmonisierung, bei der eine Hand auf dem Dritten-Auge-Zentrum und die andere auf dem Solarplexus-Zentrum liegt, ist im akuten Fall empfehlenswert.

Beispiel: Ein junger Mann hatte zwölf Jahre bei der Bundeswehr gearbeitet. Nun war sein Vertrag ausgelaufen, und er machte eine Umschulung. In Zukunft sollte er für die Kreisverwaltung Genehmigungen für Schwertransporter ausstellen – eine verantwortungsvolle Tätigkeit. Er erzählte: »Ich bin kein Prüfungsmensch und musste in den zwei Jahren Ausbildung jede Menge Tests bestehen. Von den neuen Arbeitskollegen kannte ich niemanden. Außerdem mussten meine Frau und ich wegen meiner neuen Tätigkeit umziehen und hatten keine Bekannten in der neuen Stadt. Wir hatten ein altes Haus gekauft, was ich nebenbei völlig renovierte, und in dieser Zeit stellte sich bei uns auch noch Nachwuchs ein.

Ich war so überfordert, dass ich massive gesundheitliche

Probleme bekam. Mein Kreislauf brach zusammen, meine Nerven versagten, und ich bekam Herzrhythmusstörungen. Ich ging zum Arzt, der mir Beruhigungsmittel verschrieb, die aber bald nicht mehr halfen. Ich versuchte es mit Psychotherapie, was mir aber auch nicht viel brachte. In meiner Not besuchte ich einen Kurs für Autogenes Training, merkte aber, dass auch diese Technik mir nicht wirklich half. Ich probierte es mit Zen-Meditation, fand aber schnell heraus, dass ich dafür nicht geeignet war.

Dann besuchte ich einen Vortrag und ein Seminar über das authentische Reiki, ich lernte den 1. Grad. Intuitiv wusste ich: »Dies ist das Richtige.« Ich gab mir jeden Tag eine Ganzbehandlung, und nach kurzer Zeit ging es mir gesundheitlich wesentlich besser, und die Beschwerden verschwanden mit der Zeit ganz. Ich wurde heiterer, was sich günstig auf den Kundenkontakt auswirkt. Meine Konzentrationsfähigkeit wurde deutlich besser. Ich kann heute in der gleichen Zeit ein viel größeres Pensum als früher bewältigen. Wenn ich an manchen Tagen nicht alles schaffe, mache ich mich nicht mehr verrückt, sondern sage mir: »Morgen ist auch noch ein Tag.«

Durch meine guten Erfahrungen bestärkt, machte ich danach auch den 2. Grad. Mit Hilfe von kosmischen Symbolen kann ich jetzt meine positiven Erlebnisse in der Arbeitswelt noch ausbauen. Ich komme meiner Vorstellung davon, wie ich sein möchte, immer näher: Ich bin ruhig und gelassen, ich lasse mich durch so gut wie nichts aus der Ruhe bringen und habe keine feuchten Hände mehr.

Ich gebe mir jeden Tag mindestens eine Dreiviertelstunde lang eine Ganzbehandlung und arbeite viel mit den kosmischen Symbolen. Von den eineinhalb Stunden Mittagspause nutze ich eine Dreiviertelstunde, um mich zu behandeln. Danach bin ich wieder topfit bis in den Feier-abend hinein. Ich brauche viel weniger Schlaf als früher und komme kaum je vor Mitternacht ins Bett. Das reicht mir völlig. Ich bin im Beruf schon von vielen angesprochen worden, dass ich mich so positiv verändert habe.

Viele Kunden sind nervös. Sie haben Vorurteile gegen-über der Verwaltung und eine negative Einstellung, weil sie einen komplizierten Antrag ausfüllen müssen. Wenn sie dann merken, dass da ein ganz normaler Mensch vor ihnen sitzt, der sich auch menschlich gibt, ist meist das Eis gebrochen. Meine Heiterkeit überträgt sich auf die Kun-den, und es ist ein ganz anderes Arbeiten als vorher.«

Schreiben

Ich kenne viele Menschen, die beruflich schreiben und de-ren Tätigkeit sehr durch die Anwendung von Reiki profi-tiert hat. Intensives Schreiben ist immer eine ganzheitliche Erfahrung, in die Körper, Seele und Geist eingebunden sind und unsere Ausstrahlung hineinfließt. Während wir uns im kreativen Prozess des Schreibens befinden, können wir ganz bewusst auf unsere Worte und die Botschaft, die wir mit ihnen vermitteln, achten.

Wenn wir Reiki täglich anwenden, können wir unsere Wahrnehmung der inneren Bedeutung, der Energie hinter unseren Worten, vertiefen. Wir können besonders lange Zeit in Meditation mit den Kopfpositionen zwei und drei und den Vorderpositionen eins und drei verbringen.

Beispiel: Als ich meine journalistische Arbeit begann, schrieb ich vor allem kritisch über kommunal- und wirt-schaftspolitische Themen. Nachdem ich einige Jahre Reiki praktiziert hatte, merkte ich, dass sich nicht nur mein Schreibstil verändert hatte, sondern auch die Themen, über die ich schrieb. Ironie war mir völlig fremd geworden, und ich merkte, dass negative Kritik mich selbst schwächte. Ich stellte fest, dass meine Artikel umso besser waren, je stärker ich mich selbst mit dem Thema, über das ich schrieb, identifizieren konnte. Meine Begeisterung sprang offenbar auf die Leser über. Ein Artikel über eine ökologisch-ganzheitlichen Ferienclub löste eine Lawine von mehr als siebenhundert Anfragen aus! Als freie Journalistin konnte ich bestimmte Themen ablehnen und machte auch regen Gebrauch davon, bis ich begann, selbst aktiv zu werden und mir eigene Themen zu suchen.

Sprechen

In fast allen Berufen sprechen wir miteinander, erklären Dinge, geben Informationen mündlich weiter. In vielen Berufen, so als Lehrer oder Manager, reden wir zu Gruppen von Menschen oder halten Referate und Vorträge. Reiki ist eine wertvolle Hilfe, die Energie in unserem Halszentrum, dem Zentrum unserer verbalen Kommunikation, zu harmonisieren und sie mit der Schwingung von Ganzheitlichkeit und Harmonie in Einklang zu bringen.

Gerade im Bereich Erziehung und Menschenführung ist es wichtig, Ideen und Informationen auf eine immer neue, frische und authentische Art und Weise zu vermitteln, um glaubwürdig zu sein und begeistern zu können.

Wenn wir uns täglich eine Ganzbehandlung geben, erweitern wir auf natürliche Weise unsere Fähigkeit, das zu sagen, was wir möchten. Wir sagen es dann auf eine Art und Weise, wie es auch verstanden und angenommen werden kann. Je mehr wir uns mit universaler Energie versorgen, desto mehr Selbstbewusstsein gewinnen wir, wir selbst zu sein und unsere Persönlichkeit in das, was wir sagen, einzubringen. Menschen sind nicht an Theorien interessiert, sondern an Menschen. Wir aktivieren während der Direktbehandlung universale Energie, die ausgleicht, zentriert und beruhigt. Wir können auch direkt unsere Hände auf unser Halszentrum legen und so unsere Stimme mit universaler Kraft anreichern oder eine Hand auf das Herzzentrum und die andere auf das Halszentrum legen. Die Schwingung unserer Stimme wird dadurch wohlwollender und harmonischer. Wer den 2. Grad erlernt hat, kann auch beim Sprechen mit dem TKR-Symbol arbeiten, oder im 3. Grad mit Einstimmungen und einem zusätzlichen Symbol.

Lernen

Überall lesen und hören wir, dass für beruflichen Erfolg lebenslanges Lernen notwendig ist. Viele ältere Menschen tun sich schwer damit. Mit dem authentischen Reiki wecken wir das innere Kind in uns und bekommen Selbstbewusstsein, Lust auf Neues und werden flexibler. Es ist empfehlenswert, Reiki bei allen Kursen zu verwenden, die wir besuchen, wie NLP, Mentaltraining, Shiatsu, Bachblüten, Radiästhesie, Sprachkurs und so weiter. Sie werden erfahren, dass Sie schneller, intensiver und nachhaltiger lernen und das Gelernte viel schneller und besser umsetzen können. Willy Fraefel nennt Reiki ein »Allerweltsmittel mit vorbehaltloser Erfolgsgarantie«!

Ausstrahlung

Untersuchungen haben ergeben, dass Lachen unsere Karriere fördert. Häufiges Lachen und Lächeln signalisiert, dass wir weniger als andere unter Stress leiden und offenbar leistungsfähiger und belastbarer sind. Chefs, die lachen können, erwecken Vertrauen und motivieren ihre Mitarbeiter, wie Betriebspsychologen herausgefunden haben. Die Muskelbewegungen beim Lachen stärken Herz und Immunsystem, senken zu hohen Blutdruck und bauen, ähnlich wie Jogging, Stress ab.

Um mehr Freude und Leichtigkeit zu entwickeln, um loszulassen und etwas mit Abstand betrachten zu können, sollten wir uns jeden Tag eine Ganzbehandlung geben und längere Zeit auf der dritten Kopfposition und/oder ersten Vorderposition verbringen. Wenn wir unsere Hände beim Lachen auf die dritte Vorderposition legen, wird es intensiver. Wir spüren, dass wir Lebensfreude in uns tragen, und lassen unser Lachen immer mehr zu. Frauen, die viel herzlich lachen, sind beruflich und privat erfolgreicher als andere.

Selbstbewusstsein und Blickkontakt

Im beruflichen Alltag haben schüchterne Menschen es schwer, sich durchzusetzen. Egal in welchem Beruf wir arbeiten, es ist wichtig, sich selbst auch »verkaufen« zu können, sich positiv darzustellen. Mit Hilfe von Reiki können wir unser Selbstbewusstsein aufbauen und uns entspannen, sodass wir mehr Selbstvertrauen ausstrahlen. Um überzeugend zu wirken, ist die Fähigkeit, jemandem direkt in die Augen schauen zu können, sehr wichtig. Damit geben wir unserem Gesprächspartner das Gefühl, präsent zu sein, nichts verbergen und nicht ausweichen zu müssen.

Ganzheitlich schauen

Wir können uns angewöhnen, unserem Gegenüber in beide Augen gleichzeitig zu schauen. Das klingt selbstverständlich, aber wenn wir uns bewusst beobachten, stellen wir fest, dass wir meistens ein Auge des anderen fixieren. Dadurch verspannen wir unsere Sehachsen und sehen unser Gegenüber nicht ganzheitlich: Wir kommunizieren nur mit einer Gehirnhälfte.

Wir können gemeinsam mit unseren Kindern üben, »ganzheitlich zu schauen«, einander in beide Augen gleichzeitig zu blicken. Dabei sind wir auch stärker auf »Empfang« eingestellt und nehmen viel mehr von der Ausstrahlung des anderen wahr. Wir können diesen ganzheitlichen Blick lernen, wenn wir die »Herzen-verbinden-Übung« miteinander machen. Wem das zu nah erscheint, der kann erst einmal allein üben, indem er einen Handspiegel vor sich auf den Tisch stellt, sich in beide Augen gleichzeitig schaut und den Abstand zum Spiegel mit der Zeit verringert.

Mit diesem sanften, ganzheitlichen Blick entspannen und kräftigen wir nicht nur unsere Augen, sondern erweitern auch unsere Sichtweise, indem wir immer mehr von der Ausstrahlung unseres Blickpartners wahrnehmen. Diesen Blick können wir auch mit Erfolg bei Haustieren und Tieren im Zoo einsetzen, die diese Art, angeschaut zu werden, zu genießen scheinen. Überhaupt können wir uns grundsätzlich dieses ganzheitliche Schauen angewöhnen und werden sehr davon profitieren.

Wer den 2. Grad erlernt hat, kann sich vorstellen, TKR-Symbole aus seinen Augen in die Augen des Gesprächspartners hineinfließen zu lassen (ohne mit dem Kopf zu wackeln) oder die Gesprächssituation mit Hilfe des SHK-Symbols auf der emotional-mentalen Ebene zu harmonisieren. Wer den 3. Grad erlernt hat, kann Gesprächssituationen durch Einstimmungen harmonisieren.

Um unser Selbstbewusstsein zu steigern, sollten wir besonders lange Zeit auf den Kopfpositionen eins und drei, den Vorderpositionen eins und drei und der Rückenposition drei verbringen, auch im akuten Fall, wenn wir einen Mangel an Selbstbewusstsein in uns wahrnehmen.

Gedächtnis

Vielfach funktioniert unser Gedächtnis gerade dann nicht, wenn wir es brauchen, nämlich in Stress- und Prüfungssituationen. Stress kann uns soweit blockieren, dass wir keinen Zugang mehr zu unserer »Datenbank« haben. Die Radiance Technik hilft uns dabei, uns zu entspannen und unser Gedächtnis zu schärfen. Das Kurzzeit- wie das Langzeitgedächtnis werden verbessert, sodass wir Informationen auch noch nach längerer Zeit zur Verfügung haben.

Um das Gedächtnis zu verbessern und Informationen schneller und direkter abrufen zu können, werden besonders die ersten drei Kopfpositionen auch im akuten Fall empfohlen.

Der Drei-Minuten-Power-Atem

Wenn wir dreimal täglich jeweils zehnmal für etwa drei Minuten auf eine bestimmte Art atmen, werden wir den ganzen Tag mehr Energie zur Verfügung haben. Diese Atemtechnik aus dem Yoga können wir auch immer wieder zwischendurch machen, wenn wir uns angespannt fühlen oder mehr Energie brauchen. Wir reinigen damit unsere Lymphflüssigkeit, reichern unser Blut mit Sauerstoff an und nehmen vermehrt »Prana«, feinstoffliche Schwingung oder Licht, aus der Luft auf.

Sitzen Sie entspannt und aufrecht. Atmen Sie ein, und halten Sie den Atem viermal so lange an, wie Sie für das Einatmen gebraucht haben. Dann atmen Sie doppelt so lange aus, wie Sie eingeatmet haben. Das ist alles. Das Verhältnis sollte immer eins (Einatmen) zu vier (Atem anhalten) zu zwei (Ausatmen mit offenem oder geschlossenem Mund) sein.

Wir können diese Übung auch »nebenbei« machen, wenn wir in der S-Bahn sitzen, zur Schule gehen, joggen oder schwimmen. Diese Übung schenkt uns neben den fünf »Tibetern« und der ersten Kopf- und Solarplexus-Position des authentischen Reiki bei einem Minimum an zeitlichem Aufwand ein Maximum an Energie in kürzester Zeit. Probieren Sie es selbst aus!

Reiki mit Tieren

Liebe die Tiere: Gott hat ihnen die Anfänge von Gedankenkraft und reiner Freude geschenkt. Bereite ihnen daher keine Probleme, quäle sie nicht, beraube sie nicht ihrer Freude, richte dich nicht gegen den Willen Gottes.

DOSTOJEWSKI

Alle Lebewesen, so auch Tiere, profitieren von der Lichtenergie, die durch Reiki aktiviert wird. Es macht sehr viel Freude, Haustiere und andere Tiere zu behandeln, und sie alle reagieren auf ihre Art von innen heraus auf Lichtenergie. Indem wir es behandeln, schaffen wir eine tiefe innere Verbindung zwischen uns und unserem Haustier. Wenn wir wilde oder ungezähmte Tiere behandeln möchten, empfiehlt es sich, den 2. Grad zu erlernen. Wir können mit den Techniken, die wir im 2. und 3. Grad lernen, auch Tierarten helfen, die vom Aussterben bedroht sind, weil die Menschen ihre Verbundenheit mit »Bruder Tier« (Franz von Assisi) vergessen haben.

Nicht nur Menschen, sondern auch Tiere sind von der Verschmutzung unserer Atemluft, des Trinkwassers und der Nahrung betroffen. Durch das enge Zusammenleben mit den Menschen leiden Tiere zunehmend an denselben Krankheiten wie wir. Manche Haustiere leiden an Heuschnupfen und anderen Allergien. Viele Hunde und Katzen entwickeln in fortgeschrittenem Alter gutartige oder bösartige Geschwülste. Es hat schon fast Seltenheitswert, wenn ein Haustier an Altersschwäche stirbt. Durch den

Autoverkehr und unser hektisches Leben leiden auch unsere Haustiere oft unter Stress mit all seinen negativen Auswirkungen auf das Immunsystem und die Gesundheit. In den USA gibt es bereits Haustierpsychologen, die emotional belasteten und gestressten Tieren helfen. In Deutschland lassen sich immer mehr Tierheilpraktiker nieder, die ganzheitliche Heilmethoden wie Homöopathie, Bachblüten und das authentische Reiki mit Erfolg einsetzen.

Haustiere

Energiezentren

Auch Tiere haben Energiezentren, und ihre inneren Organe liegen etwa an den gleichen Stellen wie die unsrigen. Da die meisten Tiere kleiner sind als wir, dauert eine Ganzbehandlung nur einen Bruchteil unserer Behandlungsdauer.

Wir können unseren Haustieren eine Ganzbehandlung geben und zusätzliche Zeit auf Stellen verbringen, an denen das Tier Probleme hat. Wenn es direkte Berührung nicht mag, können wir es mit Abstand behandeln, während es schläft. Man kann sein Haustier auch am Anfang wie gewohnt streicheln und die Hände für kurze Zeit auf bestimmten Positionen ruhen lassen, um es so daran zu gewöhnen.

Bei der ersten Kopfposition sollten wir vorsichtig sein, da die Augen bei einigen Tieren wie Katzen zum Verteidigungssystem gehören und das Tier irritiert und ängstlich reagieren kann, wenn es plötzlich nichts mehr sieht. In diesem Fall legen wir einfach unsere Hände auf die dritte

Kopfposition, den Hinterkopf. Die Energie geht dann durch den Kopf hindurch und erreicht damit auch Augen und Nase sowie das Dritte-Auge-Zentrum.

Oft kommen auch fremde Katzen und Hunde auf uns zu und lassen sich behandeln, besonders, wenn sie gesundheitliche Probleme haben. Bei offenen Wunden oder Entzündungen halten wir die Hände selbstverständlich in einem Abstand von einigen Zentimetern über die betroffene Stelle. Oft trollen sich die Tiere nach einer Weile von selbst, wenn sie »genug« Energie bekommen haben. Manchmal sind Herrchen oder Frauchen erstaunt, dass ihr Hund oder ihre Katze so zutraulich zu Fremden ist. Tiere sind sehr sensibel für die Ausstrahlung eines Menschen, und sie nehmen offenbar die unterstützende Energie wahr, die von uns und unseren Händen ausgeht.

»Fremdeln« nach Reiki-Seminaren

Vielfach berichten Teilnehmer eines 1.-Grad-Seminars, dass ihre Haustiere nach der ersten Einstimmung, die sie bekamen, anders auf sie reagierten als sonst. Manche Tiere sind anfangs etwas irritiert oder gar ängstlich, weil sich die Ausstrahlung von Frauchen oder Herrchen geändert hat und sie erst einmal begreifen müssen, dass es sich noch immer um dieselbe Person handelt. Später sind sie jedoch meist noch anhänglicher und verschmuster als zuvor. Tiere, die sich vorher nicht oder nur ungern anfassen und streicheln ließen, werden zutraulicher.

Futter und Trinkwasser energetisieren

Wir können selbstverständlich auch das Futter und Trinkwasser unserer Schützlinge behandeln, indem wir einige
Minuten unsere Hände darüber halten. Damit erhöhen wir
die Schwingung der Nahrung, wir aktivieren sie mit Lebenskraft und reinigen sie von negativen Schwingungen.
Selbstverständlich sollten wir uns um artgemäßes Futter
bemühen und daran denken, dass wilde Tiere, die alles roh
fressen, kaum krank werden. Ich mache zum Beispiel sehr
gute Erfahrungen mit Frischfleisch aus Bio-Anbau für unsere Katzen, angereichert mit Kräuterpulver und Knochen-
mehl. Auch Haustiere können an BSE erkranken, und wir
sollten auf tiermehlfreies Futter aus Bio-Anbau achten.
Eine Haaranalyse unserer Katzen erbrachte hervorragende
Werte. Fleisch- und Fischfresser stehen am Ende der Nah-
rungskette und sollten nicht unnötig mit Schwermetallen
oder Pestiziden belastet werden.

Katzen

Wir haben eine fünfjährige Balinesen-Katze, Benita, und
einen einjährigen Kater, Valentin. Täglich erwarten wir
Katzenjunge. Ich rede mit den Katzen und habe oft das Gefühl, sie verstehen mich und antworten mir durch Gedanken oder Bilder. Ich fühle mich besonders mit Benita sehr
verbunden. Wenn ich nur denke: »Wo bist du?«, kommt sie
hergelaufen. Das nennt man »telepathischen Kontakt«.
Wenn Sie abends neben mir einschläft, spüre ich intensiv
die Einheit mit ihr. Es ist, als wenn unsere Auren miteinander verschmelzen und wir zusammen ein vibrierendes,
starkes Kraftfeld bilden. Ich bekomme ganz viel Energie

von Benita, und sie tröstet mich, wenn ich einmal traurig bin. Valentin geht auf jeden Besucher vertrauensvoll zu und schmust mit ihm. Eine Freundin, die unsere Katzen im Urlaub betreute, meinte anschließend: »Valentin hat therapeutischen Wert!«

Es gibt heute wunderbare Bücher, die uns Anregungen für eine bewusstere spirituelle Partnerschaft mit Haustieren geben und unser Bewusstsein dafür erweitern, wer sie wirklich sind. Nach Kate und Patrice Mattelon inkarnieren sich Haustiere, um Menschen bedingungslose Liebe zu lehren und sie zurück zur Liebe zu führen (»Spirituelle Partnerschaft mit Haustieren«, Integral-Verlag). Alle Tiere können uns Geduld, Demut, Liebe und Leben im Hier und Jetzt zeigen. Katzen können uns vor allem Harmonie und inneres Gleichgewicht vermitteln. Außerdem haben sie, wenn sie gesund und emotional ausgeglichen sind, die Fähigkeit, bei Menschen emotionale und physische Unausgeglichenheiten zu lösen. Mattelon: »Katzen sind außergewöhnliche Heiler.«

Katzen werden oft sterilisiert und Kater kastriert, damit sie sich nicht vermehren können. Wir können ihnen helfen, sich schneller von der Operation zu erholen, indem wir ihnen die Hände auflegen. Wenn wir sie intensiv mit Reiki behandeln, erholen sie sich etwa doppelt so schnell von Eingriffen wie ohne diese Unterstützung. Wer den 2. Grad hat, kann auch schon vorher Energie auf die Operation ausrichten. Rollige Katzen werden ruhiger und »gelassener«, wenn sie in dieser Zeit viel Lichtenergie bekommen.

Hunde

Sie können wir beim Streicheln und Schmusen mit Reiki behandeln. Wenn unser Hund anfängt, es sichtlich zu genießen, dass wir unsere Hände für einige Momente auf ihm ruhen lassen, können wir es auch mit bestimmten Positionen versuchen. Auch bei Hunden sollten wir mit der ersten Kopfposition vorsichtig sein, weil auch bei ihm die Augen zum Überlebenssystem gehören und wir unser Tier nicht in Panik versetzen wollen. Stattdessen machen wir die Hinterkopfposition länger.

Nach den Mattelons ist die spirituelle Botschaft der Hunde reine bedingungslose Liebe. Durch einen Chakrenaustausch von Liebe zwischen Solarplexus-Zentrum im Hund und Herzzentrum im Menschen wird unsere Liebe zu uns selbst und zu anderen gestärkt. Durch diesen Austausch von Liebe wächst Verständnis und Partnerschaft im Menschen wie im Hund. Menschen, die mit einem Hund zusammenleben, bleiben länger gesund und leben länger. Immer mehr Seniorenheime erlauben daher ihren Bewohnern, Haustiere mitzubringen. Es gibt auch schon Menschen, die mit ihren Hunden von Altersheim zu Altersheim fahren, damit die alten Menschen Hunde streicheln können. Wenn wir Haustiere streicheln, wird die Produktion von Glückshormonen angekurbelt und unser Immunsystem gestärkt.

Eine Hundesitterin schrieb mir über ihre Erfahrungen mit Reiki bei Hunden: »Bei der Behandlung von Hunden hatte ich schon große Erfolge. So konnte ich bei einem kleinen Cairn-Terrier, den wir in Betreuung hatten, schwerste Hustenattacken beseitigen. In dieser Krankheitssituation ließ er sich gern behandeln, weil er spürte, wie viel besser es ihm danach ging. Die Tierärztin hatte ihn vorher mit Cortison behandelt, was eine Verbesserung seines Krankheitsbildes nur für fünf Tage gebracht hatte. Mit den Behandlungen im authentischen Reiki konnte ich eine dauerhafte Besserung und Heilung erzielen.«

Zwei Seminarteilnehmer berichten, dass ihr achtjähriger Labrador, der früher unter der schmerzhaften Dysplasie litt, keine Beschwerden mehr zeigt, seitdem sie den 1. Grad haben und ihn mit Zärtlichkeiten überschütten. Der Tierarzt ist sprachlos, weil diese Krankheit eine Verschleißerscheinung ist und im Allgemeinen immer schlimmer wird.

Pferde

Monthy Roberts, ein bekannter »Pferdeflüsterer« aus den USA, schärfte auch bei uns das Bewusstsein dafür, dass Pferde kooperationsbereit sind und sich nach Freundschaft mit dem Menschen statt Unterdrückung und Demonstration von Macht sehnen. Viele seiner Landsleute lachten ihn in den fünfziger Jahren aus und verspotteten seine Zureitemethoden. Doch die Erfolge gaben ihm Recht. Seine Methode »Join-up« wird heute sogar erfolgreich in Management-Seminaren für den zwischenmenschlichen Umgang praktiziert.

Pferde sollen die spirituelle Aufgabe haben, uns Vertrauen zu lehren. Viele Menschen jedoch denken, dass Reiten und Arbeiten mit Pferden auf Dominanz und Kontrolle beruhen muss. Pferde werden im Durchschnitt alle vier Jahre verkauft. Viele Pferde müssen damit auf eine besondere, lebenslange Beziehung zu einem Menschen verzichten, wonach sie sich nach den Mattelons so sehr sehnen.

Menschen, die ihr Pferd lieben und eine liebevolle, vertrauensvolle Beziehung zu ihm aufgebaut haben, berichten mir, dass sie ein tiefes Gefühl der Einheit mit ihm erleben, oft begleitet von Ekstase und Glückseligkeit. »Es ist der Himmel auf Erden«, so drückt es eine Freundin aus, die ein Pferd besitzt. Sie fühlt sich Gott nahe, wenn sie mit ihrem Pferd zusammen ist.

Durch das authentische Reiki können wir unsere innere Verbindung zu Pferden stärken und unsere Beziehung zu ihnen immer mehr genießen. Wenn sie gesundheitliche Probleme haben, können wir ihnen wirksam helfen.

Eine Freundin, die mehrere Pferde besitzt, erzählte, dass sich ihre Tiere mit Hilfe des authentischen Reiki viel schneller von den gefürchteten Koliken befreien können, was sich schnell auch bei anderen Pferdebesitzern in ihrem Reiterhof herumgesprochen hat. Koliken gelten als die Todesursache Nummer eins bei Pferden und sind für die Tiere äußerst schmerzhaft. Bei einer Kolik legt sie dem Pferd beide Hände auf die Stelle zwischen Rippenbogen und Flanke. Oft ist das Tier schon schweißgebadet, mit aufgeblähtem Bauch und herausquellenden Augen. Herzschlag und Atemfrequenz sind durch den Schock etwa doppelt so schnell wie normal. Meist können die Pferde vor lauter Schmerzen nicht mehr aufstehen, der Muskeltonus ist erschlafft, und sie rollen sich nur noch von einer Seite zur anderen, in dem verzweifelten Bemühen aufzustehen. Meine Freundin hat den 2. Grad und wendet kosmische Symbole zur Verstärkung und Harmonisierung auf der seelischen Ebene an. Oft spürt sie schon nach wenigen Minuten, wie sich die Eingeweide im Bauch unter ihren Händen entspannen. Gleichzeitig entweichen aus After und Maul des Pferdes mehrere Male große Mengen übel riechender Gase. Sie setzt die Behandlung noch für mindestens zehn Minuten fort, und häufig ist dem Tier anschließend nichts mehr anzumerken: Es ist gesund und fit, als sei nichts gewesen.

Zur Beruhigung kann man Pferden die Hände auf die Stirn legen. Wenn sie erkältet sind, hilft die Position zwischen den Vorderbeinen. Pferde können sehr sensibel reagieren, wenn ihr Besitzer gerade die Einstimmungen des 1. oder 2. Grades gemacht hat.

Eine Teilnehmerin aus Oldenburg erzählte, dass sie nach dem Seminar freudestrahlend den Stall aufmachte und mit ihrem Araber-Pferd »schmusen« und Lichtenergie teilen wollte. Ihr ansonsten zutrauliches Pferd drehte sich um und keilte aus, sodass sie ihren Arm zwei Wochen in einer Schlinge tragen musste. Es hatte sie offenbar im ersten Moment nicht als seine Bezugsperson wieder erkannt. Kurz darauf war der Hengst zärtlicher und anhänglicher als je zuvor. Es empfiehlt sich also, sich seinem Pferd nach einem Seminar langsam zu nähern, sich erst einmal beschnuppern zu lassen und leise mit ihm zu reden, um wieder ein Gefühl des Vertrautseins aufzubauen.

Stress bei Haustieren

Um einem Tier, das aufgeregt oder gestresst ist, sofort zu helfen, hat sich die »alternative dritte Kopfposition« bewährt: Wir legen eine Hand auf das Dritte-Auge-Zentrum, die andere auf den Hinterkopf. Wer den 2. Grad hat, kann dabei mit dem SHK-Symbol, gefolgt vom TKR-Symbol, arbeiten, und wer den 3. Grad erlernt hat, mit Einstimmungen. Hilfreich ist auch die Position zur Harmonisierung auf der emotional-mentalen Ebene: eine Hand auf den Solarplexus, die andere auf das Dritte-Auge-Zentrum.

Im akuten Fall, zum Beispiel bei Verletzungen, legen wir die Hände auf oder über die betroffene Stelle und schließen die vorgeschlagenen Positionen zur Harmonisierung der seelischen Ebene an.

Ein neues Haustier bei sich aufnehmen

Das authentische Reiki kann uns helfen, ein neues Tier in unserem Zuhause heimisch werden zu lassen. Besonders, wenn wir schon ein Tier haben, ist es manchmal schwer für ein neues, sich einzuleben, und für das alte, den Neuling zu akzeptieren. In diesem Fall arbeiten wir vor, wenn wir den 2. Grad haben, und richten auf den Einzug unseres neuen Schützlings und das harmonische Verhältnis mit dem »alteingesessenen« Haustier Energie aus. Wenn wir den 3. Grad erlernt haben, können wir beiden Tieren Einstimmungen geben. Wenn der Neuling zu Hause ist, können wir beide Tiere mit kosmischen Symbolen – dem SHK-Symbol, gefolgt von dem TKR-Symbol – auf der emotionalen Ebene begleiten, sie entspannen und beruhigen.

Bei Katzen und Hunden hat sich bewährt, die Herzen beider miteinander zu verbinden, indem wir eine Hand auf das Herzzentrum eines der Tiere legen. Erfahrungsgemäß akklimatisieren sich Tiere bei intensiver energetischer Unterstützung durch Reiki meist innerhalb von vierundzwanzig Stunden, was sich darin zeigt, dass beide Tiere miteinander spielen und am gleichen Platz schlafen, ein Prozess, der ohne diese Unterstützung oft mehrere Wochen dauert. Manchmal freunden sich die Tiere sogar gar nicht miteinander an. Wir hatten die damals vierjährige Katze Benita schon sechs Wochen lang, ehe Valentin,

3 Monate alt, zu uns kam. In kürzester Zeit hatte Benita »Valentin« adoptiert und ließ ihn an einer Zitze nuckeln. Die Züchterin war überrascht, sie hatte uns auf eine Eingewöhnungszeit von »mindestens vier Wochen« vorbereitet.

Tierarztbesuche

Bei Tierarztbesuchen wirkt Reiki sehr unterstützend. Wer den 2. Grad hat, kann schon Tage vorher Energie darauf ausrichten. Damit harmonisieren wir die Situation und vermitteln dem Tier Entspannung und Vertrauen. Viele Tiere geraten schon auf dem Weg zum Tierarzt in Panik. Diese Angst kann sich noch steigern, wenn sie im Wartezimmer fremden Tieren begegnen. Mit dem authentischen Reiki können wir solche Reaktionen auffangen und harmonisieren. Während unser Tier untersucht wird oder zum Beispiel eine Spritze bekommt, können wir es halten und berühren. Wir können zusätzlich mit kosmischen Symbolen arbeiten, wenn wir den 2. Grad haben, oder ihm Einstimmungen geben, wenn wir diese Technik im 3. Grad gelernt haben.

Tod und Sterbeprozess bei Tieren

Selbst wenn unser Liebling eingeschläfert werden muss, ist das authentische Reiki eine große Hilfe. Sie hilft dem Tier, friedvoll einzuschlafen, und uns, loszulassen und den Tod unseres Schützlings als eine Geburt in eine neue Existenz ohne Schmerzen dankbar anzunehmen. Auch Tiere haben, wie wir, eine unsterbliche Seele, und mit der kommen wir mehr in Kontakt, wenn wir Reiki praktizieren. Wir können unser Haustier mit Hilfe unserer Hände, kosmischer Symbole und Einstimmungen in eine andere Existenz begleiten und die Freiheit seiner Seele von ihrer Gebundenheit im Körper feiern.

Wenn wir im Zusammenhang mit dem Sterbeprozess Gefühle wie Wut, Schuld, Trauer oder Niedergeschlagenheit erleben, ist Reiki eine großartige Hilfe, diese Gefühle zuzulassen, sie zu beobachten und durch diese Erfahrung spirituell zu wachsen, indem wir unser Herz öffnen. Es ist zum Beispiel ein wirklicher Wachstumserfolg, wenn wir akzeptieren können, was geschieht, und gleichzeitig nicht in Schuldgefühlen und Vorwürfen – uns selbst oder dem Tierarzt gegenüber – gefangen sind, sondern die Erfahrung ohne Bewertungen zulassen und durch sie hindurchgehen. Wir erkennen, dass sowohl die Geburt als auch der Tod zum Leben gehören, und dass es in Wirklichkeit kein »Ende« gibt. Beide Phasen sind Aspekte eines ganzheitlichen Lebensprozesses mit großem Transformationspotenzial. Die Mystiker sagen: »Die Geburt ist ein Tod, und der Tod ist eine Geburt.« Mit dem authentischen Reiki haben wir die Möglichkeit, den Sterbeprozess unseres geliebten Haustieres ohne Angst zu erfahren und unsere Trauer bewusst zu durchleben. Vielleicht werden wir uns im Moment des Todes sogar zu einem Bewusstsein von Freude, Dankbarkeit und Ekstase aufschwingen.

Einstimmungen für Haustiere

Ich kenne viele Tiere, die in den 1. oder 2. Grad eingestimmt sind. Es ist ein besonderes Erlebnis, diese Tiere zu beobachten, mit ihnen zu spielen oder mit ihnen unter einem Dach zu leben. Ich habe beobachtet, wie Hunde und

Katzen die Pfoten auf Frauchen oder Herrchen legten und sie sich gegenseitig behandelten.

Auf den inneren Ebenen und in Bezug auf höheres Bewusstsein sind wir alle miteinander verbunden. Mit dem authentischen Reiki haben wir eine Möglichkeit, die Tür zu dieser inneren Verbindung zu öffnen und tiefe Erfahrungen mit der inneren Verbundenheit allen Lebens zu machen.

Haustiere können auf allen Ebenen sehr von den Einstimmungen in den 1. oder 2. Grad profitieren, und unsere Verbundenheit mit ihnen kann dadurch auf den inneren Ebenen noch vertieft werden. Sie werden im Allgemeinen seelisch ausgeglichener, verschmuster, und ihr Immunsystem wird gestärkt.

Tiere helfen Menschen

Katzen und Hunde können durch ihre Lebendigkeit und bedingungslose Zuwendung die Lebensqualität und Lebenserwartung von Senioren erhöhen – Katzen können für autistische Kinder hilfreich sein, wenn sie sie halten und streicheln. Die Arbeit mit Pferden hat geistig und körperlich behinderten Kindern viel Selbstbewusstsein und Geschicklichkeit geschenkt. In Florida experimentiert man mit Delfinen als Therapeuten für Kinder und hat erstaunliche Heilungserfolge damit erzielt. Die Meeressäuger scheinen die Bedürfnisse der Kleinen genau zu kennen und sich ihrer Rolle als Helfer bewusst zu sein. Bisher hatte man ein solches Bewusstsein über die eigene Rolle und Existenz nur den Menschen zugestanden.

Beispiel: Ich habe sehr tiefe und schöne Erfahrungen mit der Einstimmung von Haustieren in den 1. und 2. Grad gemacht. Einmal rief mich eine Frau an, die große Sorgen um ihren Araberhengst hatte. Er war sehr mager, ließ sich nicht zureiten und keilte außer nach ihr nach allen aus, die seinen Stall betraten. Sie bat mich, ihm die Einstimmungen für den 1. Grad zu geben. Das Ergebnis war so positiv, dass ich dem Hengst nach einigen Wochen auch die Einstimmung für den 2. Grad gab. »Tiamat« ließ sich nicht nur problemlos zureiten, sondern wurde friedlich und freundlich, ohne sein feuriges Temperament zu verlieren. Ich habe ihn selbst geritten und konnte sogar meinen damals zweijährigen Sohn auf ihn setzen. Der Hengst wurde schön und rund, und es ist eine Freude, ihn zu erleben.

Unsere Verantwortung Haustieren gegenüber

Mit dem authentischen Reiki können wir uns nicht nur auf den äußeren Ebenen fragen, ob wir wirklich bereit sind, unser Leben auf die Bedürfnisse unseres meist vierbeinigen Schützlings abzustimmen, vielmehr können wir uns auch auf den inneren Ebenen erforschen, welches Tier wir zu welchem Zeitpunkt in unser Leben einladen sollten.

Wilde Tiere

Mit dem authentischen Reiki können wir nicht nur unseren Tierfreunden zu Hause helfen, sondern auch unseren Tierfreunden in der Natur. Unsere Möglichkeiten zu helfen, sind unbegrenzt. Nie wieder brauchen wir uns hilflos und kraftlos fühlen, wenn eine Situation Hilfe erfordert. Wir können Reiki jederzeit an jedem Ort zu unserer Unterstützung und der anderer, seien es nun Tiere oder Pflanzen, einsetzen.

Wenn wir in der Natur spazieren gehen oder wandern, kann es sein, dass wir kranke Tiere finden. Einmal haben wir auf einem Spaziergang einen Schmetterling gefunden, der reglos auf einem Baumstamm saß. Einer seiner Flügel war umgeknickt. Mein Sohn und seine kleine Freundin hielten spontan ihre winzigen Hände über den Falter, und ich schloss mich der Gruppenbehandlung an. Nach einer Weile hatte sich der abgeklappte Teil des Flügels wieder aufgerichtet, und der Schmetterling flog, noch etwas torkelnd, davon.

Auch Zoos sind eine wunderbare Möglichkeit, das authentische Reiki und die universale Energie mit vielen verschiedenen Tierarten zu teilen. Wir können sowohl in der Natur als auch im Zoo die Erfahrung machen, dass Tiere die universale Energie als unterstützend erkennen und schätzen.

In Streichelzoos können wir die Hände direkt auf die Tiere legen oder über sie halten. Mit Tieren, die wir nicht berühren können, ist dennoch ein intensiver Energieaustausch möglich. Wir können, wenn wir den 2. Grad erlernt haben, im Zoo wie in der Natur mit kosmischen Symbolen arbeiten und Energiezentren miteinander verbinden oder kosmische Spiralen aus den Augen aussenden. Wenn wir ihnen dann in beide Augen gleichzeitig schauen, scheinen sogar Raubkatzen, Raubvögel und andere scheue Tiere diesen sanften Blick zu genießen. Sie halten oft inne und schauen uns unverwandt an. In solchen Momenten scheint die Zeit still zu stehen, und wir erkennen unser Einssein jenseits unserer sehr unterschiedlichen äußeren Gestalt und Lebensformen.

Ich arbeite mit dem authentischen Reiki gern draußen in der Natur. Dort ist die kosmische Strahlung von oben und die Erdstrahlung von unten intensiver und unterstützt die Wirkung der natürlichen, universalen Lebenskraft, die wir durch Reiki aktivieren.

Einmal hatte ich ein wunderschönes Erlebnis mit einem wild lebenden Tier in Florida. Ich hatte im Nordwesten ein kleines Hotel gefunden und war morgens zum Joggen aufgebrochen. Ich bat innerlich darum, an einen interessanten Platz geführt zu werden. Plötzlich fand ich mich an einem flachen See, der von Meerwasser gespeist wurde. Ein Schild am Ufer verwies auf eine Seekuh und informierte über diese mir fremde Tierart. Langsam ging ich ins Wasser hinein. Vielleicht hatte ich Glück und würde eines dieser vorsintflutlich anmutenden Tiere sehen! Plötzlich entdeckte ich etwas, was wie zwei Haifischflossen aussah. Es war eine Seekuh, die auf dem Rücken schwamm, beide Flossen nach oben gerichtet! Schnell zog ich mich aus und schwamm ins tiefere Wasser. Nichts war mehr zu sehen. Hatte ich die Seekuh verjagt? Plötzlich sah ich direkt neben mir einen dunklen Schatten: die Seekuh! Sie schwamm immer noch mit dem Bauch nach oben, wohl, um mich besser beobachten zu können. Ich teilte eine Einstimmung mit ihr, und sie ließ sich sogar berühren, ja, schien meine Berührung zu genießen!

In diesem Augenblick, als wir uns ansahen und ich Lichtenergie in sie hineinfließen ließ, wurde ich mir der tiefen Verbundenheit mit diesem imposanten Tier bewusst. Zwei völlig friedfertige Wesen hatten sich hier auf der Ebene ihrer Herzen getroffen und gaben ein Beispiel, wie die Beziehungen zwischen allen Lebewesen eigentlich sein sollten.

Hilfe für bedrohte Tierarten

Mit dem authentischen Reiki können wir für wild lebende Tiere Verantwortung übernehmen und uns für bedrohte Arten engagieren. Täglich verschwinden etwa tausend Tierarten für immer von unserem Planeten. Gerade, als ich diese Zeilen schreibe, ist ein Öltanker an der Küste der Galapagos-Inseln auseinander gebrochen, und Unmengen von Öl bedrohen die Inseln mit ihrer einzigartigen Artenvielfalt. Je mehr Tierarten aussterben, desto zerbrechlicher wird das Ökosystem der Erde, das System, das alles Leben auf dem Planeten erhält. Jeder Verlust einer Tierart ist ein Verlust für immer. Mit Reiki ist es möglich, einen Beitrag zu leisten, die beschädigte Biosphäre auf unserer Erde zu heilen.

Wir können schon ab dem 1. Grad unsere Lichthände auf die Herzposition legen und uns vorstellen, dass Tiere wie auf einer Welle in unser Herz gespült und durch unser Herzzentrum wieder in ihre natürliche Umgebung entlassen werden. Mit dieser Übung können wir unsere Verbindung zur Biosphäre ausbauen und lebendig werden lassen. Wir können auch Mitglied einer Organisation werden, die sich für bedrohte Tierarten einsetzt, wie der B.U.N.D., Greenpeace, NABU oder der WWF. Einige dieser Organisationen haben auch Kindergruppen und Internet-Seiten extra für Kinder und Jugendliche.

Eine andere Möglichkeit, etwas für bedrohte Tierarten zu tun: Man besorge sich zum Beispiel im Zoo Fotos von einem Tier und richtet ihm als Repräsentant einer Tierart, die vom Aussterben bedroht ist, regelmäßig Energie aus, eine Technik, die man im 2. Grad lernt, oder schicke ihm Einstimmungen mit Lichtduschen, Methoden des

3. Grades. Vielleicht fangen wir klein an und nehmen uns einen Tag in der Woche Zeit, an dem wir uns auf diese Art für Tiere in Not engagieren. Als Zeitpunkt können wir das 12-Uhr-Mittags-Netzwerk für den Weltfrieden wählen, wodurch die Energie dieser Gruppenaktion erhöht wird.

Wir setzen uns hin und führen das Energieausrichten genauso aus, wie wir es im 2. Grad gelernt haben. Wir wenden zuerst die kosmischen Symbole an, um unsere innere Verbindung zu einer Tierart herzustellen. Dann nehmen wir uns die Zeit, um im Geiste auf Reikipositionen bei dem Tier zu verharren – vier Kopfpositionen, vier Vorderpositionen und vier Rückenpositionen. Wir verweilen auf diesen Positionen meditativ mindestens zwei Minuten pro Position. Dies ist eine wunderbare Gelegenheit, auf der inneren Ebene etwas über unsere Tierfreunde auf diesem Planeten herauszufinden und sie in ihrem Prozess zu unterstützen und zu begleiten.

Buchtipps

– Susan Chernat McElroy, »Tiere als Lehrer und Heiler«, Knaur-Verlag, München 1996
– Kate Solisti-Mattelon, Patrice Mattelon, »Spirituelle Partnerschaft mit Haustieren. Harmonische Verständigung, sanfte Heilung und ganzheitliche Pflege«, Integral-Verlag, München, 2000
– Marvell Lightfields, »The Radiance Technique® and The Animal Kingdom«, Radiance Associates, Florida
– Rupert Sheldrake, »Der siebte Sinn der Tiere«, Scherz-Verlag, München, 4. Aufl. 1999
– Linda Tellington-Jones, Sybil Taylor, »Der neue Weg im

Umgang mit Tieren. Die Tellington Touch Methode«, Franckh-Kosmos-Verlag, Stuttgart 1993
– Burton Silver und Heather Busch, »Mit Katzen tanzen«, Heyne-Verlag, München 1999

Reiki mit Pflanzen

Alle Lebewesen – sowohl Pflanzen als auch Tiere – sind miteinander in einem einzigartigen ökologischen Gleichgewicht verbunden. Der Mensch hat eine wichtige Rolle in dieser Regenerationskette zu spielen.

R. BUCKMINSTER FULLER

Das authentische Reiki kann für alle Lebewesen angewendet werden, die Unterstützung brauchen, also auch für alle Pflanzen – für Blumen, Bäume, Büsche, Samen – ja, ganze Wälder. Wenn wir Pflanzen mit Lichtenergie behandeln, fördern und aktivieren wir die universale Lebenskraft, die auch in ihrem Innersten existiert. Vielleicht erkennen wir dabei unsere Verbundenheit mit ihnen und werden uns ihrer wichtigen Rolle im ökologischen Gleichgewicht bewusst. Ohne Pflanzen ist das Leben von Mensch und Tier auf diesem Planeten nicht möglich.

Pflanzen, wie auch Haustiere, können für viele Menschen therapeutischen Wert haben. Allein sich um Pflanzen zu kümmern öffnet das Herzzentrum. Daher empfehle ich allen Menschen, sich viele Zimmerpflanzen anzuschaffen, und zwar nicht gerade solche, die man nur alle zwei Wochen einmal gießen muss. Wir trainieren unsere Fürsorge und unsere Zuneigung. Besonders für Menschen, die viel um sich selbst kreisen, ist dies eine gute Therapie.

Ich habe ein Jahr auf einem biologisch-dynamisch wirtschaftenden Bauernhof in Schleswig-Holstein gelebt und gearbeitet und war unter anderem für die Herstellung der biodynamischen Präparate zuständig, die, in homöopathischen Dosen dem Kompost zugesetzt, die Lebenskraft von Pflanzen fördern und ihre Qualität verbessern. Obwohl diese Präparate auf Grund ihrer geringen Mengen stofflich nicht mehr nachweisbar sind, haben sie einen deutlichen Effekt: Zum Beispiel sind Roggenkörner von Getreide, das mit präpariertem Kuhmist gedüngt wurde, größer, glänzender und kieselsäurehaltiger als Körner von Getreide, das an gleicher Stelle gesät, aber mit normalem Mist gedüngt wurde. Pflanzen sind also empfänglich für Schwingungen der feinstofflichen »Information«, in diesem Fall eines mit kosmischen Energien angereicherten Kieselsäurepräparats in homöopathischer Dosierung.

Spiralen und Mandalas

Die Findhorn-Gemeinschaft in Schottland wurde mit ihren sensationellen Gartenbauerfolgen weltberühmt: vierzig Pfund schwere Kohlköpfe und Rosen, die an Weihnachten blühen, sowie reiche Erträge an Obst- und Gemüsesorten trotz unfruchtbaren Sandbodens. Diese Gemeinschaft legt Kräuter- und Gemüsebeete nicht rechteckig, sondern in Mandalas, Spiralen und Symbolen an – zum Beispiel in der Form des Yin/Yang-Symbols – aufgelockert und verschönt durch Blumen. Die Menschen in Findhorn wissen um die enge Beziehung von Menschen und Pflanzen, sprechen und meditieren mit Pflanzen und bekommen teilweise detaillierte Botschaften, was bestimmte Pflanzenarten brauchen – zum Beispiel zum Thema optimaler Standort, Wasser- und Düngemengen.

Auch bei uns gibt es Menschen mit einem »grünen Daumen«, die intuitiv wissen, dass Pflanzen für Liebe empfänglich sind, mit ihren Zimmer- und Gartenpflanzen reden und wunderbare Erfolge mit ihren Pflanzen haben. Viele Menschen hat das Buch von Tompkins »Das geheime Leben der Pflanzen« dafür sensibilisiert, dass Pflanzen zum Beispiel so etwas wie Schmerzen empfinden können, ein Gedächtnis haben und empfänglich für Musik und Schwingungen überhaupt sind. In Russland berieselt man Getreidefelder mit klassischer Musik, und Pflanzen sollen am besten bei Klängen von Mozart und Bach gedeihen. Pflanzen reagieren ängstlich und schreckhaft auf Angriffe durch Menschen und Tiere und können den Angreifer sogar wieder erkennen. Sie nehmen auch unsere Liebe und fürsorgliche Aufmerksamkeit wahr und reagieren darauf.

Menschen, die Pflanzen mit dem authentischen Reiki behandeln, erzählen von der Befriedigung, die sie aus dieser Tätigkeit gewinnen.

Ich habe ein kleines Gemüsebeet und halte die Samen von Pflanzen in den Händen, bevor ich sie aussähe. Wenn ich dabei die Augen schließe, kann ich wahrnehmen, wie die Energie der Samen mit der Energie in meinen Händen verschmilzt. Wenn die Keime sichtbar sind, halte ich meine Hände um die kleinen Pflanzen und gebe ihnen ein paar Mal in der Woche für einige Minuten eine Behandlung. Dabei und bei der Behandlung meiner Zimmerpflanzen spüre ich einen tiefen inneren Frieden und fühle mich auch mit dem Wachstums- und Reifungsprozess in mir verbunden. Anschließend bin ich tief entspannt, geerdet und innerlich gesammelt. Wenn ich in den Spiegel schaue, sehe ich meine Augen strahlen!

Freunde und Nachbarn bewundern meine Gartenbauerfolge – großes, schönes, aromatisches Gemüse bis in den Herbst hinein – und fragen mich, welchen Dünger ich benutze. Sie sind ganz erstaunt, wenn ich ihnen sage, dass ich nur Kompost und etwas Gesteins- und Algenmehl nehme, und manche sprechen dann von »Zauberei«!

Ich empfehle meinen Seminarteilnehmern, sich einen Nutzgarten anzuschaffen. Wenn man keinen Hausgarten hat, kann man in jeder Stadt preiswert einen Kleingarten pachten. Die Pacht beträgt pro Jahr etwa 150 bis 300 Mark. Wenn man wenig Zeit hat, kann man sich den Garten mit einem Freund oder einer Freundin teilen, dann ist auch gleich die Frage der Urlaubsvertretung geregelt. Gartenarbeit ist sehr gesund, weil die Bewegungen – säen, ernten, pflücken, Kompost betreuen, Hügelbeete anlegen usw. – sehr abwechslungsreich sind und die Bewegung in frischer Luft stattfindet. Wer Kinder hat, demonstriert ihnen Naturverbundenheit und zeigt ihnen praktisch, wie Obst und Gemüse wachsen. Mein Opa ist mit Gartenarbeit und Erzeugnissen aus dem eigenen 2500 qm großen Grundstück 105 Jahre alt geworden und an Altersschwäche gestorben!

Es gibt aber noch einen anderen Aspekt. Im Buch »Die Prophezeiungen von Celestine« heißt es, dass Nutzpflanzen die Liebe und Energie, die wir ihnen schenken, an uns zigfach zurückgeben. Wir essen nicht nur Obst, Gemüse und Kräuter so frisch, wie wir sie sonst nirgends bekommen können, sondern auch mit Liebesenergie aufgeladen! Man hat herausgefunden, dass Tomatenpflanzen, mit denen man liebevoll spricht, viel größere und süßere Früchte hervorbringen. Und wenn wir sie dann noch mit universaler Energie behandeln! Es empfiehlt sich jedoch, den 2. Grad zu machen, weil man dann nicht jede Petersilienpflanze und jeden Obstbaum einzeln zu behandeln braucht.

Eine Teilnehmerin im 2. Grad war angetan von den Möglichkeiten, die sich ihr auftaten, blieb aber skeptisch, nach dem Motto »Das klingt zu schön, um wahr zu sein.« Als sie verreiste, nahm sie ein Foto ihrer Balkonblumen mit, um die Blumen regelmäßig aus der Ferne zu behandeln. Als sie wieder zurückkam, war sie erstaunt: Ein Teil der Pflanzen war etwas kümmerlich und nur halb so groß wie ihre anderen Blumen. Daraufhin schaute sie sich das Foto genauer an und wirklich, sie hatte genau diese Pflanzen nicht mitfotografiert! Durch diese Erfahrung verlor sie alle Skepsis und wendet die Möglichkeit des 2. Grades jetzt viel häufiger an.

Ich habe einen Hausgarten von etwa 150 Quadratmetern und teile mir noch einen Kleingarten mit einer Freundin. Alle Besucher sind begeistert, wie viele Pflanzen bei mir auf so engem Raum hervorragend wachsen und gedeihen. Ich habe auch Obstbäume in meinem Garten, die sonst nur in südlichen Gefilden Früchte tragen, wie köstliche Nashi-Birnen, Sharon (eine leckere Kaki-Sorte), Maulbeeren und zuckersüßen blauen Wein am Haus. Meine Papayabäume tragen Früchte, ebenfalls mein Tomatenbaum, und meine Stevia-Pflanzen gedeihen prächtig. Ich vermehre sie selbst, wobei ich die frostempfindlichen Pflanzen im Winter in die Waschküche stelle. Immer, wenn ich Lust auf Süßes habe, labe ich mich an meinen zuckersüßen, aber kalorienarmen Stevia-Pflanzen und bereite mir selbst Tee und Sirup (siehe dazu mein Buch »Stevia – sündhaft süß und urgesund«, Windpferd-Verlag, Aitrang 1999). Auf drei Hügelbeeten wachsen Erdbeeren, Salat und Gemüse und dazwischen Blumen. Natürlich habe ich auch Himbeeren sowie Stachel- und Johannisbeeren.

Es gibt viele Initiativen wie »Robin Wood« oder »Trees for Life«, die sich für die Erhaltung, Regeneration und Wiederaufforstung von Wäldern auf der ganzen Welt engagieren und in denen man sich aktiv für die Heilung der pflanzlichen Biosphäre einsetzen kann.

Bei Pflanzen arbeiten wir nicht von oben nach unten, sondern von unten nach oben. Erst legen wir für eine Weile unsere Hände um den Blumentopf oder die Vase, dann über Blüten und Blätter. Dabei brauchen wir einen Blumenstrauß nicht aus der Vase zu nehmen oder eine Pflanze aus dem Topf. Universale Energie ist die kraftvollste Schwingung im Universum und durchdringt ungehindert jede Materie.

Wer den 2. Grad der Radiance Technik erlernt hat, kann seine Pflanzen auch mit kosmischen Symbolen unterstützen. Besonders bewährt hat sich das TKR-Symbol. Wir können es im Geiste über unsere Topfblumen und Blumensträuße oder auf Zettel malen, die wir zwischen Topf und Übertopf legen. Eine weitere Möglichkeit ist, das Symbol mit Filzstift in den Boden der Gießkanne zu malen, in der wir Gießwasser für unsere Blumen bereithalten.

Samen und Setzlinge

Wir sollten uns angewöhnen, grundsätzlich Samen und Zwiebeln eine Weile in den Händen zu halten, bevor wir sie in die Erde bringen. Das gilt auch für Setzlinge und Blumen- und Gemüsezwiebeln, die wir vor dem Einpflanzen für etwa fünf bis fünfzehn Minuten behandeln sollten und auch später zur Unterstützung des Wachstumsprozesses.

Wenn wir Blumen und Bäume verpflanzen, sollten wir vorher die Hände über die Pflanze halten und um den Wurzelballen herum, bevor wir sie einpflanzen. Während wir auf diese Weise universale Energie für Zimmer-, Gartenpflanzen und Bäume einsetzen, können wir uns auch unseres eigenen Lebensprozesses bewusst werden, der sich in verschiedenen Wachstumszyklen, Reifestadien und Phasen der »Blüte« entfaltet.

Bäume

Bei Bäumen legen wir die Hände um den Stamm herum, durch den die Lebenssäfte nach oben steigen, oder auf die Erde direkt am Stamm, unter der sich der Wurzelballen befindet. Wir brauchen also nicht in die Krone zu klettern. Pflanzen behandeln wir nach Gefühl – ein paar Minuten bis zu einer Stunde –, je nachdem, wie viel Zeit und Lust wir haben. Es gibt, wie gesagt, keine »Überdosis« und auch keinerlei Nebenwirkungen!

Mit dem Energieausrichten, das wir im 2. Grad lernen, können wir auch unsere Obstbäume vor Schädigungen durch Nachtfrost bewahren. Eine Bekannte behandelte ihre Obstbäume im Garten während der Eisheiligen im Mai. Die Bäume waren schon voller dicker Knospen. Ihre Nachbarn wunderten sich später, weil der Großteil ihrer Obstblüten erfroren war, und nur sie eine reiche Obsternte hatte.

Baummeditation

Wir suchen uns in einem Park, Garten oder Wald einen Baum aus, der uns gerade am meisten anspricht. Manchmal brauchen wir die lichte, heitere Energie einer jungen Birke oder die erdende, stärkende und stabilisierende Kraft einer alten, knorrigen Eiche. Wir lehnen uns mit dem Rücken an diesen Baum. Eine Hand legen wir auf unser Solarplexus-Zentrum oberhalb des Nabels, die andere Hand auf gleicher Höhe auf den Rücken, Handinnenfläche am Baum. Nun schließen wir die Augen. Nach einer Weile können wir einen Energieaustausch spüren, wobei nicht nur wir Energie vom Baum bekommen, sondern auch umgekehrt. Vielleicht können wir mit der Zeit Bilder sehen oder bei Problemen einen Rat von »unserem« Baum erhalten. Wer an diesen Möglichkeiten zweifelt: Probieren Sie es doch einfach einmal aus!

Schädlinge

Sind Pflanzen von so genannten Schädlingen befallen, sollten wir uns fragen, was mit den Lebensbedingungen dieser Pflanze nicht stimmt. Schädlinge sind nämlich eigentlich Nützlinge, die die Aufgabe haben, das Kranke und Schwache zu eliminieren, sodass es sich nicht einfach fortpflanzen kann. Gesunde Pflanzen strömen ein Aroma aus, das Schädlinge nicht »interessiert«. Bei einer geschwächten, von Schädlingen befallenen Pflanze sollten wir uns vielleicht fragen, ob die Licht- oder Bodenverhältnisse oder die Wassermenge oder die Menge und Art des Düngers nicht stimmen.

Zimmerpflanzen sind besonders anfällig für Schädlinge,

weil sie nicht in ihrer natürlichen Umgebung leben. Wir unterstützen die betroffene Pflanze also am besten nicht nur mit dem authentischen Reiki, sondern helfen ihr auch auf den äußeren Ebenen. Ich habe oft erlebt, dass die Lebenskräfte einer Pflanze durch einige Minuten Behandlung soweit aktiviert wurden, dass die Schädlinge am nächsten Tag abgefallen waren. Wegen der belastenden Stoffwechselprodukte von Schädlingen sollten wir anschließend die Blätter gründlich abspülen. Auch an den folgenden Tagen sollten wir die Pflanzen weiter behandeln, um sie langfristig zu kräftigen.

Gärten und Wälder

Wenn Sie einen Garten oder viele Zimmerpflanzen besitzen, können Sie auch das Gießwasser mit Lichtenergie aktivieren, indem Sie einfach ein paar Minuten die Hände darüber halten, bevor Sie die Pflanzen gießen. Wenn Sie alle Pflanzen in einem größeren Garten behandeln möchten oder sich für ganze Wälder – zum Beispiel den tropischen Regenwald oder Wälder, die durch sauren Regen geschädigt sind – engagieren möchten, sollten Sie den 2. Grad erwerben, in dem Sie Techniken lernen, Lichtenergie jenseits von Zeit und Raum auch für größere Gebiete auszurichten. Sie können sich auch mit anderen, die den 2. Grad haben, zusammenschließen und gemeinsam Energie für bestimmte Wälder, Parks oder Alleen ausrichten. Der Effekt bei Gruppenbehandlungen auch auf inneren Ebenen potenziert sich, wird also wesentlich verstärkt. Mit dem 3. Grad lassen sich Wälder und Gärten in kosmische Energie einstimmen.

Hilfe für bedrohte Pflanzenarten

Wer den 2. Grad hat, kann sich für Pflanzenarten engagieren, die vom Aussterben bedroht sind und auf der »Roten Liste« stehen, wie in Deutschland zum Beispiel die Küchenschelle. Wir wenden die Technik des Energieausrichtens, wie wir sie im 2. Grad gelernt haben, an und verbringen auf den inneren Positionen jeweils mindestens zwei Minuten.

Als besonders geeignete Zeit empfiehlt sich das »12-Uhr-Mittags-Lichtnetzwerk für den Weltfrieden« und die Weltmeditation um 21 Uhr, wobei uns und unserem Thema der Gruppeneffekt zugute kommt.

Wer mindestens den 1. Grad hat, kann sich täglich in der Meditation mit der Pflanzenwelt verbinden. Wir legen unsere Lichthände auf unser Herzzentrum und stellen uns Pflanzen vor, die in einer Welle aus Licht durch unsere Hände in unser Herz fließen. Dann entlassen wir sie wieder durch Herz und Hände in ihre natürliche Umgebung.

Durch die Arbeit für die Pflanzenwelt mit der Radiance Technik fühlen wir uns allem Lebendigen immer mehr verbunden und erfahren, wie wir – Pflanzen und Menschen – uns gegenseitig unterstützen und bereichern können. In Bezug auf unser höheres Bewusstsein sind wir wie »Blumen«, die langsam ihre volle Schönheit entfalten und ihre wahre, göttliche Natur offenbaren. Dabei verströmen sie immer mehr ihren Duft, ihre bedingungslose Liebe. Wir können diesen Wachstums-, Öffnungs- und Transformationsprozess durch die Anwendung der Ganzbehandlung und kosmischer Symbole für uns selbst und das Pflanzenreich bewusst machen, unterstützen und fördern. Genauso wie eine Pflanze Wasser, Licht und Nahrung braucht, um zu wachsen, brauchen wir neben der Befriedigung unserer körperlichen Bedürfnisse Licht- und Seelennahrung, damit der Keim aus Licht in uns wachsen und gedeihen kann.

Buchtipps und Bezugsquellen

– Barbara Simonsohn, »Papaya – heilen mit der Wunderfrucht«, Windpferd-Verlag, Aitrang 1998
– Erich Heiß, »Wildgemüse und Wildfrüchte«, Lebenskunde-Verlag, Düsseldorf o. J.
– Karl-Heinz Michels, »Stille Schwestern im Wind der Wiesen. Heimische Wildblumen in Märchen, Sagen, Legenden und Poesie«, Verlag Natur & Wissenschaft, Solingen 2000
– Heidelore Kluge, »Brennnessel, Heilpflanze und mehr«, Haug-Verlag, Heidelberg 1999
– Eva Katharina Hoffmann, »Energiepflanzen im Haus«, Mosaik-Verlag, München 1997
– Peter Tompkins und Christopher Bird, »Die Geheimnisse der guten Erde«, Omega-Verlag, Düsseldorf 1998
– Christa Weinrich, »Bio-Gärtnern wie in der Abtei Fulda«, Franckh-Kosmos, Stuttgart 1995

Bezugsquelle für biologisches Saatgut und alte Pflanzensorten für Garten und Balkon: Blauetikett Bornträger, Tel. 0 62 43 – 90 53 26, Fax – 90 53 28, E-Mail borntraeger@t-online.de
Humofix-Kräuterpräparat für mehr Bodenfruchtbarkeit: Abtei zur Hl. Maria, Nonnengasse 16, 36001 Fulda.
Biologisch gezogene Obstgehölze: Baumschule Brenninger, Hofstarring 57, 84439 Steinkirchen

Die Fünf »Tibeter« – Meditation in Bewegung vom Feinsten für Körper, Geist und Seele

Wenn von fernöstlichen Heilmethoden die Rede ist, denken die meisten an Reiki, Akupunktur und Shiatsu. Den wenigsten fallen dazu die Fünf »Tibeter« ein, ein Übungsritus aus dem Himalaya, von Peter Kelder und Chris Griscom wieder entdeckt und in Deutschland zum Bestseller und Kultbuch avanciert. Die Fünf »Tibeter« kann man sich, ohne Einstimmungen, sogar selbst beibringen, oder man kann sie in einem Tagesseminar erlernen. Man braucht für diese Übungen nur 15 bis 20 Minuten täglich. Aussagen wie diese höre ich ständig: »Seitdem ich die Fünf »Tibeter« praktiziere, habe ich kaum noch Migräne.« Oder: »Meine Rückenschmerzen sind verschwunden.« Und: »Wenn ich die Übungen täglich mache, bekomme ich keine Depressionen mehr.«

Warum sind die Fünf »Tibeter« so wirksam für die Heilung und Gesunderhaltung von Körper, Seele und Geist? Sie stimulieren und harmonisieren unser Chakren- und Drüsensystem, lösen Blockaden auf allen Ebenen, stärken die Muskeln an Rücken, Armen, Bauch und Beinen, vertiefen die Atmung, verbessern die Sauerstoffversorgung, reinigen unser Lymphsystem, halten die Wirbelsäule geschmeidig und entsäuern den Körper. Und durch die harmonische Entwicklung der Energiezentren und die Ausschüttung von Glückshormonen wie Endorphinen wirken die Fünf »Tibeter« als Stimmungsaufheller und bringen uns leichter in höhere Bewusstseinsebenen. Sie sind neben dem authentischen Reiki das Beste, was ich je kennen gelernt habe, denn sie erfordern ein Minimum an Zeit und haben ein Maximum an Wirkung! Außerdem sind sie kinderleicht. Ich habe schon Fünf-»Tibeter«-Kinderkurse gegeben, zum Beispiel an der Grundschule meines Sohnes!

Hier die Wirkungen des einzigartigen Yoga-Systems auf die verschiedenen Ebenen:

Die Wirkungen der Fünf »Tibeter« auf der körperlichen Ebene

Ich wurde mit einer Skoliose geboren, das heißt mit einer Wirbelsäulenverkrümmung. Seit ich regelmäßig die Fünf »Tibeter« praktiziere, habe ich keine Rückenschmerzen mehr. Wenn ich sie einen Tag lang auslasse, »erinnert« mich mein Rücken daran, sie wieder zu machen! Die Fünf »Tibeter« stärken die Rückenmuskulatur, dehnen die Wirbelsäule und versorgen die Zwischenwirbel optimal mit Nährstoffen und Wasser. Rückenschmerzen sind passé!

Viele berichten, dass sie keine Kopfschmerzen und Migräne mehr haben, seit sie die Übungen machen. Der Grund: Der Körper wird entsäuert, die Ausscheidungsorgane werden aktiviert und Gifte vermehrt ausgeschieden. Auch Menstruationsbeschwerden und Schlafstörungen verschwinden sowie das Problem ständig kalter Hände und Füße oder Kreislauf- und Wechseljahrsbeschwerden. Chronische Bronchitis und sogar Asthma können in kurzer

Zeit ausheilen. Die Unterleibsorgane und Extremitäten werden optimal durchblutet, und mit der Zeit stellen sich Tief- und Bauchatmung von selbst ein. Durch die Aktivierung der Verdauungsorgane verschwinden Blähungen und Verstopfung. Fettpölsterchen machen Muskeln Platz, auch weil die Schilddrüsenfunktion ins Gleichgewicht kommt und so bei vielen älteren Frauen der Stoffwechsel angeregt wird. Nachdem ich die Fünf »Tibeter« eine Weile praktiziert hatte, fragte mich eine Frau im Schwimmbad, in welches Fitnessstudio ich denn ginge, ich hätte so schöne Muskeln. Außer joggen und die Fünf »Tibeter« mache ich keinen Sport! Und jetzt habe ich einen so tollen Bizeps, dass ich links und rechts eine volle Kiste Volvic-Flaschen die Treppe zum 1. Stock hochtragen kann. Auch Allergien und Heuschnupfen treten immer seltener auf, durch Stimulation der Thymusdrüse und des Immunsystems. Alle körpereigenen Heilungskräfte werden aktiviert. Blockaden, Verhärtungen, Säuren, Ablagerungen, Stoffwechselschlacken und Verkrampfungen werden abgebaut und sämtliche Körperfunktionen mit der Zeit optimiert.

Die Wirkungen der Fünf »Tibeter« auf der mental-emotionalen Ebene

Die Fünf »Tibeter« wirken nicht nur auf der physischen, sondern auch auf der mental-emotionalen Ebene. Über die Ausschüttung von Endorphinen, Glückshormonen, werden unsere Gedanken »heller«, optimistischer. Wir entwickeln mehr Lebensfreude und Selbstbewusstsein. Wir entscheiden uns immer mehr für die Einstellung: »Das Glas ist halb voll, nicht halb leer.« Unsere Gedanken werden konstruktiver. Die Fünf »Tibeter« mindern die Auswirkungen von Stress, Anspannung und Hektik. Wir entwickeln mehr heitere Gelassenheit und werden belastbarer. Krisen erleben wir als Chancen zum Wachstum. Je größer das Problem, desto größer die Chance, zu wachsen und zu lernen. Unruhe, Angst, Depressionen, Minderwertigkeitsgefühle und Nervosität werden durch die »Tibeter« gemildert oder verschwinden ganz. Stattdessen entwickeln wir Zuversicht, Lebensbejahung, Begeisterungsfähigkeit, Spontaneität und Leistungsvermögen. Wer die Übungen regelmäßig macht, braucht meist eine halbe Stunde bis eine Stunde weniger Schlaf als früher.

Die Wirkungen der Fünf »Tibeter« auf die höheren Bewusstseinsebenen

Unsere schöpferische Energie und Kreativität werden durch die Übungen angeregt, und gleichzeitig bekommen wir den Elan, unsere Ideen in die Tat umzusetzen. Wir können uns, auch mitten im Alltag, leichter zentrieren und in einem meditativen Zustand bleiben. Mit den Fünf »Tibetern« entwickeln wir unsere Chakren und damit unser Bewusstsein harmonisch. Wir erleben immer mehr den Zustand von Freude, Liebe, Frieden und Gelassenheit. Wir erfahren immer öfter, dass wir Liebe sind, und in dieser Liebe miteinander verbunden. Viele fühlen sich der Natur, den Pflanzen und Tieren näher. Farben werden als brillanter wahrgenommen und Naturerlebnisse tiefer empfunden. Unsere Intuition wird gestärkt. Wir spüren eine wachsende Lebensenergie und haben das Bedürfnis, diese mit anderen zu teilen und zum Wohle aller einzusetzen.

Für mich sind die Fünf »Tibeter« eine wunderbare Ergänzung zum authentischen Reiki, weil sie das Element

Bewegung mit einbeziehen und daher so besonders wohltuend auf der körperlichen Ebene sind. Gerade wer mehrere Reiki-Behandlungen hintereinander gegeben hat, weiß dies zu schätzen. Diese Übungen sind ohne jede Hilfsmittel einfach überall durchführbar, vorausgesetzt, man weiß, wie man sie macht, beachtet die richtige Atmung und vergisst die empfohlenen Ausgleichsübungen nicht. Die Fünf »Tibeter« sind das einzige Fitnessprogramm, das ganzheitlich wirkt und ohne Hilfsmittel, Geräte und spezielle Kleidung auskommt.

Buch- und Seminartipps

Buchtipps:
Peter Kelder, »Die Fünf ›Tibeter‹«, Integral-Verlag
Barbara Simonsohn, »Die Fünf ›Tibeter‹ für Kinder«, Integral (auch für Erwachsene! Mit allen Übungen zum Selbstlernen)
Wolfgang Gillessen und Brigitte Gillessen, »Erfahrungen mit den Fünf ›Tibetern‹«, Integral.

Tagesseminare: »Die Fünf ›Tibeter‹ und mehr« mit Barbara Simonsohn einschließlich des 6. »Tibeters« zur Transformation sexueller Energie und Einführung in den 7. »Tibeter«. Die Seminare finden in Hamburg und nach Vereinbarung auch an anderen Orten statt. Auch Kinderseminare und firmeninterne Seminare. Info: Barbara Simonsohn, Tel. 0 40 – 89 53 38.

Fragen und Antworten zum Thema Reiki

Zweifeln Sie niemals daran, dass eine kleine Gruppe von Menschen mit einem ausgeprägten Gewissen die Welt ändern kann. Wie die Vergangenheit zeigt, sind nämlich genau sie es schon immer gewesen, die das als Einzige erreicht haben.

MARGARET MEAD

Ich bin ein sehr skeptischer, rationaler Mensch. Wirkt Reiki auch bei mir?

Natürlich. Das authentische Reiki ist kein Glaubenssystem. Wir behandeln damit ja auch Tiere, Pflanzen und Babys, die gar nicht »glauben« können. Ich möchte Ihnen dies an einem Beispiel verdeutlichen: Die Funktionsweise eines Fernsehers brauchen Sie nicht zu verstehen und trotzdem können Sie ihn bedienen. Man braucht nur den richtigen Sender und Empfänger. Wenn die übereinstimmen, kann ein dreijähriges Kind den Apparat einschalten, und er funktioniert. Es ist nur eine Frage der richtigen Technik.

Meine Hände werden nicht mehr so warm und kribbelig wie direkt nach dem 1. Grad. Lässt die Wirkung der Einstimmungen mit der Zeit nach?

Die Wirkung der Einstimmungen hält ein Leben lang an, wenn diese richtig und von einer kompetenten Person durchgeführt wurden. Das, was man wahrnimmt – zum Beispiel Kribbeln, Schwere, Wärme – ist nicht die Energie selbst, sondern sind Auswirkungen universaler Energie, die subjektiv unterschiedlich wahrgenommen werden.

Warum ist Reiki so teuer?
Der 1. Grad kostet zurzeit 390,– DM. Das ist nicht viel dafür, dass man sein Leben lang an universale Energie angeschlossen ist. Selbst wenn man 20 Jahre und mehr diese Energie nicht einsetzt, ist die Verbindung zu ihr immer noch da! Mit jeder Behandlung, die man gibt oder bekommt, erweitert man seine Kapazität. Außerdem dauert der 1.-Grad-Kurs 10 bis 12 Stunden. Und Sie können ihn gegen eine geringe Gebühr noch einmal wiederholen.

Wieso ist der 2. Grad mehr als doppelt so teuer wie der 1. Grad?
Der 1. Grad soll für jeden erschwinglich sein, er ist der wichtigste Grad in diesem Energiesystem, weil er uns ein für alle mal mit universaler Energie verbindet. Mit dem 1. Grad kann man sozusagen »selig« werden und so große Fortschritte machen, wie man möchte. Der 2. Grad ist ein Fortgeschrittenenkurs. Es geht dort u. a. um kosmische Symbole. Sowohl die Ausbildung als auch die Fortbildungen zum 2. Grad dauern wesentlich länger als die für den 1. Grad. Das Universum braucht effektive Lichtarbeiter und wird dafür sorgen, dass jeder sich die weitere Ausbildung leisten kann, der dies ernsthaft beabsichtigt. Viele verdienen sich zum Beispiel den 2. Grad durch Behandlungen! Man kann sich auch einen Gutschein für einen Kurs zum Geburtstag oder zu Weihnachten schenken lassen.

Kann man auch Dinge mit Reiki behandeln, zum Beispiel Haushaltsgeräte?
Alles ist Energie. Warum sollte mein Kassettenrekorder nicht von universaler Energie profitieren können? Wenn die Batterie Ihres Autos leer ist, versuchen Sie es doch mal

mit universaler Energie! Wenn Ihr Kassettenrekorder blockiert, halten Sie einfach Ihre Hände darüber!

Senden Sie als Mutter Lichtenergie in den Kinderwagen, Ihr Kind wird davon profitieren! Wenn Sie schreiben, benutzen Sie dazu Ihre Hände und können bewusst mit universaler Energie arbeiten. Wenn Sie Auto fahren, geben Sie Ihrem Fahrzeug Reiki.

Kann man auch schon mit dem 1. Grad Energie ausrichten oder fernbehandeln?
Ja. Schreiben Sie Ihr Thema auf einen Zettel, zum Beispiel »mein Beruf« oder »meine Lebensgefährtin«. Behandeln Sie den Zettel, während Sie sich selbst behandeln, indem Sie ihn zwischen Hand und Körper halten, oder halten Sie ihn in der Hand, wenn Sie spazieren gehen oder Auto fahren. Nach etwa 3 Wochen werden Sie eine Veränderung oder Erkenntnis wahrnehmen.

Kann man mit Reiki manipulieren?
Nein, das ist ganz unmöglich. Universale Energie, die wir mit Reiki aktivieren, ist immer ungefährlich – allerdings sehr wirksam –, es gibt keine Nebenwirkungen und kein Zuviel. Je länger Sie diese Methode anwenden, desto besser für alle Beteiligten!

Darf man auch Reiki anwenden, wenn jemand operiert wird?
Warum denn nicht? Universale Energie ist immer ungefährlich und nützlich, sie ist die stärkste Energie im Universum und wirkt selbstverständlich auch unter einer Narkose zum Wohle des Betreffenden.

Gibt es irgendeine Möglichkeit, mit Reiki etwas falsch zu machen?

Nein. Wenn die Einstimmungen von einer kompetenten Person durchgeführt wurden, ist es nicht möglich, mit Reiki etwas falsch zu machen. Der einzige »Fehler« vielleicht: diese Technik zu wenig anzuwenden! Je mehr man sie praktiziert, desto mehr hat man auch davon.

Ich möchte meine Aufgabe im Leben erkennen. Kann Reiki mir dabei helfen?

Mit Reiki kommt man in Kontakt mit dem Plan seiner Seele. Man hat hervorragende Aussichten, diesen Plan zu erkennen und nach ihm zu arbeiten. Besonders wirksam ist in diesem Zusammenhang der 2. Grad. Wenn wir in Harmonie mit unserem Seelenplan sind, führen wir ein erfülltes Leben. Viele Menschen, die vor dem Reikikurs nicht wussten, was sie mit ihrem Leben anfangen sollten, haben jetzt ihre Aufgabe, ihre Berufung gefunden.

Ich habe vergessen, auf ein Ereignis Reiki zu geben. Kann ich da jetzt noch etwas machen?

Selbstverständlich. Es geht ja noch um die Auswirkungen. Es ist nie zu spät, Licht in ein Ereignis zu geben! Schreiben Sie das Thema auf einen Zettel und halten Sie ihn in der Hand, zum Beispiel beim Spazierengehen oder bei der Direktbehandlung. Wenn Sie den 2. Grad haben, können Sie auf das Ereignis Energie ausrichten, und wenn Sie den 3. Grad erlernt haben, Einstimmungen geben.

Was ist Karma? Können wir mit Reiki in das Karma eines anderen eingreifen?

Karma ist, wenn wir eine andere Seele bewusst daran hindern, Erfahrungen zu machen. Das kann man mit Reiki nicht. Wenn wir jemandem mit dem 2. Grad Energie ausrichten, ist es sein positives Karma, dass wir das für ihn machen. »Was du säst, wirst du ernten«, das Gesetz von Ursache und Wirkung. Ein Missbrauch universaler Lebensenergie ist ausgeschlossen.

Hat man weniger Probleme, wenn man Reiki macht?

Nein, wir haben weiterhin Probleme, weil sie uns beim Wachsen und Lernen helfen. Doch Reiki hilft uns, durch alle Prüfungen leichter hindurchzugehen und sie sicherer und schneller zu bestehen. Es ist so, als ob wir, wie Tamino, ständig eine Zauberflöte bei uns hätten, die uns hilft und Positives anzieht.

Dient Reiki nur der äußeren und inneren Harmonie?

Nur? Das wäre ja schon eine ganze Menge! Reiki kann aber noch viel mehr. Wir können auf den inneren Ebenen buchstäblich mit jedem und allem in eine tiefe Verbindung treten. »Dirigieren« Sie zum Beispiel mal klassische Musik mit den Symbolen. Oder richten Sie Energie auf ein Bild aus, das Sie interessiert. Sie werden ein kleines Wunder erleben.

Kann man mit Reiki auch Wünsche klären und leichter Entscheidungen treffen?

Selbstverständlich. Legen Sie im 1. Grad beide Hände nebeneinander auf Ihr Herz. Stellen Sie sich unter der einen Hand die eine Möglichkeit, unter der anderen die andere vor. Und beobachten Sie dabei Ihre Gefühle. Sie werden merken, dass sich die Energie in der einen Hand immer »besser« anfühlt. Diese Alternative sollten Sie wählen. Im Nachhinein werden Sie feststellen, dass diese Wahl richtig war. Im 2. Grad können Sie Energie ausrichten oder mit dem TKR arbeiten.

Was unterscheidet das authentische Reiki von Geistheilung?
Beim authentischen Reiki arbeiten wir nicht mit persönlicher, sondern mit überpersönlicher Energie. Das heißt, wir können keine negativen Schwingungen aufnehmen oder abgeben, und wir verausgaben uns nicht bei Behandlungen. Auch Geistheiler würden daher sehr von dieser Methode profitieren! Außerdem würde ihre Kapazität durch die Einstimmungen dauerhaft wachsen. Geistheiler könnten zum Beispiel im Krankenhaus »nach Stundenplan« arbeiten. Dies wird in Krankenhäusern Italiens und Englands komplementär zur Schulmedizin bereits praktiziert.

Können alle Berufsgruppen von Reiki profitieren?
Ja. Wenn Sie Wirtschaftsprüfer sind, geben Sie in Zukunft universale Energie in Ihre Projekte, und Sie werden ein besserer und erfolgreicherer Wirtschaftsprüfer sein. Wenn Sie Entscheidungsträger sind, werden Ihre Entscheidungen sich verändern, indem Sie den Interessen beider Parteien Rechnung tragen und dem Wohl des Ganzen dienen. Außerdem wird Ihre Kommunikation offener und freundlicher, von innen heraus, wovon man in jedem Berufszweig profitieren kann.

Ist man mit dem 7. Grad erleuchtet?

Der 7. Grad enthält keine Garantie auf Erleuchtung! Wenn man alle Grade erreicht hat und im ganzen Energiesystem zu Hause ist, fängt man erst an zu begreifen, worum es geht. Erleuchtet ist man, wenn man *ständig*, ohne Unterlass, bedingungslose Liebe und Harmonie ausstrahlt.

Ich habe mal gelesen, Reiki sei überholt.

Reiki soll überholt sein? Wir haben mehr denn je Bedarf an dieser Methode. Und diese Technik ist wahrscheinlich die geeignetste für das 3. Jahrtausend! Es wird Zeit, dass wir uns endlich unserer wahren Natur bewusst werden, uns an unsere universale Quelle anschließen und Licht in unseren Alltag bringen. Genau dies leistet das authentische Reiki. Gleichzeitig ist es die einfachste Methode dafür, die ich kenne.

Ist universale Energie dasselbe wie bedingungslose Liebe?

Ja, es ist die gleiche Energie, die, von der alle Religionen sprechen und von der wir alle mehr benötigen. Die ganze Erde und jeder Einzelne brauchen mehr von dieser Energie! »Liebe deinen Nächsten wie dich selbst.« Für die meisten sind dies noch Fremdwörter. Liebe ist keine Erkenntnisfrage, sondern eine Bewusstseinsfrage. Mit dem authentischen Reiki entwickeln wir unsere Liebesfähigkeit vom Herzzentrum aus, auch zu uns selbst. Liebe ist die Antwort für all unsere Probleme.

Was hat Reiki mit Meditation zu tun?

Mit Meditation lernen wir, Probleme auf sanfte Art zu lösen, zum Wohle aller Beteiligten. Genau dies, friedliche Konfliktschlichtung, praktizieren wir auch beim authentischen Reiki. Schon im 1. Grad können wir negative Ereignisse oder Personen, mit denen wir Probleme haben, auf einen Zettel schreiben und behandeln und die Energie, die wir damit verbinden, transformieren. Ohne Verzeihen ist keine Heilung möglich.

Macht Reiki uns abhängig von unserem Reiki-Lehrer?
Im Gegenteil. Reiki ist eine Hilfe zur Selbsthilfe. Eine Nachschulung oder weiterer Kontakt mit dem Lehrer ist nicht erforderlich. Es werden jedoch unverbindlich Vertiefungstreffen angeboten. Der Lehrer des authentischen Reiki hat das Ziel, dass die Seminarabsolventen autark sind und ihren eigenen Weg gehen, unterstützt von universaler Energie. Wir kommen immer mehr in Kontakt mit unserem »inneren Meister« oder »Höheren Selbst« und werden somit immun für Autoritäten im Äußeren oder Gurus. Der eigene Lebensstil, die Weltanschauung oder Religion können beibehalten werden. Reiki ist also das Gegenteil einer Sekte oder Religionsgemeinschaft.

Wie wirkt universale Energie?
Man kann sich ein Wasserglas vorstellen, zur Hälfte mit trübem Wasser gefüllt. Die schwersten Partikel sinken nach unten. Der Dreck steht für alle Unreinheiten, die wir auf der körperlichen und seelischen Ebene ständig aufnehmen. Nun gibt es viele Methoden, die einfach nur das Dreckwasser aufwirbeln. Universale Energie ist wie frisches, reinstes Quellwasser, welches ständig, gespeist von einer unerschöpflichen Quelle, dazugegeben wird. So wird das Dreckwasser immer stärker verdünnt, bis es schließlich ganz klar ist. Auch durch Frischwasser wird, wenn der Wasserstrahl stark ist, Dreck aufgewirbelt in Form von

Heilungskrisen auf der körperlichen oder seelischen Ebene. Aber es wird mit der Zeit immer besser: Das Wasser klärt sich.

Wie verändert Reiki den Alltag?
Wir können jederzeit für innere und äußere Harmonie sorgen. Wenn wir zu sehr im Kopf sind, halten wir inne – wir machen einen »kreativen Sicherheitshalt« – und geben das TKR oder SHK ins Herz und legen eine Hand darauf. Wenn wir ein schlechtes Befinden wahrnehmen, haben wir mit Reiki immer das Instrument, es zu bessern und die Atmosphäre zu bereinigen. Wir hören mehr auf unseren physischen Körper als Alarmsystem. Wenn wir jemanden beurteilen, erkennen wir immer schneller, dass wir gar nicht wissen, warum jemand etwas macht, und können ihn segnen. Unsere Einstellung ändert sich, und damit unser Leben. Die Lebensqualität wächst, weil wir mehr Lebensfreude entwickeln, Wahrheitsliebe und Selbstliebe, und intensiver kommunizieren.

A – Z: Themen und Positionen auf einen Blick

Das herrliche Neue

Singe ein Lied, das noch keiner gesungen;
Denke so, wie noch keiner gedacht.
Strebe nach Gipfeln, die keiner bezwungen;
Weine um Gott bei Tag und bei Nacht.
Lieb alle Menschen wie niemand zuvor,
Bestehe mutig den Kampf des Lebens,
Schenk Frieden dem, der den Frieden verlor,
Und Hoffnung dem, der hoffte vergebens.

YOGANANDA

Vorbemerkung: Wenn Sie Reiki machen, sollten Sie sich und anderen möglichst immer eine Ganzbehandlung geben. Auf diese Weise behandeln wir alle möglichen Ursachen eines Problems, egal auf welcher Ebene. Wir sind ein vernetztes System. Wenn ein Organ erkrankt ist, können wir ansonsten nicht kerngesund sein. Im akuten Fall und bei Stress kann man auch nur die dafür empfohlenen Positionen einnehmen.

Angst: Spüren Sie in sich hinein, wo Sie die Angst wahrnehmen, und legen Sie dort die Hände auf. Fragen Sie sich dabei: »Warum habe ich jetzt Angst?«, und warten Sie auf eine Antwort. Bei diffusen Ängsten hilft die vierte Vorder- und Rückenposition und die erste Vorderposition. Bei Ängstlichkeit auf Grund von Überforderung legen Sie die Hände auf die erste Kopfposition und die dritte Vorderposition. Aufbauende Lektüre, die uns mit unserer wahren

Natur in Kontakt bringt, ist hilfreich (siehe Buchempfeh-lungen). Lieben heißt, die Angst zu verlieren. Bei konkre-ten Ängsten und allgemeiner Ängstlichkeit helfen die Möglichkeiten des 2. Grades, der besonders wirksam auf der seelischen Ebene ist.

Aggressionen: Wenn Sie zu Aggressionen oder Wutanfäl-len neigen, sollten Sie sich täglich mindestens eine Ganz-behandlung geben. Besonders viel Zeit sollten Sie auf der vierten Kopfposition, der ersten und dritten Vorderposi-tion und der vierten Vorderposition verbringen. Sie kön-nen im akuten Fall auch Ihre Hände einfach dahin legen, wo Sie die Wut spüren. Lassen Sie sie dort so lange liegen, bis sich das negative Gefühl verwandelt hat. Hinter Wut und Aggression steckt oft verletzte Liebe. Fragen Sie sich: »Warum bringt mich dieser Mensch ständig auf die Palme?«, oder: »Welche Eigenschaft dieser Person regt mich auf?« Mit dem 2. Grad können Sie eine noch einge-hendere Ursachenforschung betreiben, Ihren »Feinden« Energie ausrichten und so die Energie transformieren.

Begeisterung, Enthusiasmus: Wenn wir etwas mit Freude und Begeisterung tun, geht uns die Arbeit leicht von der Hand, und wir sind mit dem Ergebnis sehr zufrieden. Be-geisterungsfähigkeit zeichnet Kinder aus, und »Enthusias-mus« heißt: »von göttlicher Energie beseelt sein«. Diese Energie entwickeln wir mit dem authentischen Reiki im-mer mehr, weil es sich um eine Energie auf den inneren Ebenen handelt. Geben Sie sich eine Ganzbehandlung, und verweilen Sie dabei besonders lange auf den Kopfpositio-nen 2 und 3 und der Vorderposition 3.

Dankbarkeit: Dankbarkeit ist der Schlüssel zum Glück. Wir haben immer einen Grund, dankbar zu sein, und wenn es die Tatsache ist, dass wir leben. Mit dem authentischen Reiki kultivieren wir diese innere Einstellung und lernen, uns auch über Kleinigkeiten zu freuen. »Ist das Glas halb leer oder halb voll«: Wir identifizieren uns immer mehr mit dem, womit wir gesegnet sind, statt danach zu schielen, was wir noch nicht haben. Um dieses Bewusstsein zu entwickeln und zu stabilisieren, ist eine tägliche Ganzbehandlung empfehlenswert. Dadurch kommen wir in Kontakt mit unserem wahren Selbst und erleben Fülle, Zufriedenheit und Dankbarkeit von innen heraus.

Depressionen: Bei depressiven Verstimmungen legen Sie die Hände erst auf die zweite Kopfposition und dann auf die dritte Kopfposition. Die Produktion von Endorphinen, Glückshormonen, wird so gefördert. Danach legen Sie die Hände auf die dritte Vorderposition. Diese Position stärkt Ihr Selbstwertgefühl. Geben Sie sich immer sofort Reiki, wenn Depressionen auftreten. Prophylaktisch sollten Sie sich mindestens eine Ganzbehandlung pro Tag geben, Ihre Ernährung auf Vollwertkost möglichst aus Bio-Anbau umstellen, täglich Ausdauersport betreiben und die Afa-Alge als vitalstoffreichstes Lebensmittel zu sich nehmen. Im Winter sollten Sie sich wegen des Serotoninspiegels mindestens eine Stunde im Freien aufhalten. Die Zirbeldrüse braucht eine gewisse Menge Licht, um den benötigten Vorrat dieses Wohlfühl-Hormons bilden zu können. Sehr empfehlenswert: der 2. Reikigrad sowie die Bücher von Neale Donald Walsch und Masaharu Taniguchi (siehe Buchempfehlungen). Wer nicht weiß, wer er ist, tappt im Dunkeln!

Einheitsbewusstsein: Wenn Sie Einheits- oder Kosmisches Bewusstsein erreicht haben, werden Sie keinen Augenblick in Ihrem Leben mehr in der Illusion des Getrenntseins vom Göttlichen sein. Wir erkennen immer mehr, dass wir in unserem Lichtpunkt, in unserem Zentrum mit allem Lebendigen verbunden und eins sind. Geben Sie sich jeden Tag eine Ganzbehandlung mit zusätzlicher Zeit auf der ersten Kopfposition, der ersten Vorderposition sowie der vierten Vorder- und Rückenposition. Lesen Sie Bücher von Angelus Silesius oder Neale Donald Walsch. Ein weiterer Buchtipp zum Thema: »EinsSein« von Richard Bach, Goldmann-Verlag. Wenn wir ständig im Einheitsbewusstsein sind, werden wir nicht mehr miteinander streiten, uns verletzen oder gar Kriege gegeneinander führen. Jeder, der dieses Bewusstsein erreicht hat, kann das Bewusstsein weltweit anheben.

Essen: Halten Sie Ihre Hände 2 bis 3 Minuten lang über das Essen, und essen Sie langsam, bewusst, dankbar und meditativ. Wenn Sie gestresst oder müde sind, essen Sie am besten gar nichts. Wir sollten während des Essens frohe Gedanken hegen. Schulprobleme haben am Esstisch nichts verloren! Empfehlenswert ist das Buch von Omraam Mikael Aivanov, »Yoga der Ernährung« (Prosveta-Verlag).

Fasten: Ich habe das authentische Reiki erfolgreich beim Fasten angewendet und mit den richtigen Griffen – empfehlenswert sind die Kopfpositionen und der Magen – Schwäche- und Hungergefühle erst gar nicht aufkommen lassen. Meist reichen wenige Minuten aus, um zum Beispiel Kopfschmerzen aufzulösen oder den Vorrat an Lebensenergie wieder aufzufüllen. Durch Reiki werden alle Entgiftungsorgane aktiviert. Wer fastet, sollte sich am besten täglich zwei Stunden direkt behandeln, und zusätzlich nach Bedarf.

Freude: Mit dem authentischen Reiki können wir immer unabhängiger von äußeren Bedingungen Freude erleben. Wahre, dauerhafte Freude kommt von innen!

Durch einfaches Handauflegen kommen wir in Kontakt mit dem unerschöpflichen Reservoir an Freude in uns. Freude ist unser Geburtsrecht, unser natürlicher Seinszustand, die Qualität unseres wahren, inneren Selbst, die Eigenschaft unserer Seele. Um in Kontakt mit der inneren Energie von Freude zu kommen und diese Freude immer stärker auszustrahlen, sind besonders die zweite und dritte Kopfposition und die erste und vierte Vorderposition empfehlenswert, sowie der »Tanz der Symbole« (2. Grad) und die »Lichtduschen«, die man im 3. Grad lernt.

Sie können auch lächeln, um in die Energie von Freude zu kommen, selbst, wenn Ihnen gar nicht danach ist. Oder singen Sie Lieder wie »Happy Birthday« mit Ihrem eigenen Namen oder »Don't worry, be happy«. Zeichnen Sie eine große Spirale entgegen dem Uhrzeigersinn und springen Sie, mit einem Lächeln auf den Lippen, dort hinein. Hören Sie Musik, die Sie in die Energie von Freude bringt, wie die »Ungarischen Tänze« von Johannes Brahms, »Die kleine Nachtmusik« von Mozart, den »Canon« von Pachelbel oder »Deep Breakfast« und »No Blue Thing« von Ray Lynch. Praktizieren Sie täglich die Fünf »Tibeter«, um Ihre Lebensfreude zu wecken. Führen Sie Tagebuch, um Ihren inneren Beobachter zu schulen und sich nicht so leicht mit Ihren schwankenden Stimmungen zu identifizieren.

Frieden: »Give peace a chance«, sang John Lennon. Frieden ist unsere wahre Natur. Mit dem authentischen Reiki gewinnen wir Zugang zu diesem inneren Bewusstsein und strahlen es immer stärker aus. Indem wir mehr Harmonie ausstrahlen, leisten wir einen Beitrag zu mehr Frieden auf der Welt. Wir harmonisieren die Atmosphäre um uns herum und zeigen anderen »ein Licht am Ende des Tunnels«. Um authentische Friedfertigkeit zu entwickeln, sollten Sie täglich eine Ganzbehandlung durchführen. Zusätzliche Zeit sollten Sie auf der ersten Kopf- und der ersten Vorderposition verbringen. Man kann auch beide Positionen verbinden, indem man eine Hand quer auf die Augen und die andere auf die Herzposition legt. In Konfliktsituationen beobachten wir uns: Stellen Sie sich vor, es liegt Streit in der Luft, und Sie machen nicht mit! Zum Streiten braucht es immer mindestens zwei. Praktizieren Sie den Shanti-Gruß mit sich und anderen. Wenn Sie nicht im Frieden mit sich selbst sind, arbeiten Sie mit Affirmationen wie »Tiefer Frieden erfüllt mich jetzt« der »Frieden ist meine wahre Natur«, während Sie sich direkt behandeln, Energie ausrichten oder Einstimmungen geben.

Gedächtnis: Legen Sie die Hände auf die zweite und anschließend auf die dritte Kopfposition. Sowohl Kurzzeit- als auch Langzeitgedächtnis werden so aktiviert. Zusätzlich hilft die Afa-Alge, die Gedächtnisfunktionen zu stärken.

Gehirnhälftenintegration: Unser Gehirn liegt noch zu einem Großteil brach, am meisten ist die linke Gehirnhälfte entwickelt. Der »Balken« zwischen den Hemisphären ist bei den meisten Menschen jedoch noch unterentwickelt. Mit dem authentischen Reiki stärken wir den Balken und die Integration der Gehirnhälften und wecken immer mehr unseres schlafenden Potenzials. Verstand und Intuition arbeiten in Zukunft harmonisch miteinander. Hilfreich ist die zweite und dritte Kopfposition und auch die Afa-Alge als einzigartige Gehirnnahrung sowie kinesiologische Übungen und Wandern, Ski fahren, Roller-Blades fahren und Joggen.

Gelassenheit: Legen Sie die Hände auf die erste Kopfposition, die zweite Kopfposition und dann die dritte Kopfposition. Geben Sie sich jeden Tag eine Ganzbehandlung mit zusätzlicher Zeit auf den genannten Positionen. Empfehlenswert für mehr Gelassenheit: aufbauende Lektüre (siehe Buchempfehlungen) und das Erlernen des 2. Grades. Die Buddhisten sagen, wenn wir erleuchtet sind, dann sind wir ständig im Zustand heiterer Gelassenheit. Wir identifizieren uns dann nicht mehr mit unseren Problemen und denen anderer. Mit dem authentischen Reiki aktivieren wir diese innere Qualität, strahlen sie auf unsere Umgebung aus und helfen so auch anderen, gelassener zu sein.

Klarheit: Klarheit bedeutet, die Dinge ohne den Schleier der Illusionen so zu sehen, wie sie wirklich sind, und so in Kontakt mit unserer Intuition zu sein, sodass wir Entscheidungen leicht und schnell von einer höheren Erkenntnisstufe aus treffen können. Mit dem authentischen Reiki wächst unser Unterscheidungsvermögen, und wir können Vorurteile loslassen. Um in der Kraft der Klarheit zu wachsen, wenden Sie in einer täglichen Meditation für längere Zeit die Kopfpositionen 1 und 3 sowie die Vorderposition 1 an. Wir entwickeln so unser Drittes-Auge-Zentrum sowie unser Herzzentrum und damit die Fähigkeit, ganz-

heitlich zu schauen und von innen heraus klar zu sehen.
»Du kannst nur mit dem Herzen wirklich sehen«, heißt es
in »Der kleine Prinz«. Wir können auch damit experimentieren, eine Hand auf das Dritte-Auge-Zentrum und eine
auf die Herzposition zu legen. Um mehr Klarheit in eine
Situation zu bringen, können wir mit dem 2. Grad Energie
hineinschicken oder die Situation mit dem 3. Grad einstimmen. Neben mehr Klarheit werden wir mit der Zeit mehr
Freude, Glück, heitere Gelassenheit und Zufriedenheit erleben.

Kopfschmerzen: Schon Kinder leiden heute unter Span-
nungskopfschmerzen und Migräne. Oft liegen die Ursachen auf der seelischen Ebene, und Stress und Überforderung spielen eine große Rolle. Auch Bewegungsmangel,
eine schlechte Haltung oder der übermäßige Konsum von
Genussmitteln wie Süßigkeiten, Kaffee und Cola können
Ursachen sein. Am besten gibt man sich täglich eine Ganzbehandlung mit zusätzlicher Zeit auf der ersten und zweiten Kopfposition und der vierten Vorderposition. Mit dem
authentischen Reiki kommen wir stärker mit unseren
wahren Bedürfnissen in Kontakt und werden inspiriert,
gesünder zu essen, uns mehr zu bewegen, unsere Wünsche in der Partnerschaft zu artikulieren, uns eine befrie-
digendere berufliche Tätigkeit zu suchen und auch einmal
»nein« zu sagen.

Inneres Kind: Mit dem authentischen Reiki stärken wir
unsere Verbindung zum »inneren Kind«, das wir uns voller Abenteuerlust, Neugierde, Entdeckungsfreude, Lust
am Neuen, Mut, Lebensfreude und Durchhaltevermögen
vorstellen können. Viele Erwachsene haben hingegen

Angst vor Neuem, Unbekanntem und »funktionieren« nur noch. Mit Reiki können wir wieder enthusiastisch, kreativ, selbstbewusst und abenteuerlustig werden und uns von negativen Programmierungen befreien. Um mit Ihrem »inneren Kind« stärker in Kontakt zu kommen, geben Sie sich möglichst täglich eine Behandlung, mit viel Zeit auf den Kopfpositionen 2 und 3, der Herzposition und der vierten Vorder- und Rückenposition. Sie können mit dem 2. Grad auch Energie in Ihre Kindheit ausrichten oder ab dem 3. Grad Einstimmungen auf sich als Kind geben und sich auf diese Weise von den Auswirkungen negativer Erlebnisse befreien. Beobachten Sie kleine Kinder beim Spielen, schauen Sie sich gute Kinderfilme an und lesen Sie schöne Kinderbücher, zum Beispiel von Astrid Lindgren. So kommen Sie wieder mit Ihrer Kindheit und dem Kind in Ihnen in Kontakt, das sich nach Beachtung und Wertschätzung sehnt.

Intuition: Die intuitive rechte Gehirnhälfte ist bei den meisten Menschen noch unterentwickelt. Wir können unsere Intuition durch eine tägliche Ganzbehandlung mit zusätzlicher Zeit auf der ersten und zweiten Kopfposition und der 1. Vorderposition stärken. Bei Problemen und Beschwerden fragen wir uns während der Behandlung: »Warum...?« und bleiben offen für eine Antwort. Die Botschaften, die wir von unserer intuitiven Ebene erhalten, sollten wir ernst nehmen und befolgen. Je mehr wir der Stimme unserer Intuition folgen, desto deutlicher können wir sie auch im Alltag wahrnehmen.

Konzentration: Legen Sie die Hände auf die erste Kopfposition und dann auf die erste und zweite Vorderposition.

Manchmal reicht auch schon die erste Kopfposition. Wenn Sie sich grundsätzlich schlecht konzentrieren können, sollten Sie auf Vollwerternährung umsteigen und als natürliche Nahrungsergänzung die Afa-Alge zu sich nehmen. Sie sollten viel reines Wasser trinken, weil unsere Gehirnfunktion von elektrischen Impulsen und damit von einer ausreichenden Wasserversorgung abhängig ist!

Kraft: Viele Menschen fühlen sich oft kraftlos, antriebsschwach und spüren wenig Vitalität. Das authentische Reiki ist eine wunderbare, völlig unschädliche Methode, um unsere Lebenskraft von innen heraus zu stimulieren und ein hohes Vitalitätsniveau aufrechtzuerhalten. Sie sollten sich täglich eine Ganzbehandlung geben, mit zusätzlicher Zeit auf der ersten Kopfposition und der dritten Vorder- und Rückenposition. Die Ernährung sollte auf möglichst »Naturbelassenes« mit viel Obst und Gemüse umgestellt werden und natürliche Nahrungsergänzungen wie Gerstengrassaft oder die Afa-Alge hinzugenommen werden. Ausreichend Schlaf und Bewegung sind ebenfalls wichtig, sowie erfüllende Beziehungen und Lektüre, die uns mit unserer wahren Natur in Kontakt bringt. Stimulanzien wie Cola, Kaffee und Süßigkeiten stellen keine Hilfe dar, weil sie uns als »Doping« über die wahren Tatsachen hinwegtäuschen.

Liebe: Legen Sie die Hände auf die zweite Kopfposition, dann die erste Vorderposition und dann die zweite Rückenposition. Wir entwickeln mit dem authentischen Reiki unser Herzchakra und damit unsere Liebesfähigkeit vom Herzzentrum aus. Wir lernen zu akzeptieren, ohne den Wunsch zu kritisieren, etwas oder jemanden zu ändern oder zu kontrollieren. Immer mehr strahlen wir bedingungslose, erwartungslose Liebe aus. Diese Liebe wird sogar zu universaler oder All-Liebe, die kein Objekt mehr braucht. Wir werden so eins mit allem und fühlen uns in göttlicher Liebe geborgen. Aus persönlicher Liebe wird bedingungslose Liebe und schließlich universale Liebe.

Wir sollten öfters die »Herzen-verbinden-Übung« machen, um uns unserer Liebe zu anderen bewusster zu werden. Lesen Sie Bücher über die Liebe, wie »Rückkehr zur Liebe« von Marianne Williamson oder »Gespräche mit Gott« von Neale Donald Walsch. Praktizieren Sie die Yoga-Übung »Herzöffnen«.

Migräne: Legen Sie Ihre Hände auf die zweite und dann auf die dritte Kopfposition, dann auf die vierte Vorderposition und die dritte Rückenposition. Migräne hängt oft mit einer mangelnden Funktion der Unterleibsorgane bei Frauen oder der Verdauungsorgane zusammen und wird meist durch Stress verschlimmert oder ausgelöst. Wichtig: in migränefreien Zeiten mindestens eine Ganzbehandlung pro Tag. Bei (häufigen) seelischen Ursachen empfiehlt es sich, den 2. Grad zu erlernen.

Negative Gedanken: Geben Sie sich mindestens eine Ganzbehandlung am Tag, wenn Sie oft negative Gedanken haben, und legen Sie Ihre Hände besonders lange auf die erste Kopfposition, die zweite Kopfposition und die erste Vorderposition. Sie werden merken, dass Ihre Gedanken durch die Behandlung positiver und konstruktiver werden. Hilfreich ist auch der 2. Grad, der besonders die mental-emotionale Ebene harmonisiert und alte Gedankenmuster transformieren kann, und entsprechend positive

Lektüre wie die Bücher von Frithjof Schuon und Neale Donald Walsch sowie Louise Hay.

Selbstbewusstsein: Legen Sie Ihre Hände auf die vierte Kopfposition, die erste Vorderposition und dann auf die dritte Vorderposition (Solarplexus). Zwischendurch können Sie immer wieder die »Sandwich-Position« fürs Sonnengeflecht machen: Legen Sie eine Hand auf die dritte Vorderposition und die andere mit Handrücken zum Körper gegenüber auf den Rücken. Mit der Zeit werden Sie erleben, wie Sie immer weniger das Bedürfnis haben, andere zu kontrollieren oder zu kritisieren, und sich immer weniger oft von anderen angegriffen fühlen. Hilfreich ist auch die Affirmation während der Behandlung »Ich liebe mich selbst wie meinen Nächsten« und »Ich bin ein wunderbares Kind Gottes.« Zur Aufarbeitung von Komplexen, die meist in der Kindheit entstanden, empfiehlt sich der 2. Grad.

Sonnenbewusstsein: Mit dem authentischen Reiki entwickeln wir immer mehr »Sonnenbewusstsein«. Die Sonne ist lebensspendend und ein spirituelles Symbol. Ihr Licht steht für Weisheit, ihre Wärme für bedingungslose Liebe. Die Sonne scheint auf »Gerechte und Ungerechte«! Die allermeisten Menschen befinden sich noch im »Mondbewusstsein«, das heißt, sie sind freundlich und nett, wenn sie entsprechend behandelt werden. Sie drehen ihre Liebe auf und zu wie einen Wasserhahn. Der Mond reflektiert nur Licht; wenn er nicht von der Sonne bestrahlt wird, ist er schwarz. Mit Reiki entwickeln wir uns hin zum »Sonnenbewusstsein«: Wir lassen unser Licht strahlen und verströmen unsere Liebe bedingungslos, wie eine Blume ihren Duft, ohne darauf zu achten, ob sie jemand »verdient« hat oder wir etwas zurückerwarten können. Tägliche Ganzbehandlungen und auch mal längere Anwendungen lassen uns Sonnenbewusstsein entwickeln.

Tod und Sterben: Das authentische Reiki ist eine wunderbare Möglichkeit, die Angst vor dem Tod zu verlieren, weil wir mit jeder Behandlung erfahren können, dass wir in unserer Essenz Licht und damit unsterblich sind. Wir können mit Reiki Menschen und Tiere im Sterbeprozess begleiten und ihnen helfen, diese Phase ihres Lebens nicht als Ende, sondern als Möglichkeit der Bewusstwerdung zu erleben. Außerdem können wir mit Reiki unseren Trauerprozess vertiefen und unterstützen und schließlich abschließen, wenn wir einen lieben Angehörigen oder ein Haustier loslassen müssen. Wir sollten uns dann täglich mindestens eine Ganzbehandlung geben.

Wachstumsprozess: Das authentische Reiki unterstützt uns bei unserem Wachstumsprozess: Es hilft uns, unsere menschlichen Schwächen zu erkennen, loszulassen und zu transformieren. Damit werden wir auch immer offener für die Bedürfnisse unserer Mitmenschen, Haustiere und Pflanzen. Reiki ist ein Weg zur Ganzwerdung, Vollkommenheit und Erleuchtung.

Wut: Spüren Sie im akuten Fall in sich hinein, wo die Wut »sitzt«, und legen Sie dort die Hände auf. Fragen Sie sich dabei: »Warum bin ich wütend?«, und warten Sie auf eine Antwort. Mit dem authentischen Reiki sind wir angeschlossen an unser Höheres Selbst, die Instanz von Weisheit in uns. Oft regen wir uns über Eigenschaften eines anderen auf, die wir in uns selbst nicht annehmen wollen.

Prophylaktisch hilft die vierte Kopfposition und die erste Vorderposition, und im akuten Fall die erste und dritte Vorderposition. Wenn wir öfter unter Wutanfällen leiden, sollten wir uns täglich eine Ganzbehandlung geben, um uns auf allen Ebenen zu harmonisieren, und wir können mit den Techniken des 2. oder 3. Grades die Ursachen unserer Wut erforschen und aufarbeiten.

Buchempfehlungen

Neben Reiki-Büchern habe ich Bücher aufgeführt, die mir geholfen haben, Erfahrungen, die ich bei Reikibehandlungen, Einstimmungen und der Arbeit mit Symbolen gemacht habe, einzuordnen. Sie sind wichtig zur Orientierung, und ich empfehle sie meinen Klienten. Wenn wir nicht wissen, wer wir sind, tappen wir im Dunkeln.

Reiki-Bücher

Bodo Baginski und Shalila Sharamon, »Reiki, universale Lebensenergie zur ganzheitlichen Selbstheilung, Patientenbehandlung, Fernheilung von Körper, Geist und Seele«, Synthesis-Verlag, Essen 1985

Es handelt sich um das erste Buch zum Thema, das auf Deutsch erschien, und auch um das erfolgreichste. Dieser Klassiker ist in einem warmen Ton, »aus dem Herzen«, und bildhaftem Stil mit vielen Fallbeispielen geschrieben. Auch wenn ich nicht jeden Satz unterschreiben könnte, ist dieses Buch inspirierend und lesenswert für Anfänger und Menschen mit jahrelanger Praxis, egal, welchen Grad sie bereits erworben haben.

Barbara Ray, »The Expanded Reference Manual of The Radiance Technique®, The Radiance Technique® A to Z«, Radiance Associates, P. O. Box 86425, St. Petersburg, Florida 33738, o. J. (Gegen Einsendung von 32 US-Dollar zu bestellen, am besten als Wertbrief schicken.)

Barbara Ray ist die Begründerin von »Das Offizielle Reiki-Programm®« und »Die Radiance Technik®«. Sie gehört zu den 22 Lehrern, die von Frau Takata direkt ausgebildet wurden. In dem »Expanded Reference Manual« sind in etwa 600 Stichwörter von A – Z wertvolle Informationen über die Wirkung universaler Energie auf Körper, Geist und Seele enthalten. Etliche Stichwörter finden sich in übersetzter Form in Ulrike Wolfs Buch »Die Radiance Technik. Das authentische Reiki«.

Yasmin Verschure, »Reiki, der Weg zum Licht. Die Pilgerreise einer Reiki-Meisterin zu den Quellen der Heilkraft. Ein Bericht über die Kraft und Schönheit der universellen Lebensenergie«, Windpferd-Verlag, Aitrang 1996

Sensibel beschreibt Yasmin Verschure ihre Bewusstseinsentwicklung mit emotionalen Tief- und Höhepunkten. Die Erfahrungen, die die Autorin in Dritte-Welt-Ländern sammelt, machen die Relativität unseres westlichen Lebensstils deutlich und bringen uns in Kontakt damit, was wirklich wichtig und wesentlich ist.

Frank Arjava Petter, »Reiki. Das Erbe des Dr. Usui. Wiederentdeckte Dokumente zu den Ursprüngen und Entwicklungen des Reiki-Systems sowie neue Aspekte der Reiki-Energie«, Windpferd-Verlag, Aitrang 1998.

Frank Arjava Petter stammt aus Deutschland und leitet mit seiner japanischen Frau Chettna ein Sprachzentrum in Japan. So hatte er die Chance, die Hintergründe des Reiki-Systems vor Ort zu erforschen. Frank Arjava Petter sammelte wertvolle Dokumente zusammen, wie später auch die Handbücher von Dr. Hayashi und Dr. Usui (ebenfalls im Windpferd-Verlag veröffentlicht), die Licht ins Dunkle der Reiki-Geschichte bringen.

Weiterführende und vertiefende Literatur

Neale Donald Walsch, »Gespräche mit Gott«, alle Bände, Goldmann-Verlag, München 1997 ff.

Neale Donalds Leben funktionierte nicht, obwohl er immer an Gott glaubte und betete. Er schrieb einen Beschwerdebrief, und »es« schrieb weiter: Gott antwortete ihm! Die Antwort umfasst mittlerweile drei Bände der »Gespräche«, einen vierten mit dem Titel »Freundschaft mit Gott«, und ein fünfter ist angekündigt, »Gemeinschaft mit Gott«. In erfrischend einfachen und humorvollen Worten erinnert uns Gott daran, wer wir wirklich sind.

Masaharu Taniguchi, »Leben aus dem Geiste«, Verlag Hermann Bauer, Freiburg im Breisgau, 10. Auflage 1994.

Beim Lesen seiner Schriften sollen zahlreiche Spontanheilungen, auch von schweren Krankheiten, geschehen sein. Mich wundert dies nicht, weil Taniguchi eine einzigartige und eindringliche Art hat, uns auf einfache Weise mit unserem wahren Wesen, Geist und Göttlichkeit, in Kontakt zu bringen. Die Bücher von Taniguchi sind Seelennahrung und Therapie zugleich und eine Synthese der Essenz von Buddhismus und Christentum.

Masaharu Taniguchi, »Erziehung zum Göttlichen«, Baum-Verlag, Pfullingen/Württemberg, o. J.

Taniguchi bringt uns immer wieder, wie eine positive Autosuggestion, in Kontakt mit unserer wahren, göttlichen Natur und mit der Kraft des Wortes. Es geht dabei nicht um Affirmationen und positives Denken, nach dem Motto »So tun, als ob«, sondern um das Erkennen der Wahrheit. Mit dieser Haltung bewirkt er Wunder bei Kindern und Jugendlichen. Ein wunderbares Buch nicht nur für Eltern, Erzieher und Lehrer, sondern auch für alle, die an einer Selbsterziehung interessiert sind.

Paramahansa Yogananda, »An der Quelle des Lichts. Einsichten und Inspirationen, um den Herausforderungen des Lebens zu begegnen«, Self-Realization Fellowship, o. O., 2000

Vielen ist der Autor von seinem Klassiker »Autobiografie eines Yogis« bekannt. In dieser Auswahl seiner Schriften und Vorträge gibt Yogananda Ratschläge voller Weisheit, um Körper, Geist und Seele in Einklang zu bringen. Kein Lebensbereich bleibt ausgespart, Themen wie Ehe, Leid, Tod, Freundschaft und Geld werden angesprochen. Ein sehr inspirierendes Buch, das höhere Einsichten für das tägliche Leben anbietet.

Frithjof Schuon, »Sinn«, »Leben«, »Liebe«, »Glück«, Herder-Verlag, Freiburg 1997

Diese vier kleinen Büchlein sind wahre Schatztruhen spiritueller Weisheit.

Ralph Waldo Trine, »In Harmonie mit dem Unendlichen«, Engelhornverlag, Stuttgart 1968

Dieses Buch habe ich auf dem Flohmarkt erstanden, und es ist mit das Überzeugendste und am besten Lesbare, was ich zum Thema »In Kontakt mit dem göttlichen Selbst kommen« gelesen habe.

Shalila Sharamon und Bodo Baginski, »Ein-verstanden-Sein. Die Erlösung des Schattens. Der direkte Weg zum Einklang mit Deinem inneren Selbst«, Windpferd-Verlag, Aitrang, 5. Aufl. 1997

Die beiden Bestsellerautoren haben hier einen Juwel an Weisheit und Erkenntnis hervorgebracht. Eine wunderbare Ergänzung zur Reiki-Behandlung. Es gibt auch eine CD dazu.

Christian Opitz, »Der Weg des direkten Erwachens«, Hans-Nietsch-Verlag, Freiburg 1999

Dieses Buch stellt eine Einladung dar, unsere wahre Natur zu entdecken. Auch skeptische und kritische Menschen werden sich mit dieser erfrischenden Sicht auf Wissenschaft, Spiritualität und ihre wahre Natur anfreunden können.

Gerald G. Jampolsky, »Verzeihen ist die größte Heilung«, Integral-Verlag, München 1999

Menschen, die anderen nicht verzeihen können, leben gefährlich und ungesund. Jampolskys Buch ist ein hervorragendes Werkzeug, um diesen Mechanismus zu verstehen und Leiden und Unglück von innen her zu heilen.

Barbara Simonsohn, »Papaya – Heilen mit der Wunderfrucht«, Windpferd-Verlag, Aitrang 1998

Auch wenn Sie keine Papayas mögen sollten, werden Sie von diesem Buch profitieren. Sie finden darin alle wichtigen Informationen über einen gesunden Darm, die Gefahren der Übersäuerung, die Vorzüge der Frischkost und die Stärkung des Immunsystems.

Barbara Simonsohn, »Die Heilkraft der Afa-Alge. Vitalität für Körper und Geist durch ein Ur-Heilmittel«, Goldmann-Verlag, München 2000

Diese Süßwasser-Mikroalge stärkt nicht nur das Immunsystem, sondern auch Seele und Geist. Die Afa-Alge ist zur Entgiftung von Amalgam und Umweltgiften noch effektiver als die Chlorella-Alge!

Musikempfehlungen

Im Folgenden bespreche ich Musik-Titel, die ich für Reiki-Behandlungen als sehr geeignet empfinde und selbst schon seit Jahren im Gebrauch habe.

Licht (Sattva)

Diese Musik ist »uplifting«, erhebend, sowohl, was die Musik selbst, als auch was die Texte betrifft. Die Gruppe »Sattva« hat für diese Lichtklänge eine Woche lang gefastet, meditiert und sogar einen Geiger vom norwegischen Kammerorchester einfliegen lassen! Die Fülle der Instrumente und der orchestrale Klang erinnern an eine Oper. Bei Stimmungstiefs und Depressionen besonders wirksam. Auch geeignet beim Autofahren!

Fairy Ring (Mike Rowland)

Bei »Fairy Ring« handelt es sich um die meistverkaufte Meditations-Musik vom großen Anbieter Aquamarin-Verlag. Im »Ring der Feen« fühlt man sich in die Energie der Zeitlosigkeit versetzt. Harmonische, langsame und sanfte Klavierklänge entführen einen in das Reich der Fantasie. Das Herzchakra wird sanft geöffnet, und der Eispanzer, den viele darum aufgebaut haben, fängt an zu schmelzen. Einige erleben bei einer Reiki-Behandlung mit dieser Musik das Gefühl von bedingungsloser Liebe und Einheit mit allem Lebendigen. Diese Musik setze ich auch ein für die Übung »Herzen verbinden« und für Chakren-Meditationen.

Divine Gypsy (Yogananda)
»Divine Gypsy« heißt »göttlicher Zigeuner«. Als ein solcher hat der wunderschöne Guru Yogananda die Brücke zwischen Ost und West geschlagen und Tausende von »Westlern« für Yoga und Meditation begeistern können. Die von ihm komponierte Musik klingt nach einem Kinderlied. Sie spricht das »innere Kind« an und versetzt uns in einen Bewusstseinszustand von Frieden, Harmonie und Freude am Sein. Die Gedanken werden harmonischer und konstruktiver. Diese Musik ist nicht nur ideal für Reiki-Behandlungen, sondern lässt sich auch gut in den Pausen einsetzen, um die Energie einer Gruppe zu harmonisieren. Kinder hören auf, sich zu streiten, Katzen schlafen dabei ein: Diese Schwingung von Harmonie ist einfach ansteckend.

Angel Love (Aeoliah)
Diese Musik ist ebenfalls ein Klassiker. Bei den sanften Synthesizer- und Klavierklängen wird man mit dem Charakter von bedingungsloser, erwartungsloser Liebe in Berührung gebracht und die oberen Chakren werden dabei sanft aktiviert.

Alexander Aandersan
Alexander Aandersan, englischer Heiler, Komponist und Lehrer, hat eine neue Musikrichtung begründet. Im Mittel-

punkt steht eine einzigartige Kompositionstechnik mit machtvollen Klanggefügen, die sich entweder auflösen oder in andere Harmoniestrukturen übergehen oder vorwärts streben und sich in ergreifenden Tonfolgen gegenseitig durchdringen. Äußere Rhythmik und gesangliche Melodieführung fehlen völlig. Die Musik bringt uns in höhere Sphären, baut Aggressionen und Disharmonien auf allen Ebenen ab und weckt positive Gefühle und konstruktive Gedanken. Bisher sind entstanden »Agnus Dei«, »Fürbitte«, »Botschaft der Liebe«, »Sehnsucht«, »Engel des Herrn«, »Dona nobis pacem« und die »Dritte«, die bisher nur auf Veranstaltungen mit Alexander Aandersan gespielt wird. Für mich ist all seine Musik aufgeladen mit Heilenergie. Viele Lehrer spielen die Musik leise im Klassenraum und beobachten einen harmonisierenden Effekt zum Beispiel auf hyperaktive und aggressive Kinder. Wegen ihrer hohen Schwingungen eignet sich diese Musik besonders gut für Reiki-Behandlungen. Meine Lieblings-Musiken für Reiki-Behandlungen sind »Agnus Dei« und »Dona nobis pacem« mit sanften Klängen und wunderschönen Chören im Hintergrund (Bezugsquelle: Heidbüchel-Verlag, Dietramszeller Platz 6, 81371 München, Tel. 0 89 - 7 23 09 41, Fax - 74 21 69 50. Veranstaltungen mit Alexander Aandersan organisiert: Kontaktstelle Deutschland, Holperstr. 1, 57537 Forst/Seifen, Tel. und Fax 0 27 42 - 82 95).

»Reiki – The Light Touch« (Merlin's Magic)
Diese Musik wurde speziell für Reiki-Behandlungen komponiert. Sanfte Harmonien führen uns auf höhere Bewusstseinsebenen. Viele akustische Instrumente sprechen Herz und Seele an. Diese Musik erzeugt eine Atmosphäre der Entspannung und stärkt unseren feinstofflichen Körper.

»The Heart of Reiki« (Merlin's Magic)
Beim Zuhören wird man entspannt und offen für die Aufnahme von Lichtenergie. Das Herz öffnet sich, die Liebe
beginnt zu fließen, und innere Harmonie erfüllt uns.

»Reiki – Hands of Light« (Deuter)
Die Musik lässt genug Raum, um der Stimme unserer Intuition und unseres Höheren Selbst zuhören zu können.

»Reiki – Healing Light« (Gandolf)
Diese lange CD – 67 Minuten! – ist sehr abwechslungsreich. Die 5-Minuten-Stücke sind von einer kleinen Pause
unterbrochen: Durch die Vielfältigkeit der meist traumhaft
schönen Musiksequenzen bleiben wir während der Behandlung wach und aufmerksam, um der Stimme unseres
Höheren Selbst lauschen zu können.

Wichtige Adressen

Das authentische Reiki kann man sich nicht selbst beibringen! Sie müssen dafür von einem kompetenten Lehrer eingestimmt und ausgebildet werden. Hier *Adressen von kompetenten Lehrern des authentischen Reiki*, an die Sie sich wenden können, wenn Sie den 1., 2. oder weitere Grade erlernen möchten:

Barbara Simonsohn, Holbeinstr. 26, 22607 Hamburg, Tel. 0 40 – 89 53 38, Fax – 89 34 97, E-Mail: Basim@Barbara-Simonsohn.de, Internet: HTTP:/WWW.BARBARA-SIMON-SOHN.DE (mit aktuellen Seminarterminen). Vorträge, Seminare für alle Grade, einschließlich der Lehrergrade für den 1. und 2. und alle weiteren Grade. Anwendungen, Fernbehandlungen, Kinder- und Tiereinstimmungen, Gruppenbehandlungen, Fortbildungen. Seminarorte z. Zt. (bei Bedarf auch woanders): Hamburg, Hannover, Bremerhaven, Köln, Plauen, Landshut, Landeck/Tirol, Teneriffa. Vermittlung von weiteren Lehrern.
Außerdem:
  – Seminar-Organisation für den amerikanischen Rohkost-Star David Wolfe (Infos gegen Freiumschlag)

- Regelmäßiger Gesprächskreis über gesunde Ernährung mit Tropenfrüchte-Essen im Hamburg
- Ernährungsberatung nach Absprache
- Fünf-»Tibeter«-Tagesseminare und Einzel-Beratungen
- Azidose-Seminare mit Entsäuerungs-Massagen, Ernährungs- und Fastenberatung

Willy Fraefel, Fraefel + Partner Consultants AG, Beratungen, Dienstleistungen, Seminare, Peter-Merian-Str. 28, CH-4002 Basel, Schweiz. Tel. 00 41 - 61 - 2 72 - 11 14, Fax 00 41 - 61 - 2 72–12–04. Ausbildung in alle sieben Grade einschließlich der Lehrerausbildung für alle sieben Grade. Spezielle Kurse für Unternehmer und Führungskräfte. Vermittlung von weiteren Lehrern in der Schweiz, die auch nach Österreich und Süddeutschland fahren, um dort Seminare zu geben.

Gary Samer, »The Essene School of Life«, Essener Bücher – Essener Seminare, 25 Kasch Road, Boambee, NSW 2450, Australien, Tel. 00 61 – 2 66 53 15 99, Fax – 2 66 58 26 02, E-Mail gsamer@key.net.au Ausbildung in alle sieben Grade einschließlich der Lehrerausbildung für alle sieben Grade. Auch Seminare im Ausland, z. B. Tahiti. Außerdem Seminare über die Lebensweise der Essener nach den Entdeckungen von Professor Dr. Edmond Bordeaux Szekely, »Die Lehren der Essener« Band I bis IV (Verlag Mandala Media). Bitte auf Englisch schreiben. Gary Samer wurde bis zum 4. Grad von Dr. Barbara Ray eingestimmt und ausgebildet und setzte dann seine Ausbildung bei einem anderen Reiki-Lehrer, der alle sieben Grade dieses siebenstufigen Systems hat, fort. Er war jahrelang Leiter des Bereichs »Ganzheitliche Gesundheit« in der Findhorn-Gemeinschaft.

Afa-Algen, Süßwasser-Wildalge aus Oregon, gefriergetrocknet, zur Stärkung auf der körperlichen und mental-emotionalen Ebene, für Entgiftung, bei Hyperaktivität, Antriebsschwäche und Stimmungstiefs, auch zur Stärkung des Immunsystems und des Gedächtnisses (Artikelsammlung dazu gegen mit 3,– DM frankierten DIN-A4-Freiumschlag bei mir, Adr. s. S. 404):
»Sanacell-Gesundheitsnetzwerk«, Dovestr. 1, 10587 Berlin-Charlottenburg, Bestelltelefon 0 30 - 3 98 06 70, Fax - 39 80 67 19, E-Mail: info@sanacell.de, Internet: http://www. SANACELL.de

Geräte zur Reinigung und Energetisierung von Trinkwasser (Artikel von mir zum Thema gegen einen mit 3,– DM frankierten DIN-A4-Freiumschlag bei mir, Adr. s. S. 404):
»Sanacell-Gesundheitsnetzwerk«, Adr. s. o. (Kohle-Aktivfilter mit Semeiba-Scheibe oder Arkanum, regelmäßig Testsieger in den USA, vom unabhängigen NSA-Labor zertifiziert);
»Gesundheitsversand Andreas Heine« (Kohle-Aktivfilter mit Harmonizer), Hauptstr. 16, 78609 Tuningen, Tel. 0 74 64 - 15 83, Fax - 30 54

Hochwertige natürliche Nahrungsergänzungen, Herstellung bei Körpertemperatur und ausschließlich Verwendung natürlicher Quellen, zur Vorbeugung von Vitalstoffdefiziten (Artikel über Vitalstoffdefizite in unserer Nahrung von mir gegen einen mit 3,– DM frankierten DIN-A5-Umschlag) und Infos darüber bei:
»Life Plus« (die Firma arbeitet in diesem Bereich seit 64 Jahren), Theo Hodapp, Tel. 0 40 - 88 16 84 55, Fax - 88 16 84 54, E-Mail: info@t-hodapp.de, Internet-Präsenz in Planung.

Gesundheits-Zeitschrift, für die ich regelmäßig Gesundheitsartikel schreibe:
»*Natürlich leben*«, Bund für Gesundheit e. V., Talstr. 36, 52525 Heinsberg, Fax 0 24 52 – 10 10 78, E-Mail: BFGeV@t-online.de, Internet: http:/www.BFGeV.de (Jahresabo 60,– DM bei zweimonatlicher Erscheinungsweise; kostenloses Probeheft anfordern). Artikel u. a. über gesunde Ernährung, die Heilkraft der Bewegung.

Massageliegen für Reiki-Behandlungen: »Massunda-Medizintechnik«, Dieter Weissbach, Maria-Antonien-Weg 3, 82418 Murnau, Tel. 0 88 41 - 62 95 20, Fax - 62 95 01, E-Mail: vertrieb@massunda.de, Internet: http:/www.MASSUNDA.de Kostenlose Infos anfordern über »Authentisches-Reiki«-Liegen »Montaport« und »Tanaport« aus den USA.

Vollspektrum-Tageslichtlampen »*True-Lite*« mit vollem Sonnenlicht-Spektrum (Artikel dazu von mir gegen mit 1,10 DM frankiertem Freiumschlag) für bessere Konzentration, intensivere Arbeitsleistung, verbesserte Sehkraft, Steigerung der Lernfähigkeit, Vorbeugung von Winterdepressionen usw. Zugelassen als »Heilmittel« vom US-Gesundheitsministerium, in vielen Kliniken, Schulen und Kindergärten im Einsatz. Keine Produktion von Stresshormonen wie Cortisol und Adrenalin wie bei herkömmlichen Leuchtröhren. Literatur: Jacob Libermann, »Die heilende Kraft des Lichts«, Piper, München. Bezugsquelle: Manfred Ross, Gesundes Licht, Kleiner Kielort 3–5, 20144 Hamburg, Tel. 0 40 – 44 80 29 30, Fax – 4 10 27 79, E-Mail: info@ross-licht.de, Internet: http:/www.ross-licht.de

GANZHEITLICH HEILEN
GOLDMANN

Kreativität & positive Energie

Debbie Ford, Die dunkle Seite
der Lichtjäger   14167

Chris Griscom,
Der Quell des Lebens   12242

Ingrid Kraaz,
Die Farben deiner Seele   13767

Klausbernd Vollmar,
Chakra-Arbeit   13994

Goldmann • Der Taschenbuch-Verlag

GOLDMANN

Chinesische Wege der Heilung

Monika Wagner-Koch,
Akupunktur   14121

Gail Reichstein, Gesundheit durch
die fünf Elemente   14153

Derek Walters,
Feng Shui   12267

Terah Kathryn Collins,
Feng Shui im Westen   14152

Goldmann • Der Taschenbuch-Verlag